코리아 양국체제

촛불을 평화적 혁명으로 완성하는 길 　코리아 양국체제

김상준 지음

아카넷

코리안 블라인드

지금껏 코리아 남쪽의 대한민국(ROK)의 눈에는 코리아 북쪽에 조선민주주의인민공화국(DPRK)이라는 국가가 존재하지 않는다. 반대로 북쪽의 조선민주주의인민공화국의 눈에는 남쪽에 대한민국이라는 나라가 없다. '코리안 블라인드(Korean blind)'다. 한쪽 눈만 뜬 채 상대를 맹점지대에 넣어놓고 서로가 상대편은 존재하지 않는다고 우긴다. 그래서 대한민국의 헌법에는 '한반도'에 오직 대한민국만이 존재하고, 조선민주주의인민공화국의 헌법에는 '조선반도'에 오직 조선민주주의인민공화국만이 존재한다. 헌법만이 아니라 두 나라의 어느 공식적인 법과 제도에도 상대는 국가로서 존재하지 않는다.

　누구나 한번쯤은 마리오트 맹점 실험을 해보았을 것이다. 혹시 안 해본 분이라면 이번 기회에 직접 한번 해보시기 바란다.(아래 그림) 먼저 왼쪽 눈을 가리고 오른쪽 눈으로 그림의 십자 표시를 응시한다. 그리고 눈을 멀리 가까이 하여 거리를 조정하다 보면 어느 지점에서 검은 원이 사라져버린다. 다음에는 반대로 오른쪽 눈을 가리고 왼쪽 눈으로 그림의 검은 원을 응시하면서 거리를 조정하다 보면 마찬가지로 어느 순간 십자가가 사라져버린다.

마리오트 맹점 실험

지금 코리아 남북의 두 나라가 꼭 마찬가지 아닌가. 그러나 두 눈을 다 뜨고 바라보면, 멀리 보든 가깝게 보든, 뒤집어 보든 바로 보든, '코리아'에는 엄연히 두 개의 나라가 존재하고 있다. 그래서 2019년 현재 세계 157개국이 한국(ROK)과 조선(DPRK) 두 나라를 모두 인정하여 동시 수교하고 있다. 그러나 막상 코리아 남북의 두 나라는 서로 상대를 부정하고 있으니 세계인의 시각에서 볼 때는 매우 이상한 모습이 아닐 수 없다. **코리아 양국체제란 이제는 두 코리아 모두 정상적인 세계인의 시각을 갖자는 것**이다.

코리안 블라인드는 있는 것을 없다고 우기는 정도에 그치지 않는다. 거꾸로 없는 것을 있게 만드는 놀라운 신박을 부린다. 아직도 여전히 1980년 5월의 광주 시민항쟁 대열에 북에서 보낸 수백 명의 특수부대

(소위 '광수')가 있었다고 우기는 사람들이 있다. 망상 허언에 증거가 있을 리 없다. 5 · 18 당시 계엄사령부와 미국조차 인정하지 않는다. 그러나 맹목의 외눈박이들에게는 증거가 중요하지 않다. 필요하지도 않다. 오직 '그래야만 한다', '안 되면 되게 하라'는 외눈박이 맹목의 당위가 있을 뿐이다. 존재를 부정하는 북과 연결시켜야 5 · 18 광주를 부정할 수 있고, 그래야 광주 시민들에 대한 피의 살육을 정당화할 수 있기 때문이다. 있는 것을 없다고 하고, 없는 것을 있다고 하는 외눈박이 맹점 놀음은 이렇게 내통하고 있다. 이러한 지록위마(指鹿爲馬) 뺨치는 외눈박이 맹점 놀음으로 오랜 세월 독재체제를 정당화해왔다. 심지어 세월호 참사 항의도 촛불집회도, 북과 연결시켜 압살하려 했던 공작들이 서서히 밝혀지고 있다. **코리아 양국체제란 외눈박이 넌센스, 블라인드 기만술로 지탱해온 독재체제, 독재심리를 영구히 종식시켜 정상체제, 정상심리가 확고히 자리 잡도록 하자는 것이다.**

지난 70년 코리아 남북에 독재체제, 독재심리가 존속할 수 있었던 이유는 양측이 '내전 상태'에 있었기 때문이다. '내전 상태'란 하나의 주권, 하나의 영토를 누가 차지하느냐를 놓고 벌이는 필사의 전쟁 상태다. 상대를 죽이지 않으면 내가 죽는다는 절박하고 극단적인 심리 상태다. 그래서 상대를 국가로 인정하지 않고 '불법단체'나 '반란집단'으로 간주한다. 내전체제는 전쟁체제고 비상체제다. 6 · 25 전쟁 이후 남과 북 사이가 그랬고, 남과 북 내부가 그랬다. 이러한 상태에서는 남이든 북이든 독재의 위협을 결코 벗어날 수 없었다. 전쟁 상태, 내전 상태이므로 독재가 정당화된다. 내전 상태로 맞선 남북이 '상응(相應)하여' 자신의 독재를 정당화해온 체제를 1970년대 이래 한국의 민주화운동권에서는 '분단체제'라 불러왔다. 이러한 '내전 상태=분단체제'가 지속되는 한, 순수한 통일 의지와 통일 열망은 오히려 내전 격화와 독재 강화의 불쏘시개로 역용(逆用)되었을 뿐이다.

오늘날 코리아가 이러한 '내전 상태=분단체제'를 벗어날 수 있는 길은 오직 하나다. 하나의 주권, 동일한 영토를 놓고 벌이는 필사의 전쟁 상태를 끝내야 한다. 그러자면 한국과 조선 두 국가가 서로의 주권과 영토를 인정하고 공존해야 한다. 코리아 남북은 이미 70여 년 동안 두 개의 주권국가다. 국가주권의 구조적 작동논리는 혈연적 정서논리와 완전히 다른 차원에서 이해하고 대처해야 마땅하다. '한 민족 한 형제인데 두 나라가 웬 말이냐'는 식의 민족정서·혈연논리만으로는 내전 상태의 두 나라, 두 주권 간의 적대와 대립을 결코 해소할 수 없다. 1950년 코리아전쟁부터가 한 민족에 두 나라가 있을 수 없다는 논리의 귀결이었음을 기억해야 한다. 남북이 서로의 주권과 존재를 인정해야만 통일로 가는 길이 열린다는 것은 사실은 너무나도 상식적이고 당연한 말이다. 상대를 인정하기를 기필코 거부하면서 우리는 둘이 아니니까 반드시 합쳐야 한다고 우겨봐야 하나가 될 리 없다. 갈등만 더 증폭될 뿐이다. 누가 보더라도 서로 합칠 생각이 없는 둘의 모습이다. 반대로 상대를 진정으로 인정하고 있음을 서로 충분히 확인한 연후에 이제부터 어떻게 합칠 것인가를 이야기해보자고 한다면, 이제야 비로소 누가 보더라도 정말 합칠 생각이 있는 둘의 모습이다.

분단체제에서는 남북이 서로를 결코 인정하지 못한다. 분단체제에서 가능한 입장이란, 남과 북 어느 한쪽만을 인정하든지(남과 북 당국의 공식입장), 아니면 양자 모두를 부정하는 입장(둘 모두에 비판적인 입장)일 수밖에 없다. 반면 양국체제에서는 남북이 서로를 마땅히 인정하게 된다. 시늉이나 속임수로서가 아니라 진심에서 우러나 그렇게 해야 한다.

그리하여 상대가 더는 자신의 영토와 주권을 위협하지 않을 것이라는 믿음이 서로에게 확고해져야 한다. 그것이 코리아 양국체제다. 그때서야 통일의 길은 비로소 열린다. 하나가 되자고 하면 오히려 하나가 되자는 둘이 우선 분명해야 할 일이다. 그렇지 않고 애당초 서로를 인정하지 않으면서 하나가 되자고만 해왔던 것이 오히려 분란과 갈등을 키워왔다. 코리안 블라인드를 걷어내고 둘임을 인정해야, 하나가 되자는 양편의 진실성이 입증된다. 오직 이 길을 통해서만 통일은 비로소 가능할 것이다. **코리아 양국체제는 한 민족 두 나라 공존을 통해 평화적 통일에 이르는 길**이다.

이 책의 제목을 '한반도 양국체제'가 아니라 굳이 '코리아 양국체제'라 한 이유를 눈 밝은 독자라면 이미 눈치 채셨을 것이다. 반도 남쪽의 대한민국(ROK)에서는 '코리아 반도(Korean peninsula)'를 '한반도'라 부르지만, 북쪽의 조선민주주의인민공화국(DRPK)에서는 '조선반도'라고 부른다. 양국체제는 한국과 조선 두 나라 모두를 인정하고 위하자는 것인데, 그 이름을 한국에서만 쓰고 있는 용어로 '한반도 양국체제'라 부를 수는 없는 노릇이다. 이름부터 남북 모두가 합의할 수 있는 공통의 것을 쓰자는 취지이다. 또 '코리아'라고 하면 지리적인 의미의 '코리아 반도'만이 아니라 코리아 반도와 전 세계 도처의 코리아 사람들 (Korean people), 코리아 민족(Korean nation)을 포괄할 수 있다는 이점도 있다. 앞으로 양국체제가 정착되어 양국이 합의하여 양국을 통칭하는 합의된 언어를 찾기까지는 아쉬운 대로 '코리아 양국체제'라는 용어를 쓰기로 한다.

기회는 이번이 처음이 아니다

코리아 양국체제의 첫 가능성은 이미 지난 1989~1991년 사이에 한 번 열렸던 바 있다. 미소(美蘇) 냉전 종식 국면에서 한국(ROK)과 조선 (DPRK)은 유엔에 동시 가입했고 〈남북기본합의서〉와 〈한반도(조선반도)비핵화공동선언〉에 합의할 수 있었다. 노태우 정부는 양국체제 전망에 적극적이었고, 북 역시 북미 수교를 타진하면서 남북 공존을 통한 체제 보장에 큰 관심을 보였다. 그러나 코리아에서의 냉전대결 국면을 연장시키려는 국내외 세력은 '북한 조기붕괴론'을 유포하면서 양국체제의 전망을 가로막았고, 소련·동구권 붕괴에 이은 '북한 붕괴'의 위협으로 궁지에 몰린 북은 핵 개발에 올인하게 되었다. 1987년의 민주화 동력이 하나로 뭉쳐 1987년의 대선에서 정통성이 강한 민주연합정부를 수립했다면, 이러한 내외의 방해를 물리치고 이미 1990년대에는 코리아 양국체제가 출범할 수 있었을 것이다. 그러나 불행하게도 민주화 동력은 분열되었고 양국체제의 전망은 '북한붕괴론'과 '북핵위기론'의 공세에 밀려 너무나 빨리 닫히고 말았다.

그러나 거의 30년 만에 코리아 양국체제의 새로운 가능성이 다시 열리고 있다. 2016년 말 한국의 촛불혁명과 미국의 트럼프 대통령 당선, 그리고 2017년 조선의 핵 완성이라는, 각각이 서로 어울리지 않을 것 같은 세 요소가 한 시점에 합류하면서 그 조건이 형성되었다. 한국의 촛불혁명은 1960년 4·19와 1987년 민주항쟁이 미처 이루지 못했던 나라의 민주적 정통성의 필요충분조건을 비로소 충족시켰다. 촛불혁명은 남북 대결과 적대의 경사로 '기울어진 운동장'을 해소시켰고 그힘이 온전히 민주정부로 이어졌다. 반쪽국가가 아닌 온전한 한 국가로서 안정된 정당성과 자신감을 갖춘 것이다. 그렇기에 2017년 북미 간 전쟁 위기의 고조 속에서도 흔들리지 않고 남북 화해, 북미 화해의 길을 준비할 수 있었다. 그 결실이 2018년부터 남북미 간 정상회담으로 맺히기 시작했다.

1989~1991년 소련·동구권 붕괴 이후 미소 냉전이 종식되었지만 당시 미국은 곤경에 빠진 조선(DPRK)을 결코 인정하려 하지 않았다. 오히려 붕괴를 위한 압박과 제재를 강화했다. 그 결과 '북핵문제'가 본격화했다. 북핵 개발과 제재·압박의 벼랑 끝 줄다리기는 1990년대 초부터 시작되어 2017년까지 계속됐다. 이 30년의 위기와 긴장 속에 북미 간만이 아니라 남북 간의 적대와 대결의식도 고조되어왔다. 이 적대와 대결의 고조를 한국의 촛불혁명이 먼저 끊었다. 그리고 조선의 '핵 완성' 선언이 이어졌다. 역설적으로 북핵문제의 해결은 북핵 완성을 통해 실마리를 찾게 되었다. 그 역설은 미국 주류 정치의 국외자인 도널드 트럼프(Donald Trump) 대통령이 북미 대화의 파트너가 되면서 현실화의 실마리를 찾았다. 2018년 벽두부터 남북이 극적으로 화해의 물꼬를 텄다. 촛불혁명을 통한 한국의 자신감과 핵 완성을 통한 조선의 자신감이 당당하게 만날 수 있었다. 양국체제의 기반이 형성된 것이다. 이어 한국이 북미 간 협상을 성공적으로 중재함으로써 영영 풀리지 않을 것 같았던 남북미 간 화해의 협주가 가능해졌다. 이제 남북미는 종전과 평화협정, 그리고 한조·북미 수교와 한반도 비핵화를 일정에 올려두고 있다. 코리아 양국체제가 바로 우리 코앞의 현실로 다가왔다.

코리아 양국체제의 두 번째 기회

이렇게 다시 열린 코리아 양국체제의 두 번째 기회는 매우 소중하다. 그러나 이 기회를 어떻게 해서든 다시 한번 닫아버리고 싶어 하는 냉전 대결 세력도 여전히 남아 있다. 2019년 2월 하노이 북미 정상회담이 성과 없이 끝나자마자 마치 기다렸다는 듯이 '이제야말로 북한체제를 끝장낼 때'라고 소리를 높이고 있는 세력들이 그렇다. 정확히 1990년대 초반의 북한 붕괴 – 북핵 위기 – 전쟁위기론의 복사판이다. 1991년 12월의 역사적인 〈남북기본합의서〉에 남북 양측 총리가 서명한 잉크가 채 마르기도 전에 한국 보수 언론에서 '북핵위기론 – 북한붕괴론'을 들고 나왔다. 그리고 채 2년 반이 지나지 않은 1994년 5~6월, 코리아는 전쟁 일보 직전의 초비상 위기 상태에 빠졌다. 그 후 양국체제의 전망은 굳게 닫히고 말았다. 냉전대결 세력은 이 순간 코리아의 상황을 다시금 그때와 꼭 같이 몰아가고 싶은 것이다.

그러나 1990년대 초반과 30년이 지난 촛불 이후 현재의 상황은 너무나도 다르다. 1992~1994년의 반전의 핵심은 당시 냉전대결 세력이 한국의 여론의 방향을 남북 화해에서 남북 적대 기조로 뒤집어놓는 데 성공한 데 있었다. 당시는 남북대결체제를 남북공존체제로 밀고 나갈 지형과 중심이 아직 충분히 형성되어 있지 못했다. 노태우 정부는 군부 연장 세력인 데다가 허약했고, 87년 시민항쟁을 이끌었던 민주화 세력도 분열되어 있었다. 게다가 그 반쪽은 1990년 '3당 합당'을 통해 냉전 대결 세력과 합쳐버리고 말았다. 그렇게 냉전 세력과 합친 민주화운동 세력의 한 축이 '북한붕괴론 – 북핵위기론'에 동조했다. 그래서 쉽게 내부에서부터 무너지고 말았고, 그러면서 '기울어진 운동장'이 조성되었다. 그러나 촛불 이후 오늘날의 상황은 전혀 다르다. 우선 촛불혁명이 30년 전 만들어진 '기울어진 운동장'을 소멸시켰다. 그리고 촛불혁명 이후 들어선 정부의 민주적 정통성이 과거 노태우 정부에 비해 훨씬 강하다. 촛불혁명의 주도 세력의 일부가 냉전대결 세력과 야합할 가능성도 없다. 오히려 냉전대결 세력이 박근혜 대통령 탄핵 자체를 거부하고 폭력적이고 억지스런 대중동원을 고집하면서 합리적 보수층의 마음으로부터 갈수록 멀어지고 있다.

국제적 상황 역시 차이가 크다. 코리아 양국체제의 가능성이 처음으로 열렸던 1990년대 초반은 냉전 승리 이후 미국 일극(一極)주의의 전성기였다. 1990~1991년 사이의 '걸프전쟁'을 돌이켜 보면 이 당시 전 지구상에 미국의 뜻대로 되지 않는 일이 하나도 없는 것처럼 보였다. 또 '북한붕괴론'이 먹히는 분위기도 있었다. 그 엄청난 소련도 무너졌는데 '북한'이 따라서 무너지지 않겠느냐는 여론이 국내외에 상당히 강했다. 그러나 지금은 완연히 다르다. 미국 일극주의란 냉전 종식 이후 단지 10년의 에피소드였을 뿐이었다. 세계가 미소 양극으로 나뉘어 필사적인 세계내전을 벌이던 시대는 영영 끝났다. 세계사는 이제 일극주의가 아니라 주요 지역 문명권들의 공존체제 형성 쪽으로 움직이고 있다. 미국이 대표하는 미영 문명권은 이제 그러한 주요 문명권 중 하나일 뿐이다. 현금의 미중 갈등은 세계가 어느 한편에 서야 했고 어느 한쪽이 망해야 끝났던 미소 냉전과 본질적으로, 근본적으로 다르다. 앞으로도 밀고 당김이 없지는 않겠지만 이제 미래는 여러 문명이 협력하여 공존하는 쪽으로 가야 한다는 데 세계의 이해가 모아지고 있다. 1990년대 초의 '북한붕괴론'이 실제와 동떨어진 엉뚱한 이야기였다는 것도 이제는 분명해졌다. 동아시아의 조선, 중국, 베트남은 소련·동구권과는 다른 역사적·문명적 배경이 있었기 때문에 소련·동구권 붕괴 이후에도 독자적 근거 위에서 존속할 수 있었다. 유럽 기원의 자본주의 대 사회주의의 세계내전적 폐쇄회로와는 다른 문맥에서 동아시아 역사를 새롭게 볼 때가 되었다. 이렇듯 30년 전과 상전벽해(桑田碧海)처럼 크게 달라진 세계 상황에서 30년 전과 꼭 같은 이야기를 되풀이하는 사람들에게 귀 기울일 사람들은 많지 않다. 이제 코리아 양국체제를 현실화시킬 수 있는 세계사적 상황이 무르익은 것이다.

필자가 양국체제론을 제기하기 시작한 것은 촛불혁명 전이었다. 필자는 21세기 들어 세계사의 큰 흐름이 코리아에 아주 유리한 기회를 주는 쪽으로 움직이고 있다고 생각해왔다. 냉전의 족쇄를 풀고 아메리카-태평양권과 유라시아권을 이어주는 절묘한 위치에서 새 도약의 호기를 맞이하고 있는 것이다. 그런데 막상 한국의 정치상황은 자꾸만 과거로 역주행하고 있었다. 왜 그럴까? 너무나도 오래 지속된 코리아 내전체제, 분단체제 때문이었다. 특히 1990년대 초반 양국체제의 첫 기회가 깨진 이후 줄곧 심화되어온 북핵문제와 남북·북미 간 대결 기조가 문제였다.

이 역주행의 순환고리를 깨뜨리고 벗어나야만 했다. 당시의 현실이 아무리 어둡고 비관적으로 보이더라도, 현실이 이렇게까지 나빠진 원인을 정확히 알면 반드시 빠져나갈 길이 있다고 생각했다. 그리고 그 문제만 해결하면 코리아엔 큰 기회가 온다고 믿었다. 오랜 고심과 궁리 끝에 그 족쇄를 푸는 핵심 방법이 코리아 양국체제 정립에 있음을 깨닫게 되었다. 그러나 그때는 촛불혁명 이전이었다. 그러나 당시는 어둠이 너무나도 짙었던 오밤중이었지 않은가? 방향은 분명해 보인다 하더라도 과연 그 족쇄 풀기가 실제로 언제나 가능할까? 까마득하지 않은가? 그냥 상상으로 끝나는 것 아닌가? 그럴 때마다 나는 그때보다 더 어둡고 더 힘들었던 87년 이전의 시간들을 생각했다. 설혹 나 혼자의 외침이라 하더라도 누군가는 시작해야 할 일이 아니겠냐고 자신을 북돋았다. 그런 막막한 기분으로 양국체제를 이야기해가던 중, 촛불혁명이 일어났다. 변화가 이렇게 빨리 그리고 그렇듯 거대한 규모로 시작되리라고는 전혀 예측하지 못했다. 그 엄청난 에너지 속에서 양국체제론은 현실의 발판을 얻고 한층 구체화될 수 있었다.

이 책의 구성

이 책은 코리아 양국체제론을 체계적으로 소개하면서 동시에 양국체제론이 정립되어갔던 굽이치던 현실의 과정들을 충실하게 보여줄 수 있도록 구성했다. 1부는 양국체제론의 종합 정리, 2부는 촛불 이후의 현실 흐름과 여기에 대한 양국체제론의 진단, 3부는 양국체제론과 분단체제론 간의 논쟁을 실었다.

1부는 코리아 양국체제론을 이론적으로 종합하여 정립하고 있다. 시기적으로는 1부의 3장, 2장, 1장의 순으로 거꾸로 완성되었다. 1부 3장은 2017년 8월 완성한 글로, 촛불 이전인 2015년, 2016년의 필자의 양국체제 강연문, 연구노트들과 가장 가깝다. 2장은 통일의 경로에 대한 양국체제적 사고전환의 첫 번째 계기를 통일운동가 김낙중 선생의 고난에 찬 삶을 추적하여 추출해본 것이다. 이 책의 서두에 배치한 1부 1장은 이 책 전체의 논지를 대표하여 종합한 글이라 할 수 있다.

이 책 2부는 양국체제론이 촛불 이후의 급박한 상황에 실천적으로 개입했던 흔적들이다. 이 책 1부가 양국체제에 대한 이론적 숙고와 종합적 정리를 담고 있다면, 2부는 긴박하게 진행되는 현실 속에서 촛불이 혁명으로 발전할 방향과 방법에 대해서 양국체제론이 꾸준히 개입하고 발언해왔음을 보여준다. 필자는 촛불 이전부터 양국체제의 기본 골격을 입론해두고 있었지만, 탄핵과 정권교체 국면에서 촛불의 에너지는 남북문제를 제기하지 않고 있었다. 우선 당면한 문제가 '국정농단 세력'이라 불렸던 냉전대결 세력의 축출이었기 때문이다. 그러나 필자는 머지않아 남북문제를 대면하고 풀어야 하는 상황이 올 것으로 보고 때를 기다리고 있었다. 민의(民意)의 바다는 역사적 기억의 저장고다. 때와 조건이 형성되면 바다는 그 결을 따라 움직여 해류를 이룬다. 그러한 '때와 조건'은 묘하게도 문제인 정부 출범 직후, 북의 미사일 – 핵 개발과 트럼프 미국 대통령의 강 대 강의 충돌에서 주어졌다. 필자는 당시 이 국면을 오히려 절호의 기회로 읽었다. 남북미 간 대화와 코리아 양국체제 형성의 계기가 될 것으로 보았다. 매우 긴박한 상황이었기 때문에 싱크탱크 '다른백년'과 인터넷신문 《프레시안》, 일간지 《경향신문》, 주간지 《시사인》 등에 칼럼 형태로 분석과 제언을 실었다. 그 칼럼들의 일부를 이 책 2부에 게재 일자 순서로 실었다.

촛불이 없었더라면 2017년의 북미 간 강 대 강의 충돌은 또다시 긴박한 전쟁 위기와 반북(反北)정서의 비등으로 귀결되었을 가능성이 매우 높다. 촛불로 위축되었던 냉전대결 세력은 다시금 이를 이용해 반북선동에 열을 올렸다. 그러나 여론은 과거처럼 '북핵문제 제기=반북선동 강화=반북정서 제고'의 공식을 따르지 않았다. 촛불이 여론의 지형을 크게 바꾸어놓았던 것이다. 새 정부 역시 매우 신중하게 상황 반전을 위해 움직이고 있었다. 그렇기에 필자는 당시의 현상적 위기를 거꾸로 뒤집어 양국체제 정립을 위한 절호의 기회로 풀이할 수 있었다. 이러한 해석과 전망은 2018년 벽두부터 남북미 간 화해 기조가 형성됨으로써 제대로 적중했다고 할 수 있다. 이 칼럼들은 양국체제론이 당시의 긴박한 상황들을 어떻게 읽고 있었는지를 보여주며, 양국체제론은 이 칼럼들을 통해 점차 널리 알려지기 시작했다. 그러다 필자는 2018년 4월 27일의 판문점 남북 정상회담의 결과를 예상하는 글(2부 9장)로 일단 칼럼 기고 활동을 마무리했다. 이로써 사태의 큰 흐름이 그동안 칼럼을 통해 예견해왔던 쪽으로 분명하게 형성되었다고 보았기 때문이다. 이제는 논문과 책으로 양국체제에 관한 그동안의 생각을 조용히 정리하고 종합할 시간이라고 생각했다. 그 결과가 1부와 3부에 실린 글들이다.(이 책에서 가장 먼저 쓴 1부 3장은 제외)

　양국체제론이 짧은 시간에 널리 알려지고 수용되었지만 반발 역시 없지 않았다. 역사적으로 보면 양국체제에 대한 첫 반발은 이미 1989~1994년 사이 냉전대결 세력에 의해 대대적으로 이뤄진 적이 있었다. 그 결과 양국체제의 첫 기회는 난폭하게 닫히고 말았다. 그러나 이제 30년이 지난 후, 촛불혁명으로 냉전대결 세력이 크게 위축된 마당에도 양국체제로의 전망에 대해 여전히 남아 있는 반발이란 어떠한 것일까? 냉전대결 세력이 양국체제에 반대하는 이유는 간단하다. '북을 국가로 절대로 인정할 수 없다'는 것이다. 촛불 이후에 이렇듯 무조건적인 반북 대결주의는 보수 여론 내에서도 입지가 좁아져가고 있다. 그런데 남북 화해를 소망하는 쪽의 일각에서도 양국체제의 전망을 선뜻 받아들이지 못하는 심리가 있다. 그 배경엔 앞에 살펴보았던 민족정서와 혈연논리, 즉 '하나의 민족이 두 나라가 될 수 없다'는 생각이 있다. 그러나 바로 이런 정서와 논리에서 코리아전쟁도 발발했음을 명심

해야 한다. 이러한 입장으로는 지금껏 존속해온 남북 간에 현존하는 내전적 대치 상태를 벗어날 길을 제시하지도 못한다. 촛불 이후에는 이러한 사고방식의 문제점을 분명히 지적하고 설득하는 문제가 아주 중요해졌다.

이 책 3부는 이 문제와 관련하여 양국체제론과 분단체제론 사이에 벌어졌던 논쟁을 실었다. 여기서 논쟁의 대상인 '분단체제론'이란 백낙청 선생이 1990년대 초반 정립한 이후 제기해온 '분단체제 비판론=분단체제 극복론'을 말한다. 백낙청 선생의 분단체제론은 입론 후 30년간 진보진영의 통일론에서 큰 비중을 점하고 있었다. 그러나 문제는 '분단체제론'의 '분단체제'에 대한 인식이 매우 모호하고 모순적이었다는 점이다. 한편으로는 분단체제가 분단을 통해 남북의 독재를 온존시켜왔다고 비판하면서도, 다른 한편으로는 분단체제가 유지되어야 남북연합이 가능하다고 한다. 그런가 하면 "분단체제를 상정한 남북연합"을 "통일의 최종형태"로 간주할 수 있다고까지 말한다. 그러다 보니 분단체제를 극복하자고 하지만 막상 어떻게 극복하자는 것인지 뚜렷한 방법이 없다. 그냥 분단체제 이 상태로 통일운동을 열심히 하다 보면 어느 순간 '어물어물' 통일이 될 것이라고도 한다. 1970년대 이래 한국의 민주화운동 진영에서 '분단체제'라는 말은 '통일을 가로막고 있는 남북 상응(相應)의 체제'(장준하 선생의 표현)라는 뜻으로 쓰이기 시작했는데, 이상하게도 백 선생의 '분단체제론'에서는 분단체제가 통일로 가는 징검다리라는 뜻으로도 쓰이게 되었다.

양국체제론은 '분단체제'에 대한 분단체제론의 이러한 혼란스러운 인식을 배격한다. 양국체제론의 입장에서 분단체제란 코리아 내전 상태의 다른 이름일 뿐이며, 촛불혁명의 성패도 이 분단체제의 척결 여부에 달려 있다. 분단체제가 분명히 척결되는 만큼 양국체제는 당당하게 성립할 수 있다. 분단체제에 대한 양국체제론의 단호한 부정이 묘하게도 분단체제론 측의 반발을 불렀다.

분단체제에 대한 '분단체제론'의 모순적인 인식은 그 이론이 입론되었던 1989~1994년 연간의 코리아의 상황에 대한 백낙청 선생의 과대한 평가(오판)에서 비롯되었다. 양국체제에 이르는 데 실패하여 결국 다시 분단체제로 주저앉고 말았던 당시의 퇴보적 국면을 '남북연합'이 이미 이루어진 높은 합의 상태로 오독했던 것이 근본적인 문제였다. 그렇다 보니 문제의 분단체제에 무슨 심오한 의미가 있는 것처럼 과잉해석하게 되었다. 이제 그러한 오독은 정정되어야 마땅하다.

원래 분단체제론의 초점은 분단체제에 대한 오인된 과대평가가 아니라 분단체제의 비판과 극복에 있었다. 이 초심으로 돌아간다면 분단체제론이 양국체제의 전망을 굳이 배척할 이유가 없을 것이다. 코리아 양국체제야말로 분단체제론이 줄곧 주장해온 '분단체제극복'의 분명하고 현실적인 경로와 방법을 제시하고 있기 때문이다. 이런 차원에서 양 입장의 본지(本旨)는 상통할 수 있다고 믿고 있다.

필자는 분단체제론 측이 제기해온 비판을 계기로 관련 문제들에 대해 더욱 포괄적이고 상세한 검토를 할 수 있었고, 그 결과 양국체제에 대해 애초보다 구비된 입론을 내놓을 수 있었다. 이 논쟁이 그러한 가편(加鞭)의 계기가 되어준 것을 필자는 고맙게 생각한다. 이제 '코리아 양국체제론'은 이 책의 발간을 통해 부족한 대로 하나의 체계적인 텍스트를 갖추게 되었다. 코리아 양국체제론은 필자 개인의 유니크한 이론이 아니라 촛불 이후의 시대에 합리적 다수의 상식의 표현이라고 생각한다. 필자에 한참 앞서 양국체제적 발상을 내어놓았던 선구자들도 존재한다. 또한 양국체제론은 미래에 열려 있다. 앞으로도 생산적인 비판과 논쟁이라면 언제든 환영이다.

누가 '코리아의 체제전환'을 가로막고 있는가

2019년 7월 이후, '분단체제에서 양국체제로의 코리아 체제전환'에 필사적인 어깃장을 놓고 나선 세력이 하나 불쑥 모습을 드러냈다. 다 아시다시피, 아닌 밤중에 봉창 뜯는 것처럼 느닷없이 한국에 대한 연이은 '수출 규제' 조치를 취하고 나선 일본의 아베 정부다. 탈고 이후 새로 발생한 이 일에 관해 간략하나마 언급해두지 않을 수 없다. 이 사건이 이 책의 주제와 깊은 연관을 가지고 있기 때문이다.

지난 30년 동안 '코리아의 분단체제에서 양국체제로의 체제전환'에 가장 큰 걸림돌은 북미 간의 뿌리 깊은 적대였다. 그러나 이 문제는 이제 풀려가고 있다. 북미 간 종전-평화협정과 북미 수교는 머지않은 미래의 일로 다가오고 있다. 이러한 변화에 가장 크게 당황한 쪽이 아베 정부다. 그 변화를 가로막고 싶은 절박한 심사가 이번에 내지른 일련의 '경제 공세'로 돌출한 것이다.

그 느닷없는 수출 제제 조치들이 '보복'이 아니라고 아베 정부는 여러 차례 앞뒤 맞지 않는 궤변을 늘어놓았다. '보복'이 아니면 무엇이라는 말인가? 삼척동자도 웃을 일이다. 작은 진실을 은폐하려다가, 오히려 본의 아니게 더 큰 본심을 내보이게 되었다. 아베 신조(安倍晋三) 정부는 한국의 촛불혁명 이후 진행되고 있는 코리아 남북의 적대 청산 프로세스에 큰 불안감을 느껴왔다. 더구나 이제 이 평화 프로세스에 미국의 트럼프 정부도 한몫 거들고 있다. 여기에 아베 정부는 낄 틈이 없었다. 닭 쫓던 개 지붕 쳐다보는 꼴이 되고 말았다.

'동아시아 평화공동체'를 주창했던 하토야마 유키오(鳩山由紀夫) 전 일본 총리(민주당, 2009~2010년 재임)는 아베 정부와 그 배후의 '일본회의'가 '미국에 대한 철저한 자발적 종속을 통해 과거 대일본제국의 영광을 되찾아보겠다'는 꿈에 사로잡힌 집단이라 비판한 바 있다(『탈(脫)대일본주의』). '종속을 통한 제국'이라니, 괴이하고 자기모순적인 신기루가 아닐 수 없다. 그러나 미국이 북(DPRK)의 목줄을 영원히 눌러 쥐고 코리아 남북이 서로 죽자 사자 적대하고 있는 한, 이 신기루가 머지않아 현실이 되어주리라 아베와 '일본회의'는 기대했을 것이다. 미국의 뒷전에 서서 남북이라는 흑백의 돌을 자기 맘대로 움직임으로써 다시금 이 지역에서 지배자의 위치를 되찾아보겠다는 백일몽 말이다. 여기에 더해 미국이 중국을 경계하여 일본의 재무장을 허용해줄 것이라는 기대에 부풀어 있다. 이런 상황에 코리아의 긴장이 높아지면 재무장한 일본이 드디어 코리아에 군사적으로까지 개입할 수 있으리라는 꿈이다. 이렇게 되면 아베와 일본 우익의 대망은 큰문을 열게 된다.

그러나 현실은 어떠했는가. 이들의 소망과는 전혀 다르게, 한국에 촛불혁명이 일어나 그들의 뜻대로 움직여주던 정권이 탄핵당하고, 이후 남북미 간 평화 프로세스가 예상을 뛰어넘는 폭과 속도로 진행되었다. 여기에 더해 미국의 트럼프 정부는 아베 정부가 아무리 골프 가방을 메고 따라다니며 서비스를 해주어도, 그동안 일본이 많은 공을 들여 둔 TPP(환태평양경제동반자협정)를 한순간에 없던 일로 취소해버리는가 하면, 전후 70년 동안 미국의 그늘 아래서 공짜로 혜택받았던 것을 몽땅 뱉어놓으라고 으름장이다.

어떻게 할 것인가. 아베 정부와 '일본회의'는 그들이 지난 30여 년간 공들여 준비해왔던 그 큰 꿈을 한순간에 망치고 마는 것이 아닌지 커다란 당혹과 낙담에 빠지게 되었다. 아베 정부가 겉으로는 한국에 대해 큰소리를 쳐대고 있지만 속은 크게 공허하고 허망하다. 큰소리를 칠수록 그 공허와 허망이 더 커 보인다. 공든 탑이 무너지지 않을까 당황하는 기색이 역력하다. 필자가 아베의 그 심사를 대변해본다면 이렇다. 한국에 대한 이번 '수출 규제'와 '백색국가 제외' 조치는 강제징용 배상 등의 '작은 문제'에 대한 '속 좁은 보복' 따위가 결코 아니다. 미국의 관심이 북미 대결에서 북미 화해로 돌아서고, 코리아 남북이 평화공존의 양국체제로 접근해가고 있는 이 상황에 대한 거부와 경고의 표현이자, 대세의 변화를 거꾸로 돌려보고자 하는 필사적 몸부림이다. 그렇다. 이것은 결코 '작은 보복'이 아니다. 아베 정부와 '일본회의'의 원대한 30년 꿈을 망쳐놓고 만 이 상황에 대한, 그 원인이자 주도체가 된 한국의 촛불혁명에 대한, 그리고 그 촛불혁명으로 탄생한 한국의 촛불정부에 대한 '큰 보복'이다. 이것이 아베 정부와 '일본회의'의 혼네, 본심이다. 결코 사소한 번덕이나 토라짐이 아니다. '대일본제국' 복원의 원대한 대전략을 기필코 되살려보겠다는 필사적인 한 수다.

과연 아베 정부와 '일본회의'의 '큰 보복'은 성공할 것인가. 그들의 '제국 일본'의 신기루가 백일몽인 것처럼, 그 신기루에 기초한 그들의 '큰 보복'도 백일몽으로 끝날 수밖에 없다. 그들이 다시 이뤄보겠다고 몸부림치는 '제2의 메이지 유신의 시대', '제2의 요시다 쇼인의 세계'는 결코 다시 돌아오지 않는다. 코리아는 과거의 조선이 아니고, 중국은 과거의 청나라가 아니며, 미국 역시 과거의 '세계의 경찰'이 아니다. 오늘의 세계는 공존의 시대이지 더는 과거의 제국주의-식민지 시대도 일극패권의 시대도 아니다. 이런 시대에 수출 규제가 무슨 의미나 효과가 있을까? 얼마나 지속될 수 있겠는가? 이런 수단으로 어떻게 세계사의 큰 흐름을 뒤집어놓을 수 있다는 말인가?

이미 한국 국민은 일본과 아베 정부를 정확히 구분하고 있다. 일본의 '수출 규제'가 취하되지 않는 한, 한국의 '불매운동'도 멈추지 않는다. 더욱 깊어지고 넓어지고 정교해진다. 일본이 아니라, 아베 정부와 '일본회의'에 타격이 되는 불매운동으로, 정확히 초점을 맞추어간다. 아베 정부의 보복 조치의 허상과 그 배경의 본심이 드러날수록 일본 내에서의 일시적 지지 기반도 사라져갈 것이다. 오히려 이를 계기로 지난 30년간 약화되어온 일본 내에서 동아시아의 평화와 공존을 지지하는 힘이 하강세를 멈추고 서서히 반등해 올라갈 것이다.

본심이 드러나버린 쪽은 아베 정부와 '일본회의'만이 아니었다. 아베 정부의 경제보복 조치 이후 이 '사태'를 '초래'한 한국의 촛불정부의 '무능'과 '실책'에 대한 비난의 목소리가 한국의 거대 야당과 그 지지 세력, 그리고 거대 언론에서 갑자기 아주 크게 높아졌다. 정말 나라를 위한 순수한 충정에서 더 잘해주기를 바라는 것이었다면 무어라 하겠는가. 그런데 그게 아니다. 가만 듣다 보니 저절로 분명해진 사실이 있다. 그 한 마디 한 마디, 한 줄 한 줄이 어쩌면 그렇게도 아베 정부가 한국의 문재인 정부를 비난하는 내용과 입이라도 맞춘 듯이 꼭 같을 수 있느냐 말이다.

그 요란했던 '반(反)문재인', '친(親)아베' 발언의 선봉에 선 자들은 하나같이 '태극기 집회'의 열렬 주도자들이기도 했다. 일본 대사관 위안부 소녀상 앞에서 문재인 정부를 비난하면서 "아베 신조 총리님 죄송합니다"라고 거듭 조아렸던 '태극기 엄마부대' 대표의 모습은 단연코

압권이었다. 이들이 평소 미국 성조기를 매고 다니며 미국과 미국 대통령을 숭앙해왔던 것은 다 알고 있던 바다. 그러다 미국의 트럼프 대통령이 남북미 평화기조 형성의 일익으로 나서자 이들이 미국 대통령에 대한 기대를 접기 시작했다는 사실도 익히 알려져 있었다. 그래도 여기까지도 민심은 그러거나 말거나 관심을 꺼두는 쪽이었다. 원래 그런 사람들이니까 그런가 보다, 들어주는 사람도 없고 자기들끼리 떠들다 제풀에 죽겠지 했었다. 그러나 이번엔 다르다. 미국 대통령에 대한 기대까지 접은 이들의 속마음을 알고 보니 변함없이 진심으로 존경하고 경배했던 대상은 다름 아닌 일본의 우익 세력과 아베 총리였다는 사실이 대명천지에 명확해지고 말았다.

아베 정부와 그를 떠받치는 세력은 일본의 과거 아시아 침략과 식민지 지배를 미화한다. 일본에도 여기에 맞서 아시아 침략·식민지 지배를 반성하고 사과해야 마땅하다고 주장하는 양심 세력이 존재한다. 그러나 아베와 '일본회의'는 이들의 주장을 '자학사관'이라 딱지 붙여 지난 30년 동안 집요하게 공격하여 (최소한 일본 내에서는) 상당한 성공을 거두었다. '일본회의'가 그 배경에 있고, 급성장해온 소위 '혐한 세력', '넷우익'은 그 전위부대다. 지난 30년간 그들은 시종 북(DPRK)에 대한 '제재·압박'과 '체제 붕괴 유도'라는 강경정책을 고집해왔다. 이러한 일본 우익, 아베 정부의 노선과 속궁합이 아주 잘 맞았던 것이 한국의 이명박·박근혜 정부였다. 이 두 정부에 이념적 기반을 제시해주었던 한국의 '뉴라이트 운동'은 '일본회의'의 사상·지향과 하나부터 열까지 모두 합치한다. '뉴라이트 운동' 자체가 일본회의의 이념적 영향 아래서 태동했다고 볼 수 있다. 한국의 '뉴라이트'가 일본의 '일본회의'의 표절판이라면, 한국의 '일베'는 일본의 '넷우익'의 복사판이다. 때마침 아베의 경제공세에 즈음하여 출간된 『반일 종족주의』라는 책이 이를 분명히 증명해주었다. 이 책을 보면, 이미 많은 서평이 분명히 밝혀준 것처럼, 아베가 차마 공식적으로는 하지 못하는 속내까지 아주 시원하게 탈탈 털어 대신 해주고 있다. 이들 간의 숨은 '내통'이 이제 백일하에 훤히 드러나고 만 것이다.

결코 가볍게 볼 일이 아니다. 일본 평화 세력의 재기와 그를 위한 한일 연대가 긴요하고 시급하다. '뉴라이트'의 숙주인 아베 정부의 지지율이 여전히 40~50퍼센트대를 육박하고 있다. 일본 우익과의 '내통'이 발각되었다 해도 그 뒷배가 아직 든든하다. 더구나 그렇듯 백일하에 발각되어버린 내통을 잠시 대중의 기억에서 지워버릴 수 있을 정도의 대단한 힘을 한국 내의 아베 내통 세력(한국 네티즌의 언어로는 '토착왜구')은 여전히 가지고 있다.

필자는 이어 8~9월에 벌어진 그 엄청난 '조국 소동'이 결코 그와 무관하지 않다고 생각한다. 그 소동을 용의주도하게 준비하고 그처럼 집요하게 끌고 갔던 세력이 누구였는가? 아베 정부의 경제보복 조치가 떨어지자마자, 아베 정부의 편에 서서 한국 정부를 득달같이 몰아세웠던 바로 그 사람들, 그 세력이다. 그들은 일개 장관 후보자 한 사람의 작은 흠결을 가지고 마치 그 일로 나라가 금방 망하기라도 할 것처럼 요란스럽게 부풀려 몇 달이고 끌고 갈 만한 능력과 네트워크를 여전히 가지고 있다. 엄청난 소동을 일으켜 사람들의 이목을 빼앗고 정신을 혼란시켜 자기도 모르게 휘말려들게 한다. 바늘만 한 틈새라도 놓치지 않고 파고들어 무엇이 큰일이고 무엇이 작은 일인지, 무엇이 앞이고 무엇이 뒤인지를 어지럽게 뒤섞어놓는다.

이 소동은 일단 지금까지는 완벽하게 성공한 것으로 보인다. 그 요란했던 소동 끝에, 하늘을 가득 뒤덮었던 먼지가 어느 정도 가라앉고 보니, 뭐 하나 제대로 나온 것은 없는데, 그 와중에 사라져버린 것은 아주 분명해졌으니 말이다. 다 아시듯, 사라져버린 것은, 그 많았던 '토착왜구', '토왜(土倭)'들이다. 백주(白晝)의 중인환시리(衆人環視裏)에 몽땅 드러났던 그 많던 떼거리가 순식간에 마술처럼 사라져버렸다. 놀라운 묘기다. 또 하나의 '신박'이 아닐 수 없다. '성동격서(聲東擊西)' 작전의 완벽한 성공이다.

'검찰 개혁'도 중요하지만 그보다 훨씬 더 크고 근본적인 문제가 있다. 아베 정권, 그리고 그와 내통하고 있는 한국 '토왜' 세력의 본질에 대한 명확한 인식과 대처다. 바로 이들이 서로 내통하여 '코리아의 분단체제에서 양국체제로의 체제전환'을 필사적으로 가로막으려 하고 있기 때문이다. 조국 장관이 그처럼 엄청난 공격과 모해의 대상이 되었던 중요한 이유 중 하나가 바로 그가 아베 정부의 본질과 한국 내 유착 세력에 대한 경고를 현 정부 내에서 일찍부터 강조해왔던 장본인이라는 사실에 있기도 할 것이다.

이런 잠시의 소동과 무관하게 촛불혁명 이후 우리 앞에 놓인 목표는 흔들림 없이 분명하다. '분단대결체제에서 양국평화체제로의 코리아의 체제전환'이다. 이번 '토왜 소동'이 잠시 사람들의 눈을 가리고 혼란시키는 데 성공했을지 몰라도 길게 가지 못한다. '코리아의 체제전환'을 기필코 가로막고 싶은 안팎의 세력들의 '혼네'와 행태가 더욱 분명해졌을 뿐이다. 하나를 얻고 열을 잃으며, 전투에 이기고 전쟁에 지는 운명을 벗어날 수 없다. 동아시아와 세계의 형국, 세계사의 미래방향이 그렇게 되어 있다. 코리아 양국체제는 공생과 공존의 체제다. 이 큰 방향에 동의한다면 그 안에서의 이견은 얼마든지 포용될 수 있는 것이 코리아 양국체제다. 또 그렇게 되어야 동아시아의 평화와 번영이 보장된다. 안이든 밖이든, 시대의 흐름을 거스르는 반대와 저항을 이제는 거두고, 코리아 양국공존체제, 동아시아 평화체제의 큰길에 모두가 협력하여 동행할 수 있기를 바란다.

2019년 9월

회기동 연구실에서

김상준

차례

|3부| **양국체제 – 분단체제 논쟁**

1부 | 양국체제론의 정립

지난 70여 년 남북은 수없이 많은 '통일방안'을 경쟁적으로 제안해왔지만 오히려 그럴수록 통일은 멀어졌다는 역설 속에서 살아왔다. 지금까지 한국(ROK)과 조선(DPRK) 두 나라는 상대를 국가로서 인정한 바 없다. 상대를 인정하지 않으면서 아무리 통일을 말해봐야 통일이 이뤄질 리 없었다. 상대를 인정하지 않으면서 반드시 통일하자고 하니까 전쟁까지 했던 것 아닌가.

남북 서로가 국가로서의 정당성을 인정할 때 비로소 각자의 내부에서 상대를 부정하고 적대했던 심리와 제도가 바뀌기 시작한다. 그래야 편지 한 통 오가는 데서 시작해서, 전화가 오가고, 사람이 오가고, 그리고 마음이 오갈 수 있다. 마음 간의 긴장이 먼저 풀려야, 정치적 긴장도 풀리고, 군사적 긴장도 따라 풀릴 것이다. 이 길이 평화로운 통일로 가는 '제1보'이고 그러한 상태가 이루어지는 것이 코리아 양국체제다.

1. 코리아 양국체제

한 민족 두 나라 공존을 통해 평화적 통일로 가는 길

눈앞의 현실로 다가온 코리아 양국체제

코리아 양국체제[1]란 대한민국(ROK)과 조선민주주의인민공화국(DPRK) 두 나라가 주권국가로서 서로 인정하여 공식 수교하고 평화롭게 공존, 교류, 협력하는 **일 민족 이 국가**[2]의 **평화체제, 공존체제**이다. 코리아 양국체제는 지난 70여 년 남북 간에 쌓이고 쌓인 적대와 불신을 완화하고 해소함으로써 평화적 통일로 갈 수 있는 가장 현실적인 경로다.

지난 70여 년 남북은 수없이 많은 '통일방안'을 경쟁적으로 제안해왔지만 오히려 그럴수록 통일은 멀어졌다는 역설 속에서 살아왔다. 지금까지 한국과 조선은 서로를 국가 대 국가로서 인정한 바 없다. 상대를 인정하지 않으면서 아무리 통일을 말해봐야 통일이 이뤄질 리 없었다. 상대를 인정하지 않으면서 반드시 통일하자고 하니까 전쟁까지 했던 것 아닌가. 그래서 통일을 하자고 할수록 통일이 멀어지는 역설이 여태껏 발생해왔다고 하는 것이다.

평화로운 통일로 가는 '제1보'가 양측이 상대를 진심으로 그리고 실제적으로 인정하는 데 있음은 굳이 긴 설명이 필요치 않은 자명한 사실이다. 국가로서 성립되어 있는 양자 간의 관계에서 그렇듯 진정에서 우러난 실제적인 인정이란 서로를 정당한 주권국가로서 인정하는 것이다. 남북 서로가 국가로서의 정당성을 인정할 때 비로소 각자의 내부에서 상대를 부정하고 적대했던 심리와 제도가 바뀌기 시작한다. 그래야 편지 한 통 오가는 데서 시작해서, 전화가 오가고, 사람이 오가고, 그리고 마음이 오갈 수 있게 될 것이다. 마음 간의 긴장이 먼저 풀려야, 정치적 긴장도 풀리고, 군사적 긴장도 따라 풀릴 것이다. 이 길이 평화로운 통일로 가는 '제1보'이고 그러한 상태가 이루어지는 것이 코리아 양국체제다.

그러나 지난 70여 년 동안 그 '제1보'는 한 번도 제대로 떼어지지 못했다. 첫걸음도 제대로 떼지 못하면서 내달리고 도약하기를 꿈꾸는 온갖 화려한 통일안들이 난무했다. 코리아 양국체제는 여태껏 미뤄져온 그 첫걸음을 제대로 분명하게 내딛자는 제안이다. 통일에 이르는 첫걸음이 될 양국체제가 정착되고 안정되는 데만 상당한 시간이 필요할 것이다. 이 첫 과정을 제대로 이수(履修)하는 데만 많은 노력과 인내와 창의력이 요구된다. 이 가장 기본적인 과정을 분명한 목표로 인식하고 그 과제의 실현을 위해 실제적인 노력을 경주해야 한다. 그렇지 않고 이 과정을 애매모호하게 남겨둔 채 2단계, 3단계로 건너뛰자는 통일안들은 말만 화려할 뿐 실효가 없다. 오히려 갈등과 불신만 키워왔다.

양국체제란 단순히 한반도에 두 개의 나라가 존재하고 있다는 사실을 지칭하는 것이 아니다. 두 국가 간에 '국가로서의 상호 인정'이 공식적으로 이뤄지고 그러한 상호 인정 관계가 안정적으로 정착되어야 비로소 양국체제라 할 수 있다. 2018년 현재 세계 157개국이 남북 두 국가를 동시에 인정하고 수교하고 있으니 한반도에 두 개의 국가가 존재하고 있다는 것은 이미 세계인이 인정하고 있는 엄연한 사실이다. 그러나 이런 사실이 한반도에 양국체제가 성립하고 있음을 말해주는 것은 전혀 아니다. 막상 남북 두 국가는 서로를 국가로서 정식 인정하지 않고 있기 때문이다. 전쟁을 치르고 극단적으로 적대했던 두 국가가 엄혹했던 냉전 기간 서로를 인정하지 않으려 했다는 것은 상황 탓으로 넘겨본다 하더라도, 소련·동구권이 붕괴하여 미소 냉전이 해소되고 1991년부터는 남북 두 나라가 유엔의 정식 회원국이 되었음에도 그 후로도 거의 30년을 서로 국가 대 국가로 인정하지 않고 지내왔다는 것은 분명 비정상이다.

그러나 현실이 크게 변하여 이러한 비정상이 더는 지속되기 어렵게 되어가고 있다. 2018년 4월 27일 판문점 남북 정상회담과 같은 해 6월 12일 싱가포르 북미 정상회담이 연이어 열리면서 한국전쟁(Korean war)의 종전과 북미 수교가 남, 북, 미 3국의 공식 어젠다에 올랐다.[3] 정전 상태를 종식하고 평화협정을 체결할 당사자가 될 남북 두 국가가 이제 서로를 정상적인 국가로서 인정하는 것은 당연한 수순이다. 여기에 더하여 이후 북미·북일 수교가 이뤄지는 날이 올 것인데, 그때에도 남북만은 끝내 상대를 국가로서 인정하지 않은 채 준 전쟁 상태로 남아 있다는 것은 생각하기 어렵다. 이제 양국체제가 눈앞의 현실로 성큼 다가오고 있는 것이다.

이러한 변화도 놀라운 것이지만 그러한 변화를 강력하게 뒷받침하는 대중적 힘이 대한민국 내부에서 형성되었다는 점에 특별히 주목할 필요가 있다. 그 힘은 물론 2016년 겨울 이후 형성된 촛불혁명의 민의다. 촛불혁명은 최순실 일당의 국정농단이 드러나면서 시작되었지만, 그 배경에는 정권의 모든 실정(失政), 무능, 독단에 대한 항의와 비판을 '종북'으로 싸잡아 억누르고 '블랙리스트'로 묶어 배제했던 박근혜 '신유신체제'에 대한 국민적 환멸과 거부가 있었다. 결국 북을 이용해 독재를 강화하는 낡은 공식을 재탕·삼탕하려다 국민적 대저항에 부딪쳤던 것이다. '보수가 안보는 잘할 거'라는 근거 없는 공식도 완전히 깨졌다. 이명박, 박근혜 소위 '보수정부' 시절 내내 안보 위기·전쟁 위기는 걷잡을 수 없이 높아만 갔다.

높아가는 안보 위기, 전쟁 위기에 대한 국민적 불안과 불만이 매우 심각한 상태였음은 2018년의 판문점, 싱가포르 회담에 대한 여론의 압도적 지지에서 여실히 드러났다.[4] 2019년 2월 하노이에서의 제2차 북미 정상회담이 성과 없이 끝나면서 상황은 교착되는 듯했으나, 같은 해 7월 1일 판문점에서 남북미 정상이 다시 만나 70년 적대를 종식시킬 대장정의 새 장을 열었고, 여론은 여기에 대해 흔들림 없는 지지를 보냈다. 이 지지는 촛불민의의 연장이자, 촛불민의를 믿고 과감한 대북 화해, 북미 화해를 성공적으로 주도했던 새 정부에 대한 믿음의 표현이기도 했다. 이제 남북미 간의 평화를 주도적으로 이끌어가는 의지와 역량이 새 정부가 '촛불정부'임을 입증하는 핵심 증표가 되었다. 이로써 양국체제로의 현실 변화는 남북미 간의 해빙 기류와 이를 지지하는 광범한 대중적 지지를 통해 안팎의 든든한 근거를 갖추었다. 코리아 양국체제는 어느덧 이미 시작된 사건이었다. 이제 코리아 양국체제는 학술적 발상이나 탐구의 수준을 넘어서 눈앞에 다가온 현실이 되었기 때문에, 양국체제에 대해 보다 체계적인 인식을 정립하여 임박한 변화에 준비된 대응을 할 필요가 있다.

한반도에 두 개의 나라가 존재하고 있다는 것은 '삼척동자도 알고 있는' 상식이기 때문에 양국체제에 대한 이해는 긴 설명이 필요하지 않은 것으로 보일 수 있다. 그럼에도 그동안 상식은 현실이 되지 못했다. 간단해 보이나 실은 간단하지 않은 문제인 것이다. 양국체제를 제대로 이해하기 위해서는 이 흥미로운 현실의 블랙박스를 먼저 풀어야 한다. 오랜 세월, 상식이 현실로 되지 못하게 가로막아온 모종의 강고하고 거대한 장애가 우리 자신의 안팎에 존재해왔던 것이다. 따라서 양국체제에 대한 체계적인 인식 정립을 위해서는 먼저 이 거대한 장애를 분석하는 데서 시작하지 않을 수 없다. 그 작업은 현실에서의 시도와 실패에 대한 분석을 포함한다. 양국체제로의 첫 전환 시도가 1980년대 말~1990년대 초에 있었기 때문이다. 그러나 그 첫 시도는 너무나 짧은 시간에 실패로 끝나고 말았다. 그 시도가 어떻게 가능했고 왜 실패했는지를 정확히 이해할 필요가 있다. 양국체제에 대한 체계적 인식은 이러한 분석을 통해서만 이루어질 수 있다.

양국체제 발상이 억압되어온 까닭

먼저 양국체제에 대한 기본적인 상(像)을 그리기 위해, 한중 관계에 대한 이야기로 시작해보자. 현재 한국과 중국은 거의 모든 분야에서 활발히 교류하고 있다. 중국은 2003년 미국을 제치고 한국의 제1교역국이 되었고, 2017년에는 중국에 체류하는 한국인과 한국에서 체류하는 중국인이 각각 100만 명을 넘어섰다. 1992년 한중 수교가 이뤄진 후 벌어진 놀라운 변화다. 편지 한 통 자유로이 오가는 수준을 한참 넘어섰다. 이러한 큰 변화가 이뤄진 것은 한중 두 나라가 국가로서 서로를 인정하고 정식으로 수교했기 때문이다. 먼저 정식 외교관계가 이뤄지면 여러 변화가 물꼬를 터서 연이어 진행되게 마련이다. 한중 수교와 교류는 한중 양국에 큰 혜택을 주었다. 잘 알고 있는 바와 같이, 수교 이전의 냉전시대 한중 관계는 사실상 전무했다. 당시엔 중국을 중국이라 부르지도 못하고 '중공'이라 불러야 했다. '적성공산국가'를 마치 정상적인 나라인 것처럼 부를 수 없다는 이유 때문이었다. 교류는커녕 교류한다는 생각조차 할 수 없는 적대와 금기의식이 지배했다. 러시아(구소련)와의 관계, 베트남과의 관계 역시 마찬가지였다. 그러나 이제 달라졌다. 실로 '상전벽해'의 변화를 겪었다.

주지하듯 이러한 변화는 미소 냉전체제의 붕괴로 인해 가능했다. 더는 이념과 체제의 차이가 교류와 협력을 가로막는 장애가 되지 않았다. 수많은 일반인들이 서로 만나 협력하고 사업하는 데 이념의 차이를 물고 늘어질 이유가 없었다. 한중, 한러, 한베 수교국 정부 사이의 공무(公務)를 수행하는 데서도 서로의 이념이나 체제를 문제 삼아 마찰을 일으킬 이유가 없었다. 간단히 말하면, 코리아 양국체제란 한국과 조선 두 나라 사이에도 한중, 한러, 한베 사이와 같은 정상적인 교류와 협력이 이뤄지는 상태를 말한다.

물론 한국과 조선은 같은 민족의 두 국가이지 서로 민족이 다른 외국이 아니다. 같은 민족의 두 국가 간의 관계는 일반 외국과의 관계보다 긴밀하고 특수할 수밖에 없다. 양국체제란 일종의 '한 민족 두 국가 간의 특수한 관계'를 말한다. 그러나 그 특수성이 지금까지는 불행하게도 삼엄한 휴전선을 경계로 대치하면서 어떤 정상적 교류도 불가능한 상태에 머무르도록 지극히 부정적으로 작용해왔다. 일반적인 대외 관계와 비교가 무의미할 정도로 철저히 가로막힌 상태였다. 그러나 과거 냉전시대 '적성국'이었던 중국, 러시아, 베트남과의 관계가 정상화되고 활발한 교류가 이루어지면서 일반인 사이에서도 '왜 북과는 같은 민족인데도 그럴 수 없느냐'는 자연스러운 질문들이 생겨났다. 그래서인지 필자의 경험으로 볼 때 일반인 대상으로 양국체제를 설명하면 쉽게 이해하고 그 필요성을 인정한다. 기본적인 소개만 하고 나면 오히려 필자보다 더 적극적으로 그 필요성을 강조하고 나서기도 한다. 그럼에도 왜 남북 간의 양국체제는 여태껏 현실화되지 못했던 것일까? 아니, 그 오랜 세월 동안 그러한 발상조차 분명한 형태로 제기되지 못했던 것일까?[5] 흥미로운 문제가 아닐 수 없다.

양국체제를 설명하다 보면 "나도 그런 생각을 하고 있었다"는 반응을 자주 접하게 된다. 뒤집어 보면, 비록 막연하게나마 그런 방향과 방식으로 생각은 하고 있었지만 그러한 생각을 분명하게 그리고 공개적으로 표현할 수 없었다는 뜻이기도 하다. 무엇인가 그러한 방식으로 생각하는 것을, 또는 그런 식의 생각을 표출하는 것을 가로막고 있었다는 뜻이다. 정신분석의 용어로 말하면, 그러한 생각과 발상은 무엇인가에 의해 '억압'되고 있었던 것이다. 과연 무엇이 그렇듯 양국체제적 생각과 발상을 억압해왔던 것일까?

먼저 쉽게 생각할 수 있는 것은 각 개인의 외부로부터 오는 억압이다. 이는 주로 그동안 북을 인정하지 않고 적대시했던 국가와 국가기관으로부터 오는 억압이다(남북이라는 말을 바꾸어도 상황은 정확히 같다). 일례로 우리는 오랫동안 '북한사람'을 우연이라도 만나게 되면 공포를 느껴야 하는 상황 속에서 살아왔다.[6] 국내에서는 물론이려니와 해외에서도 그러했다. 북을 불법화하고 있는 국가 당국이 언제든 그런 '접촉'을 '간첩사건'으로 만들어버릴 수 있다는 공포 때문이었다. 이러한 억압은 독재의 수단으로 오랜 세월 애용되어왔다. 어떤 정당한 비판도 '종북'이라 몰고, 어떤 비인도적 탄압도 '종북 척결'로 정당화했다. 이런 상황에서는 양국체제적인 발상을 떠올리기도, 꺼내놓기도 어려울 수밖에 없다. 그러나 앞 절에서 말했듯 촛불혁명을 전후하여 국내외의 상황이 크게 바뀌고 있다. 이러한 외적 억압은 점차 약화되고 있고, 앞으로 더욱 약화되어갈 것임에 분명하다. 그렇지만 이런 외부 억압은 억압을 당하는 각자의 의식 속 내면화를 수반하기도 한다. 스스로 '종북' 딱지에 걸리지 않도록 자기검열을 하는 것이다. 그리하여 소위 '내 귀의 도청장치'가 생긴다.[7] 이런 자기검열을 통해 북에 대한 경계와 공포, 적대감이 내면화될 수 있는 것이다. 그렇지만 이렇듯 외적 억압에 의해 내면화된 의식 역시 결국 외부에서 비롯된 것이기 때문에 외적 억압 요인이 약화·소멸됨에 따라서 같이 또는 다소의 시차를 두고 약화·소멸될 수밖에 없다.

그러나 외부가 아닌 내부에서부터 비롯된 억압이라면 문제가 다르다. 이 억압은 원인이 내적인 것이기 때문에 앞서 살펴본 외적 억압이 사라져도 존속할 수 있다. 그러한 억압은 과연 무엇일까? 곰곰 생각해보면 그것은 우리 내면의 '분단의식'임을 알 수 있다. 남북뿐 아니라 세계 각처에 흩어져 살고 있는 모든 코리안들에게 '분단'이란 그저 단순한 한마디의 말, 언어가 아니다. 범상치 않은 단어다. 반드시 '비원(悲願)'이나 '한(恨)'과 같이 강렬한 정서적 에너지가 고도로 응축되어 있는 표현을 수반한다. '분단'이란 모든 코리안에게 깊은 고통과 슬픔과 분노의 감정을 수반하는 상처의 표현이다. 일제에 억눌리면서 맺혔던 한이 풀리나 했던 순간 야밤의 봉변처럼 닥쳐왔던 것이 민족분단, 조국 분단이었다. 일본을 몰아낸 미국과 소련의 힘, 그리고 그들 사이의 냉전이 분단을 가져왔다. 민족의 심장에 꽂힌 가시가 반드시 뽑혀야 하듯, 이 '분단'은 반드시 거부되고, 부정돼야만 한다. 따라서 '분단의식'이란 강렬한 '분단부정의식'이 아닐 수 없다.

그렇기 때문에 '분단'에는 또 항상 '극복'이란 말이 따라 붙는다. 그 결과 '분단의 비원'과 '분단의 극복'은 항상 짝을 이루는 말이 된다. 이러한 분단은 나뉘어 있되 결코 둘이 아님을, 아니 결코 둘일 수 없음을 말한다. 지금은 나뉘어 있지만 반드시 하나가 되어야 함을 정언적(定言的)으로 명령하는 말이다. 정신분석에서 무의식(이드)을 '억압'하는 것은 초자아(슈퍼에고)이고, 이 초자아의 명령은 철학자 임마누엘 칸트(Immanuel Kant)의 정언명령(categorical imperative)과 닮아 있다. 정언명령을 닮은 이 '분단(부정)의식'이 '한 민족이 이룬 두 개의 국가', '두 개의 코리아'라는 생각, 양국체제의 발상을 억압해왔던 것이다. 이러한 무의식적 금압, 터부는 남북 유엔 동시가입과 한중, 한러, 한베 수교 이후 현실이 크게 변했음에도 여전히 존속하고 있다. 그렇기 때문에 이제 "한반도에 두 개의 나라가 존재하고 있다는 것은 '삼척동자도 알고 있는' 상식"이 되었음에도 그렇듯 상식적인 양국체제적 발상을 제기한다는 것이 왠지 쉽지 않게 느껴지는 것이다.

분단(부정)의식의 딜레마

이렇듯 양국체제적 발상을 가로막아왔던 심리적 억압 기제는 크게 외부에서 비롯된 것과 내부에서 비롯된 것으로 나눠볼 수 있다. 이 두 개의 억압기제는 일단 겉보기에 서로 정반대의 방향을 가리키는 것처럼 보인다. 외적 억압은 상대를(즉 남은 북을, 북은 남을) 부정하는 쪽으로 작용한 반면, 내적 억압은 반대로 상대를 부정할 수 없다는 방향으로 작용하고 있는 것으로 보이기 때문이다. 그러나 실제 현실을 분석해보면 이 두 개의 계기가 역설적인 방식으로 서로 얽혀 있음을 알 수 있다. 강렬한 '분단(부정)의식=내적 억압'이 결과적으로 남북 두 국가 간의 적대를 심화시켜 국가기구의 외적 억압을 강화하는 방식으로 작용했기 때문이다.

칸트의 정언명령이 곧잘 그러하다고 하듯, 당위는 그 당위가 강할수록 의도와는 반대되는 결과를 낳는 경우가 많다. 분단의식에 내포된 당위, 즉 분단부정의 당위 역시 그러했다. 남북은 반드시 하나여야 한다는 당위는 과연 어느 정도나 실제로 남북이 하나로 되는 데 기여했을까. 분단사에서 결정적 사건인 6·25 전쟁부터 생각해보자. 통일의 당위는 당시 남북 모두 하늘을 찌를 듯 강렬했다. 그러나 그 결과는 분단의 고착이었다. 분단부정, 즉 통일에 대한 열정의 강도(强度)는 전쟁의 참혹도와, 그리고 그 결과로 생긴 분단의 고착도와 정확히 비례했다. 그때 심어진 적대와 원한을 아직까지도 다 지우지 못하고 있다. 통일을 외칠수록 통일에서 멀어지고, 분단극복을 외칠수록 분단현실이 강화되는 역설이 바로 2016년 겨울의 촛불 직전까지도 강력하게 작동했다.

당위의 정언성이 강하고 이념적일수록 그 당위의 실현을 저해하는 반대물, 장애물에 대한 부정과 억압은 더욱 강해지기 마련이다. 한반도에서 분단부정의 당위는 고도로 이데올로기적인 미소 냉전의 대립구조 안에서 작동했다. 따라서 그 당위의 정언성이 강해질수록 이데올로기적 순수와 오염의 이항 대립구도 역시 극도로 첨예해진다. 남과 북은 서로 전쟁을 한 군사적 적이자 동시에 이데올로기적 적이다. 적은 휴전선 저 밖에도 있지만, 더욱 위험한 적은 내부의 적이다. 따라서 남의 체제는 내부의 적인 '빨갱이'를 탐색하고 제거하는 고도의 정화 기계이고, 북의 체제는 또한 내부의 적인 '미제와 남조선 괴뢰도당의 끄나풀, 간첩'을 색출하여 말살하는 고도의 검열 장치이기도 했다. 이 정화와 검열의 장치는 그 속에 사는 인간의 마음과 뇌까지를 점유하여('내 귀의 도청장치') 그 지배를 완성한다. 이로써 분단의 골은 인간의 내면 가장 깊숙한 곳까지를 차지하게 된다. 그러나 이렇듯 전면화된 분단체제는 커다란 고통과 함께 분단 현실에 대한 강렬한 비판의식을 불러일으키는데, 그 비판의식 역시 또 하나의 분단부정의 정언성에 기초한 당위이지 않을 수 없다. 그러한 비판운동이 두드러지게 전개된 곳은 재야, 야당, 학생운동이 활발했던 한국이었다.

한국의 역대 독재정권은 이러한 비판을 '이적' '용공' '친북'으로 몰아 탄압해왔다. 이들이 통치체제를 비판하면서 주장하고 있는 분단극복, 통일이란 결국 대치하고 있는 적의 편에 동조하는 통일일 수밖에 없다는 논리였다. 이러한 상황은 정치체제의 차이만 있을 뿐 남과 북에서 동형적으로 진행되어왔다. 분단체제란 이러한 분단체제 비판 세력을 식량으로 먹어치우면서, 즉 무자비하게 공격하고 탄압하면서 자신의 몸체를 괴물처럼 더욱 키워온 것이라고도 할 수 있다. 반면 독재정권이 비판 세력을 '적'으로 상정하고 탄압하는 한, 극악한 탄압을 당하는 비판 세력 역시 자신의 생존을 위협하는 독재정권을 '적'으로 상정하고 맞서 싸우지 않을 수 없었다. 여기에 독재정권은 비판 세력이 자신을 '적'으로 규정하는 것이야말로 그들이 '이적단체'에 불과한 것을 입증하는 것이라고 강변해왔다. 이로써 상호를 적으로 간주하여 투쟁하는 상승적 순환 구조가 남과 북의 정권 사이에서, 그리고 남 내부와 북 내부 각각에서 형성되고 교차하면서 가속도를 얻어 작동한다.(이 책, 153쪽)

결국 분단체제란 분단의 부정, 즉 자기부정을 통해 자기를 재생산하는 기묘한 체제였다. 이 기묘한 작동논리는 2중의 차원에서 전개된다. 먼저 남북의 분단체제가 공식적으로 표방하는 체제의 목적이 분단의 극복이다. '조국통일', '북진통일', '흡수통일', '붕괴통일', '통일대박', 매한가지다. 모두 분단을 부정하고 자기 중심의 통일, 즉 '분단의 극복'을 표방한다. 이렇듯 분단체제가 분단을 부정하면 할수록 남북 양측에서 서로에 대한 의심과 대립과 적대의 힘, 즉 분단의 장력(張力)은 더욱 팽팽하게 당겨지는 물리학이 성립한다. 그러나 분단체제의 자기생산력이란 이것만이 아니다. 이렇듯 자기생산성을 갖는 분단체제의 기득 권력을 비판하고 맞서는 힘 역시 '분단극복'을 표방한다. 분단을 극복해야 분단체제가 종식될 것이니 당연한 주장이라 할 수 있다. 그러나 분단체제는 바로 이렇듯 '분단체제극복'을 부르짖는 세력을 기다렸다는 듯이 체제비판 세력, 내부의 적, 간첩으로 낙인찍어 잡아들인다. 수많았던 기획된 간첩사건, 체제전복사건, 내란선동사건들이 그러했다.

분단체제의 적대적 장력은 이렇듯 서로를 외부·예외로 간주하는 남북 간에 형성될 뿐 아니라, 바로 남북의 내부에 외부·예외를 설정하는 방식으로, '겹2중'으로 형성된다. 이 '겹2중'이 맞물려 돌아가는 동력구조가 분단체제다. 내부에 외부를 설정하는 이 '내부 적대'의 장치 마련을 통해 '외부 적대'의 동력을 증폭시키는 매커니즘이다. 분단체제란 이렇듯 강고할 뿐 아니라 교묘한 자기생산–재생산체제다. 70여 년이나 생명을 이어온 데는 그만한 이유가 있다.

애초에 문제는 분단을 부정하는 당위의 주체가 하나일 수 없었다는 사실이었다. 분단부정의 당위는 무엇보다 우선 분단부정의 또 다른 당위와 생사존망의 대결 상태로 빠질 수밖에 없다. 분단부정의 당위가 또 다른 분단부정의 당위를 부르는 구조였다. 이제 그 과정은 다음과 같은 반복적 순환 사이클로 요약할 수 있다.

분단부정의 당위 → 남북 적대의 심화 → 분단독재체제의 강화 → 분단독재체제에 대한 비판의 강화 → 분단부정의 당위의 강화

이 순환은 자꾸만 반복된다. 피하고 싶은 불쾌한 증상을 자꾸만 되풀이하는 반복강박과 닮아 있다. 이처럼 철저하게 외부와 내부를 완전히 포괄한 분단구조는 상상하기 어려울 것이다. 당위가 강할수록 반대의 결과를 낳는다는 정언명령의 역설은 분단체제 70년의 현실로 완벽하게 구현되었다.

분단을 부정할수록 분단이 고착된다는 '분단(부정)의 딜레마'는 애초에 둘임을 부정했던 데서 시작되었다. 따라서 이 딜레마를 끊으려면 둘임을 인정하는 데서 출발하지 않을 수 없다. 하나가 되자고 하면 오히

려 하나가 되자는 둘이 우선 분명해야 할 일이다. 그렇지 않고 애당초 둘이 아니라고 하면서 하나가 되자고 하는 것이 오히려 문제의 발단이 되어왔다. 둘임을 인정하고, 하나가 되는 노력을 하자는 것이 양국체제다. 이것을 하지 못하고 '분단(부정)의 딜레마'에 빠져 겪어야 했던 고통은 이미 너무나 컸고 길었다. 북을 철저히 부정하면서 '통일대박'과 '종북몰이'를 양 손에 들고 휘둘렀던 이명박·박근혜 정부 하에서의 경험이 마지막이 되어야 한다. 촛불혁명은 유신체제로 되돌아가려 했던 총체적 종북몰이, 블랙리스트 소동을 종식시켰다. 촛불혁명 이후 이 나라의 민심은 마치 긴 악몽에서 깨어난 듯 새로운 눈으로 현실을 보고 있다. 그리고 그 힘에 기초하여 2018년 판문점 선언, 싱가포르 선언, 평양 선언이 이루어질 수 있었다. 이어 대한민국 대통령이 평양에서 평양시민들 앞에서 대중연설을 하였고, 머지않아 서울에서 조선민주주의인민공화국 국무위원장이 시민들을 만나는 날도 올 것이다. 한 민족의 두 나라가 서로를 인정하면서 평화롭게 공존하며 통일로 가는 길을 준비하는 길로 접어든 것이다. '코리아 양국체제', 다시 말해 '한 민족 두 국가의 평화체제, 공존체제'가 이미 현실로 시작된 것이다.

양국체제의 첫 번째 역사적 계기: 반쪽국가의식에서 양국의식으로

그렇지만 양국체제적 인식이 오직 촛불혁명과 판문점·싱가포르 선언을 통해서만 처음 생겨났던 것은 아니다. 이렇게 큰 변화에는 반드시 그에 선행하는 역사적·예비적 과정이 있기 마련이다. 1980년대 말~1990년대 초반에 연속적으로 벌어진 대형 사건들이 그러했다. 1987년의 민주항쟁과 1989~1991년 사이의 소련·동구권과 미소 냉전체제의 붕괴, 한소·한중 수교, 그리고 1991년의 남북 유엔 동시가입과 〈남북기본합의서〉 교환으로 이어진 초대형 변화들이 그것이다. 이러한 변화들은 분단체제의 지반을 처음으로 크게 흔들었다. 세계 판도 전체가 크게 바뀌고 있었기 때문이다.

이 변화 속에서 분단의식도 크게 흔들렸다. 분단의식은 '반쪽의식'이기도 하다. '반쪽만으론 온전하지 못하다', '나뉜 반쪽은 합쳐야 비로소 온전한 하나가 된다'는 생각이다. 반쪽의식에서 양국체제 발상은 나올 수 없다. 양국체제는 두 코리아를 각각 온전한 하나의 국가로 보기 때문이다. 온전한 국가란 '내부의 정당성'과 '외부의 인정'이라는 양 측면을 모두 갖추어야 성립한다. 남북이 이 두 근거를 어느 정도 갖추기 시작한 최초의 계기는 1991년의 남북 유엔 동시가입과 〈남북기본합의서〉 교환이었다. 이 두 사건은 1987년부터 시작된 세계적 대변동의 연쇄가 낳은 종합적 결과였다고 할 수 있다. 세계사 차원에서는 미소 냉전구조의 붕괴가 주원인이었고, 국내적으로는 87년 시민항쟁이 열어놓은 민주화 지향의 강력한 여론이 있었다.

분단의식, '반쪽의식'으로 보면 남북의 국가는 '반쪽(만의) 국가'일 뿐이다. 우선 이러한 '반쪽국가의식'을 벗어나지 못하면 양국체제 발상은 생겨나기 어렵다. 그러나 반쪽국가의식에도 그만한 현실의 근거가 있었다. 냉전시대 남북 국가의 내적·외적 정당성 구조 자체가 온전하지 못하고 반쪽짜리로 보이는 측면이 있었기 때문이다. 우선 외적 측면부터 살펴보자. 어떤 국가에 대한 외부의 인정이란 국제사회의 인정, 외국과의 수교관계로 표현되는데, 냉전시대 남북의 국제적 인정, 수교관계는 실제로 '반쪽짜리'였다 할 수 있다. 한국(ROK)은 미국 영향권의 국가들과만, 반대로 조선(DPRK)은 소련 영향권의 국가들과만 수교하고 있었다.[8] 나머지 반쪽의 인정이 없었던 것이다. 남북 모두 외부 세계의 절반으로부터만 인정받고 있다는 '반쪽국가의식'을 벗어나기 어려웠다.

내적으로도 남북은 '반쪽국가의식'에 사로잡혀 있었다. 1948년 두 정부의 수립 이래 남북은 자신이 통일을 목적으로 세워진 일종의 '경과적인 국가'라는 인식을 가지고 있었다. 물론 자신만이 적통자(嫡統子)고, 자신이 주도하는 통일이 되어야 한다고 믿었지만, 그렇다 하더라도 두 국가 모두 자신이 이미 완결되었거나 완성되어 있는 국가라고 내세울 수는 없었다. 스스로 '반쪽국가'이고 따라서 '반쪽만의 정당성을 가진 국가'라는 생각이었다. 그런 '반쪽국가의식'이 강할수록 통일에 집착하기 마련이다. 그래야 '반쪽국가'의 정당성이 충족된다고 생각하기 때문이다. 그래서 양측이 모두 통일을 내세우고 자신만이 통일의 주체가 될 수 있다고 했다. 그러나 그 통일은 말은 늘 좋지만 실제 의도는 상대를 소멸시키자는 것이었다. 그래서 냉전시대 남북의 통일정책들은 언어로 하는 전투와 같은 것이었다. 그렇게 총탄을 교환하듯 오갔던 통일정책, 통일방안들이 오히려 통일을 멀게 했다는 것은 역설이라기보다 당연한 결과였다.

1991년 남북 유엔 동시가입과 〈남북기본합의서〉 채택은 이러한 관성에 큰 변화를 가져왔다. 당시 유엔 동시가입과 기본합의서 채택을 주도했던 것은 한국의 노태우 정부였다.[9] 소련 · 동구권 붕괴 이후의 유리한 상황에서 상대를 인정해주더라도 우위에 설 수 있다는 자신감이 있었기 때문이다. 반면 북은 곤란한 상황이었다. 동구권 붕괴 이전까지 북은 유엔 동시가입을 반대해왔다. 통일 주도권이 자신의 편에 있다고,

자신만이 '조선반도'에서 유일하게 정통성을 가진 국가라고 생각해왔기 때문이다. 정통성 없는 '남조선' 정부를 굳이 유엔 동시가입을 통해 국제적으로 인정해줄 필요가 없다고 보았다. 그러나 상황이 크게 바뀌었다. 냉전의 한 축이었던 소련 중심의 '진영'이 무너져 국제무대에서 남과 북의 지지 균형은 한국 쪽으로 크게 기울었다. 여기에 더해서 87년 개헌에 따라 대통령 직접선거에 의해 선출된 한국 새 정부의 정통성을 (야권분열에 따라 군부 출신 후보가 당선되었다고 하더라도) 전면적으로 부정하기 어려웠다. 이제 북은 예전처럼 한국 정부를 무작정 반대하거나 무시할 수 없었다. 체제 유지를 위한 새로운 방식을 고민하지 않을 수 없었다.

분단국의 유엔 동시가입은 1973년 동서독의 선례가 있다. 그러나 동서독 상황이 1990년 급속한 흡수통일로 마감되었다는 사실이 북으로서는 부담스럽지 않을 수 없었을 것이다. 그러나 소련이 한국과 수교하고(1990년) 중국이 남북 유엔 동시가입을 지지하자(1991년 5월) 북도 입장을 바꾸지 않을 수 없었다. 동서독의 경우 1973년 유엔 동시가입과 1990년 흡수통일은 별개의 사건이다. 마찬가지로 남북의 유엔 동시가입과 흡수통일을 혼동할 이유가 없다. 북은 북대로 지극히 현실적인 판단을 하고 있었다. 그 판단의 중심에 물론 김일성 주석이 있었다. 불가피한 일이라면 오히려 이를 자신의 체제 보장을 강화하는 기회로 살려보려 했다.

실제 유엔 동시가입이 북에 대한 국제적 공인을 담보하여 일방적 흡수통일의 가능성을 차단한다고 생각할 충분한 근거가 있었다. 핵무기 철수 등 미국으로부터의 군사적 양보도 요구할 수 있다고 보았다. 남북대화가 최고조에 올랐던 1991년 하반기에는 다음 해 한미 팀스피리트 훈련 취소가 결정되었고, 미국은 한국에 배치된 핵무기를 철수하기로 결정했으며, 그로 인해 연말에 〈한반도비핵화공동선언〉이 이뤄질 수 있었다. 북은 결단을 했고, 이로써 유엔 동시가입은 이루어졌다. 그리하여 남북은 유엔 회원국이 되었다. 유엔 회원국은 회원국 상호의 주권을 인정하고 서로 침해하지 않는다는 유엔헌장을 준수해야 한다. 따라서 일단 형식 차원에서라도 '두 개의 코리아'가 온전한 국가로 공인된 것이다. '반쪽국가'가 아닌 '온쪽국가'로 인정되었고, '반쪽의식' 자리에 '양국의식'이 생겨났다.

이는 〈남북기본합의서〉로 다시금 분명히 표현되었다. 3장 25조에 이르는 기본합의서의 핵심은 제1조 "남과 북은 서로 상대방의 체제를 인정하고 존중한다"에 있다. 과거 냉전시대에도 주도권 경쟁 차원에서 그와 유사하거나 또는 그렇게 해석될 수 있는 구절들을 사용한 경우가 없었던 것은 아니다. 그러나 그것은 공격과 방어 차원의 언어 공세에 불과했다. 이번에는 분명한 합의였다. 크게 달라진 상황에 대한 인식과 이해(利害)의 공통기반이 생겼기 때문이다. 불확실성이 많았지만 당시 양측은 이 합의를 통한 공존 기조의 지속에 상당한 기대와 믿음을 공유했다. 노태우 대통령과 김일성 주석이 모두 크게 흡족해했다. 애초부터 각자의 적대적 체제를 오히려 강화하려는 목적을 숨기고 서로가 일시적으로 이용하였을 뿐이던 1972년의 〈7 · 4 남북공동성명〉 때와는 분명히 달랐다. 이 합의로 양국의 자체적 · 내적 정당성 근거 역시 분명 '반쪽국가'에서 각자가 충족된 정당성을 갖는 '양국체제' 쪽으로 이동했다.

불완전한 전환

그리하여 냉전시대 오랜 기간 남북에 존속했던 '반쪽국가의식'은 외적으로도, 내적으로도 '양국의식' 쪽으로 이동했다. 그래서 남북 유엔 동시가입과 〈남북기본합의서〉 채택이 이뤄진 1991년을 양국체제로의 전환이 최초로 시작된 때라고 했다. 그러나 그 변화는 아직 불충분하고 불완전했다. 외적으로도, 내적으로도 모두 그러했다.

우선 남북 유엔 동시가입을 전후하여 한국은 소련, 중국과 수교할 수 있었지만 미국은 북과 수교하지 않았다. 미국의 강한 영향 아래 있는 일본도 북과 수교하지 않았다. 유엔 동시가입을 통해 남북의 수교국은 증가했지만,[10] 북의 체제 안정에서 핵심적인 미국과의 수교가 이뤄지지 않았고 일본 역시 미국을 따랐다. 국제적으로 두 개의 코리아는 공인되었지만, 그 출발은 불완전하고 불균형한 것이었다.

기본합의서에서 이루어진 내적 상호 인정 역시 불완전했다. 상호 인정을 한다고 하면 과연 상대를 어떤 수준에서 인정하는지가 중요하다. 특히 남북과 같이 서로를 인정하지 못하여 전쟁을 했고, 그 전쟁을 아직도 끝내지 못하고 있는 상태라면 더욱 그러하다. 그런데 합의서 전문에서는 상호 인정하는 "쌍방"의 관계를 "나라와 나라 사이의 관계가 아닌 통일을 지향하는 과정에서 잠정적으로 형성되는 특수관계"라 규정했다. 그 결과 3장 25조에 이르는 합의서 전체에서 합의 양 당사자를 서로의 정식 국호로 부르지 못하고 '쌍방' 또는 '남과 북'이라 애매하게 지칭했다. 합의서 말미에 서명자로 '대한민국 국무총리 정원식'과 '조선민주주의인민공화국 정무원 총리 연형묵'이라 써서 딱 한 번 양국의 국호가 언급되었을 뿐이다. 물론 그조차 하지 못하고 "서로 상부의 뜻을 받들어. 이후락 김영주"라고 끝맺었던 1972년의 〈7 · 4 남 북공동성명〉에 비하면 분명 발전은 발전이라 하겠다. 그러나 아직 불 완전한 발전이었을 뿐이다.

"나라와 나라 사이의 관계가 아닌 통일을 지향하는 과정에서 잠정적 으로 형성되는 특수관계"란 앞서 분석한 '반쪽국가의식'에 정확히 상 응하는 표현이다. 흔히 〈남북기본합의서〉는 1972년 체결된 〈동서독기 본조약〉을 준용한 것이라 한다. 그것은 사실이지만, 상호 인정의 수준 에서 〈남북기본합의서〉가 〈동서독기본조약〉에 크게 못 미친다는 사 실은 분명히 인식해야 한다. 〈동서독기본조약〉은 서문, 10개조, 그리 고 2개조의 추가조항 전체에서 조약 쌍방을 정식국호인 '독일연방공 화국'과 '독일민주공화국'이라 분명히 칭하고, 두 국가가 주권과 영토 를 상호 인정한다는 것을 전제하고 있다.

"나라와 나라 사이의 관계가 아닌 통일을 지향하는 과정에서 잠정적 으로 형성되는 특수관계"라는 구절은 〈동서독기본조약〉에서 전혀 찾 아볼 수 없다. 필자가 독일의 동방정책과 관련해서 이와 그나마 가까 워 보이는 표현을 조사해본 바로는, 1969년 10월 28일 서독 수상 빌 리 브란트(Willy Brandt)의 연방정부 성명 중에 "독일에 두 개의 국가가 존재하더라도 그 국가는 상호 외국이 아니며, 그 상호관계는 특수한 종 류인 것"이라 했던 것이 처음이었다. 그 성명의 핵심은 독일에 독일연 방공화국과 독일민주공화국이라는 두 개의 나라가 존재하고 있다는 사실을 인정하자는 것이었다.[11] 다만 그 두 국가는 서로 외국이 아닌 특 수관계라는 뜻이었다. 먼저 국가로서 인정하면서, 그다음에 그 두 국 가 간의 관계는 특수하다 한 것이다. 하나의 민족이 이룬 두 개의 국가 (one nation, two states) 간의 관계이니 특수하다 하는 것은 당연하다.

그래서 동서독은 기본조약 이후 정식 외교관계를 맺고 일반 수교국 대사보다 격이 높은 장관급 대표를 상호 파견했다. 그런데 〈남북기본합의서〉는 그와 전혀 다르다. 국가로서 인정하지도 않았고, 나라와 나라 사이의 관계가 아니라고 거듭 확인까지 하고 있다.

당시 상황을 냉정하게 보면 비록 냉전이 종식되었다 하더라도 미국이 북을 인정할 의도가 없는 상태에서 남북 양측만으로 종전(終戰)을 이루기 어려웠다. 아직 전쟁도 공식적으로 끝마치지 못한 상대를 국가로 인정한다는 것은 앞뒤가 바뀐 일이기도 하다. 당시 노태우 정부는 미국과 별개로 독자적으로 북과 종전처리를 하고 상호 국가 인정까지 밀고 나갈 만큼의 의지와 역량을 가지고 있지 못했다. 위기에 처한 당시의 상황을 우선 모면하는 데 급급했지 장기적인 비전을 차분히 재정립할 여유가 없었던 것이다. 그렇듯 남북 모두 외적으로나 내적으로나 제약된 상황에 있었기 때문에 낮은 수준의 합의를 할 수밖에 없었다.

이러한 이유로 〈남북기본합의서〉가 〈동서독기본조약〉에 비해 상호 인정의 수준이 크게 떨어지는 불완전한 합의에 그칠 수밖에 없었다는 사실을 분명하게 인식하고 있으면 문제가 없다.[12] 한계를 정확히 알고 있으면 그것을 극복해갈 방향도 정확해지기 때문이다. 그러나 여러 한계 때문에 어쩔 수 없이 낮은 수준에서 합의할 수밖에 없었던 것을 거꾸로 뒤집어 그것이 마치 오히려 더욱 높은 수준의 심오한 합의의 결과였던 것처럼 생각한다면 문제가 된다.

실제로 "나라와 나라 사이의 관계가 아닌 통일을 지향하는 과정에서 잠정적으로 형성되는 특수관계"라는 표현은 그러한 혼란을 유발할 여지가 없지 않다. '남북은 국가 대 국가로 서로를 (아직 능력이 부족하여) 인정하지 못하는 것이 아니라 오히려 (뜻이 높기 때문에) 하지 않는 것이다. 그 이유는 남북은 애당초 두 국가가 아니라 통일을 지향하는 특수 관계이기 때문이다'라는 식으로 읽힐 수 있기 때문이다. 그렇게 읽으면 이 구절은 마치 '우리가 지금 하나는 아니지만 결코 둘일 수 없다'라는 높은 민족적 이상에 남북 대표가 의기투합한 결과, 곧바로 국가연합이나 연방제 통일로 직행하려는 속마음이 이심전심으로 표현되었던 것처럼 과잉 해석될 수도 있다.[13] 이런 혼란에 빠지면 남북관계가 어디만큼 왔고, 어디가 한계이며, 이제 어디로 가야 하는지 올바른 방향을 잡기 어려워진다.

지금까지의 분석에서 분명해진 사실은 다음과 같다. 기본조약을 통해 동서독은 서로를 주권국가로서 인정함으로써 '반쪽국가의식'을 극복하고 '양국체제'로 확실히 이행한 반면, 남북의 기본합의서는 서로 체제는 인정하되 국가로서 인정하는 것은 아니라는 애매한 절충에 그쳐 '반쪽국가의식'을 완전히 극복하지 못했다. 또 1972년 〈동서독기본조약〉 체결 이후 미국은 1974년 동독과 수교했다. 반면 〈남북기본합의서〉 이후 미국은 북의 수교 요청을 거부했다. 동방정책의 서독이 동독과 미국의 수교에 적극 나선 반면, 북방정책의 한국은 조선과 미국의 수교문제에 적극적으로 나서 성사시킬 의지나 능력이 없었다. 그 이후의 차이 역시 분명하다. 양국체제로의 전환을 확실히 한 동서독은 활발하고 광범위한 교류와 협력을 이루었지만, 낮은 수준의 애매한 절충에 머문 남북관계는 기본합의서 채택 이후 채 1년이 못 돼 흔들리기 시작해 곧 파탄에 이르고 말았다.

지금까지 한반도 남북의 '반쪽국가의식'이 '양국의식'으로 바뀌어갔던 첫 번째 역사적 계기를 살펴보았지만, 그러한 전환은 결코 순조롭지 못했음을 확인할 수 있었다. 우선 남북에 뿌리 깊은 반쪽국가의식이 자리 잡게 된 데는 나름의 근거가 있었음을 알 수 있다. 냉전시대 두 코리아는 코리아 바깥에서 볼 때 각각 세계의 반쪽으로부터만 지지·인정을 받았던 반쪽국가였고, 코리아 내부에서 볼 때도 남북은 서로 상대를 부정한 채 소멸시켜 흡수해야만 온전한 하나가 된다고 생각하는 반쪽국가였다. 이 같은 내외의 반쪽의식은 남북관계에 매우 부정적인 영향을 주었다. 화해 대신 대결과 적대가 증폭될 수밖에 없는 구조였고, 그 결과 한반도는 2중으로 고통받는 안팎곱사등이 신세를 벗어날 수 없었다. 그러나 그 반쪽의식은 87항쟁, 냉전 붕괴, 유엔 동시가입, 기본합의서 채택이라는 연쇄적 대사건들을 통해 외적으로나, 내적으로나 크게 약화됐다. 그 자리에 점차 상대를 인정하는 양국의식이 들어서기 시작했고, 양국체제로 가는 길이 보이는 듯했다. 그러나 그 전환은 아직 불완전했고, 짧은 시간에 그 길은 금방 닫히고 말았다.

양국체제의 최초의 싹이 그렇듯 빨리 꺾이게 된 원인은 무엇일까? 이 원인 분석은 매우 중요하다. 앞서 보았듯 분단체제는 너무나 오랜 시간 지속되어 어느덧 익숙해진 상태가 되었기 때문에 이 체제가 다른 체제로 바뀌는 데는 많은 어려움과 저항이 따르기 마련이다. 이 글을 쓰는 시간, 양국체제로의 두 번째 진행이 이뤄지고 있고, 그 조건이 첫 번째에 비하여 여러모로 좋은 상태이긴 하지만, 그렇다고 하여 그 성공이 자동적으로 보장되어 있다고 말할 수는 없다. 안팎의 장애가 아직 남아 있다. 그렇기에 첫 번째 열림이 실패했던 원인에 대한 정확한 분석이 반드시 필요하다. 이는 현재 진행 중인 양국체제를 향한 두 번째 항로에 대해 가장 도움이 되는 지침이 될 것이다.

양국체제 첫 시도의 실패 과정

1991년 9월에서 연말까지 4개월간, 남북 유엔 동시가입, 〈남북기본합의서〉, 〈한반도비핵화공동선언〉이 숨 가쁘게 이루어졌다. 이렇듯 양국체제를 향해 열리는 듯했던 문은 이듬해인 1992년부터 급속히 닫히고 만다. 그리고 1993~1994년 한반도는 일촉즉발의 전쟁 위기에 빠진다. 특히 1994년 5~6월은 한반도가 6·25 전쟁 이후 전쟁 발발에 가장 가까이 갔다는 순간이었다.[14] 전쟁 시뮬레이션은 엄청난 인명피해와 전쟁비용을 예고했고 북미는 충돌 직전에 가까스로 돌진을 멈췄다. 그 결과가 1994년의 북미 간 제네바 합의였다. 그러나 이미 남북 간, 북미 간의 적대와 불신은 돌이킬 수 없을 만큼 높아져 있었다. 〈남북기본합의서〉와 〈한반도비핵화공동선언〉의 정신은 오간 데 없이 사라졌다. 양국체제로 가는 문은 다시금 굳게 닫히고 말았다. 이후 2000년 6월과 2007년 10월의 남북 정상회담도 이 상태를 되돌리기에는 이미 역부족이었다.

이러한 대반전의 기류가 본격적으로 표면에 드러나기 시작한 것은 1992년부터였다. 우선 소련·동구권 해체 이후 미국의 대(對)한반도 정책, 대북정책의 본심이 분명히 드러났던 때가 1992년 1월이라 할 수 있다. 이는 북의 노동당 국제비서 김용순이 미국을 방문하여 미 국무부 차관 아널드 캔터를 만난 자리에서 밝혀졌다. 당시 북은 1991년 기본합의서와 비핵화공동선언까지 합의한 후 이제는 미국과의 관계 개선이 가능하다고 생각했던 듯하다. 그 의중을 밝힌 것이 1992년 1월 미국을 방문한 김용순의 발언이었다. "미군 철수를 요구하지 않을 테니 북미 수교를 하자"는 요구였다.[15] 김용순은 김정일의 오른팔로 알려진 인물로, 김일성 - 김정일의 의사를 직접 전달할 수 있는 위치에 있었다. 그동안 주장해왔던 미군 철수를 내리고 대신 북미 수교를 들고 나온 것이다. 이는 북의 대남 전략이 통일에서 공존으로 바뀌었음을 보여주는 신호였고, 이를 미국에 분명히 표명했던 것이라 볼 수 있다. 북미 수교를 하자는 것은 앞으로 한국 역시 정식으로 인정할 수 있다는 의도의 표현으로 읽힌다. 북미 수교의 제안에는 한국과도 정식 수교관계를 맺고 공존하겠다는 뜻이 깔려 있었다. 앞서 동서독 동방정책 사례에서 미국과 동독의 수교(1974년)가 동서독이 양국체제로 가는 데 중요한 징검다리였음을 확인한 바 있는데, 남북의 경우도 마찬가지다. 북은 1990년의 독일이 아니라, 1972년(⟨동서독기본조약⟩), 1974년(미국 - 동독 수교)의 독일을 보면서 정책 전환을 했다고 할 수 있겠다. 그러나 김용순의 제안을 미국은 거부했다. 미국은 한국만을 인정할 뿐, 북은 인정할 수 없다는 뜻이었다. 소련 · 동구권 해체 이후 미국의 한반도, 대북정책의 본심을 처음으로 분명히 드러낸 것이다.

그러나 이러한 기류는 92년 이전부터 물밑에서 형성되고 있었다. 이미 89년 동구권 붕괴 직후부터 북(DPRK)은 루마니아와 같이 곧 붕괴할 것이며, 한국 정부의 북방정책은 망해가는 북을 연명시키고 있을 뿐이라는 분석과 주장이 미국과 한국의 정보라인으로부터 점차 확산되어가고 있었다.[16] 미국과 한국의 대북 강경세력은 애초부터 북을 인정할 의도가 없었고, 오히려 위기를 조성하여 북을 붕괴시키는 시나리오를 마련하고 있었다. 이후 30년 동안 한반도에 신냉전 기조를 유지하게 했던 '북한붕괴론 - 흡수통일론'이 여기서 나왔다.[17] 그러한 의중을 보여주는 첫 신호는 1991년 2월 미국의 북 핵 개발 의혹 제기였다고 할 수 있다. 나중에 미국 측의 조사에 의해 확인된 바, 당시 북의 핵 개발

준비 상태는 현실적인 위협이 전혀 되지 못하는 매우 초보적인 수준에 불과했다.[18] 의혹 제기의 목적은 핵위협의 실제성이 아니라 이를 빌미로 북과의 관계 정상화를 거부하고 여러 제재와 압박으로 묶어두기 위함에 있었다. 그 의도가 1년 후 김용순의 방미 때 분명히 드러났던 것이다.

미국의 이러한 의중은 먼저 한국의 주류 언론사들의 과장된 보도를 타고 한국 여론에 확산되어갔다. 북핵 의혹이 제기된 1991년에는 남북 정부 당사자 간에 대화가 활발하게 이뤄지고 있었는데, 한국 측 대표단에게도 미국 측 '전문가'와 '정보요원'들이 한국의 대북 협상대표단을 수시로 방문하여 북핵 상황에 대해 "교육하다시피 설명"했다고 한다.[19] 북핵 정보를 미국에 전적으로 의존할 수밖에 없었던 한국의 협상 대표단은 이 '교육'을 감수할 수밖에 없었다. 그러나 1991년까지는 남북 대화가 활발하게 진행되고 있었기 때문에 '북핵 의혹'이 결국 진행 중인 모든 변화를 정지시킬 거라고는 예상하기 어려웠다. 1992년 팀스피리트 훈련 중단이 결정되고, 한국에 배치된 미국 핵무기 철수가 이뤄졌으며, 북이 강제사찰을 제외한 일반 핵사찰을 수용하면서 연말에는 〈한반도비핵화공동선언〉이 이뤄져 핵의혹 문제도 봉합되는 듯한 분위기였다.

그러나 본격적인 제동은 1992년부터 걸리기 시작했다. 당시 남북 협상단의 주요 인물 중 한 사람인 임동원의 회고에 의하면 남북 대화의 주 통로였던 남북 고위급회담은 1992년 초 〈남북기본합의서〉의 부속합의서 작성 단계에서부터 "우리 측의 지연전술"에 들어가 결국 그해 연말에 파탄에 이른다. 지연전술의 주역은 시종 안기부 비선이었는데, 그 방법은 주로 강경한 핵사찰 요구를 내세워 최종 합의를 불발·

지연시키는 것이었다.[20] 결국 〈남북기본합의서〉는 남북 간 합의·채택 되기는 했으나 남쪽에서는 국회 비준을 얻지 못했고, 부속합의서 작성 에도 실패했기 때문에 결국 채택 후 1년도 못 되어 실행도 못하고 사문 화되어버린 셈이다.

이 남북 대화 지연전술 또는 방해공작이 얼마나 비정상적인 방법으 로 이뤄졌는지를 극적으로 보여준 사례가 유명한 1992년 9월의 '대통 령 훈령 조작 사건'이었다. 당시 8차 고위급회담차 평양으로 간 한국 측 대표단은 노태우 대통령으로부터 직접 지난번 회담에서 성사되지 못한 '이산가족방문단 교환방문'을 이번에는 일부 양보를 하더라도 반 드시 성사시키라는 당부를 받았다. 협상은 잘되어 장기수 이인모 씨를 송환해주는 조건으로 이산가족 교환방문은 합의되었다. 그러나 이 합 의에 대해 청와대에 훈령을 다시 확인해보자는 의견이 제시되어 야밤 에 훈령 요청 전문을 보냈는데, 새벽에 온 답신은 이상하게도 이 합의 를 취소하라는 것이었다. 대표단의 서울 귀경 후 이 훈령에 의문이 제 기되었고 내부 조사가 이뤄졌는데, 그 결과는 놀라운 것이었다. 평양 에서 보낸 대표부 훈령 요청 전문을 안기부가 서울에서 받아 청와대에 보내지 않고 자체 접수하였고, 안기부 독단으로 합의를 취소하라는 가 짜 훈령을 평양의 대표단에 보냈던 것이다.[21] 이 놀라운 사건은 당시 대 표단의 일원으로 평양에 가 훈령 조작을 주도했던 안기부 특보와 서울 에서 조작 훈령을 보낸 안기부장 두 사람의 경질로 '조용히' 마무리되 었다.

어떻게 이런 일이 가능했을까? 1992년은 노태우 정부의 임기 마지 막 해였다. 12월이면 대통령 선거가 예정되어 있었다. 이미 차기 권력 의 의중이 안기부 비선을 통해 작용하고 있었다. 당시 여당인 민자당의 대통령 후보는 이 해 5월에 확정된 김영삼 씨였다. 김영삼 후보 진영은 남북 대화의 순조로운 지속이 대선의 야당 후보인 김대중 씨에게 유리한 것으로 판단했다. 그래서 남북회담을 그렇듯 지연시키고 방해하려 했던 것이다. 당시 김영삼 후보의 선거캠프에는 북한붕괴론 – 흡수통일론을 믿고 전파하는 세력이 집결해 있었다. 1987년의 민주화운동을 대표했던 김대중, 김영삼 두 정치인의 이러한 대립은 이미 87년 12월 대선 당시 두 김 씨의 분열에서부터 예견되었던 것이다. 대선에서 양 김 씨는 승리를 당시 노태우 후보에게 헌납했고, 1990년 김영삼 씨는 3당 합당을 통해 옛 군사독재 세력과 합치고 말았다. 이로써 87 민주화 세력은 양분되었을 뿐 아니라 그 절반이 신냉전 · 흡수통일 진영으로 합류해버린 것이다. 이후 2016년 말 촛불혁명 때까지 한국 정치를 지배했던 '기울어진 운동장'이 이렇게 성립되었다.

1992년 초 미국은 북의 수교 제안을 거부했고, 가을에는 한미연례안보협의회(SCM)에서 그 한 해 중지했던 팀스프리트 훈련을 1993년에는 재개하는 것으로 결정했다. 여기에 더해 1993년 3월에는 미국이 주도하는 국제원자력기구(IAEA)가 북의 핵시설에 대한 '특별사찰'을 요청했다. 북의 모든 군사시설을 요구하는 대로 다 보여 달라는 것이다. 벼랑 끝으로 몰고 있다고 판단한 북은 며칠 후인 3월 12일 핵확산금지조약(NPT)에서 탈퇴해버린다.[22] 이제는 아예 내놓고 핵무기 개발을 하겠다고 선언하는 초강수 대응이었다. 대통령 선거에서 승리한 김영삼 대통령은 취임 직후 북에 화해의 신호를 보냈지만 그 신호가 북의 NPT 탈퇴라는 초강수로 돌아오자 곧바로 강경대응으로 돌아선다. 북미, 남북 간 위협이 오가면서 적대적 갈등이 급속도로 높아졌다. 1994년 6월 북폭 일보 직전까지 상황은 흘러갔다. 적대와 불신은 북방정책 이전의 상황으로 되돌아갔다. 아니, 6 · 25 전쟁 이후 가장 심각한 상태에 이르게 되었다고 보는 것이 더욱 타당할 것이다. 북에 대한 압박이 커질수록, 체제 존립에 위기감을 느낄수록, 북은 필사적으로 핵 개발에 몰두했다. 이후 1998~2007년 민주정부 10년도, 2003~2007년 6자회담 4년도 이 상황을 돌이킬 수 없었다.

첫 번째 양국체제 시도가 실패했던 원인은 무엇인가

코리아 양국체제는 여러 초대형 사건들이 중첩되면서 모종의 불가사의한 힘의 작용에 의해 열리는 듯했다. 그러나 그 첫걸음이 이렇듯 짧은 시간에 좌절되고 말았던 이유가 무엇일까? '코리아 양국체제의 성패'에 초점을 맞추고 그 전후 관계를 밝히는 시각에서 발견적 질문(heuristic question)은 다음과 같다. 양국체제의 첫 열림을 주도했던 힘, 행위자의 성격은 어떤 것이었는가? 이 힘, 그리고 그 주도행위자는 87년 민주항쟁, 88년 서울 올림픽, 89~91년 소련 · 동구권 해체 등의 대형 사건들에 어떤 방식으로 대응했는가? 양국체제의 성취와 실패는 그 과정에서 어떤 방식으로 드러났는가?

먼저 결론적으로 말하면, 양국체제의 첫 시도가 단기간에 실패로 마감됐던 핵심적인 이유는 두 가지로 집약된다. 첫째, 양국체제로의 전환을 이끌어간 내부 주도 역량의 한계다. 그 한계의 배경에는 87년 민주항쟁 이후 민주화 역량의 분열이라는 뼈아픈 변수가 있다. 이 분열은 양국체제의 출발을 불안정하게 했고, 이후 체제전환을 지속해 나갈 힘을 크게 약화시켰다. 두 번째는 소련 · 동구권 붕괴 이후 북이 느끼는 체제 위협이 커짐에 따라 발생한 북핵문제다. 이로 인해 북미, 남북 간 높아진 적대적 긴장은 양국체제의 동력을 크게 떨어뜨렸다. 결국 이 두 가지 원인이 결합되어 양국체제의 첫 시도는 너무도 짧은 시간에 종결되고 말았다.

우선 코리아 양국체제의 첫 시도가 냉전대결 세력에서 파생한 노태우 정부에 의해 주도되었다는 태생적 한계에 주목하지 않을 수 없다. 노태우 정부는 운이 좋았다. 87년 민주항쟁 이후 야권이 분열해주어 대통령 선거에서 이겼고, 취임 첫해에 열린 88년 서울 올림픽에 소련과 중국 그리고 거의 모든 동구권 국가들이 참석했다. 임기 초반부터 북에 대해 대담한 화해정책을 제시할 수 있었던 자신감의 배경이었다. 화해정책의 배경에는 돌이키기 어려운 87년 민주화의 대세에 순응할 필요, 30퍼센트대 지지로 대통령에 당선된 취약한 정당성을 대북정책의 성과로 만회해보려는 내부 정치적 요인 역시 강하게 작용했다.[23] 노태우 정부의 대북정책은 의외의 사건들의 연속에서 자기진화한 것이었다. 원래 '북방정책'은 전두환 대통령 시기 기안된 것으로 애초에는 동구권 수교를 확대하여 북을 고립시키려는 냉전적 목표를 가지고 있었다. 그러나 서울 올림픽 개최의 성공으로 자신감을 얻은 노태우 정부는 북방정책과 남북 화해를 적극적으로 표방했고 89년 초부터는 남북 간 예비회담이 시작될 수 있었다. 같은 해 9월에는 노태우 대통령이 국회에서 〈한민족공동체통일방안〉을 발표하였는데, 이 '방안'은 서독 브란트 수상의 동방정책과 1972년의 〈동서독기본조약〉을 모델로 한 것이었다.[24] 애초에 냉전적 사고에서 출발했던 '북방정책'이 사건의 흐름 속에서 탈냉전적인 '동방정책'을 조금씩 닮아가게 된 것이다.

그러다 같은 해 11월 베를린 장벽이 무너지고 동구권 붕괴라는 엄청난 사건이 이어졌다. 한국과 소련, 중국, 동구권과의 수교라는 애초의 목적이 놀라운 속도로 달성되었다. 외교상의 우위를 이뤘다고 생각한 노태우 정부는 이제 북에 대한 화해정책을 통해서도 남이 주도하는 통일로 갈 수 있겠다는 자신이 생겼다. 사태가 이렇게 흘러가면서 남북 양측 모두에서 '상대의 인정'이라는 필요가 생겼고, 이 필요들이 서로 확인되었기에, 남북 유엔 동시가입과 〈남북기본합의서〉라는 '사건'은 비로소 가능했다. 노태우 정부의 자기 동력 때문이라기보다는 큰 사건들의 흐름 속에서 남북화해정책이 자기진화를 한 셈이다.

그러나 이렇듯 행운이 겹치면서 정책의 자기진화는 이루었으나, 그렇듯 형성된 양국체제의 싹을 지키고 키워낼 힘은 노태우 정부에 없었다. 노태우 정부의 정치기반인 민정당과 정치 군부는 냉전대결 체제의 기득권을 가장 강하게 대변하는 세력이었다. 이 세력은 올림픽 성공과 동구권 붕괴라는 유리한 사건이 이어질 때는 잠시 관망하는 듯했지만, 곧 북한붕괴론과 북핵위협론을 들고 나와 남북화해정책을 흔들기 시작했다. 여기에 맞서 장기적 화해정책을 철학과 비전을 가지고 밀고 나갈 만한 세력은 노태우 정부와 여권 내에 극히 미약했다. 이런 상태에서 북미 관계 정상화를 중재하고 이끌 역량은 전혀 기대하기 어려웠다. 여기에 더하여 3당 합당을 통해 합류하여 대통령 후보로 선출된 김영삼 후보 진영이 북한붕괴론과 북핵위협론 진영에 합류함으로써 화해정책을 밀고 나갈 힘은 여권 내에서 완전히 꺾이고 말았다. 그 결과 노태우 정부의 마지막 1년은 그 이전에 이뤄진 화해정책의 성과가 모두 유실되는 시간이 되고 말았다.

양국체제 성공의 조건

첫 번째 양국체제 시도의 실패는 양국체제의 첫 문을 냉전대결 세력의 한 분파가 열었다는 역사적 아이러니, 태생적 한계에서부터 예고되어 있었다. 그러나 여기서 분석 수준을 한 단계 심화할 필요가 있다. 단순히 그 한계를 짚어보는 데 그치지 않고, 이 '한계'를 뒤집어 이렇듯 진행된 실패 과정 이면(裏面)의 가능성까지를 분석해보는 것이다. 이러한 뒤집어 읽기, 심화된 분석은 다음과 같은 질문에서 시작한다. 만일 노태우 정부가 아닌 87년 민주항쟁의 힘을 온전히 받은 민주정부가 양국체제의 첫 문을 열었더라면 사태는 어떻게 전개되었을까? 이는 물론 87년 말의 대통령 선거에서 야권 분열이 없었다면 가능했던 일이다. 이러한 가정은 단순한 역사적 흥밋거리가 아니라 양국체제로 전환하는 성패의 조건을 보다 정확하고 깊게 이해하기 위해 반드시 필요한 사고실험(thought experiment)이다.[25]

역사적 가정의 방법론적 유효성을 인정한다 하더라도 왜 꼭 "만일 노태우 정부가 아닌 87년 민주항쟁의 힘을 온전히 받은 민주정부가 양국체제의 첫 문을 열었더라면"이라는 가정인가? 예를 들어 '서울 올림픽이 소련, 중국, 동구권 등이 참가하지 않아 실패했더라면?' 또는 '소련·동구권 붕괴가 없었더라면?' 또는 '1988년 미국 대선에서 H.W. 부시 후보가 아닌 경쟁 상대인 민주당의 급진파 듀카키스 후보가 당선되었다면?'이라는 식의 다른 가정이 의문으로 제기될 수 있을 것이다. 그러나 뒤의 가정들은 앞의 가정보다 분석대상인 양국체제의 성패의 조건을 파악하는 데 그 유효성이 크게 떨어진다. 이유는 두 가지, 가정의 직결성과 범위 때문이다. 먼저 앞의 가정은 양국체제와 직결돼 있지만, 뒤의 가정은 양국체제와 직접 연관된 문제가 아니다. 둘째, 앞의 가정은 87년 한국이라는 시공간적으로 제한된 상황에서 비롯되어서 가정에 따른 추정(counterfactual reasoning)의 설정이 통제범위 내에서 가능하지만, 뒤의 가정들은 가정의 시간과 공간의 범위가 너무 커서 추정을 통제하기가 사실상 불가능하다.

　그렇다면 이제 "만일 노태우 정부가 아닌 87년 민주항쟁의 힘을 온전히 받은 민주정부가 양국체제의 첫 문을 열었더라면 사태는 어떻게 전개되었을까?"라는 가정의 추론적 분석을 시작해보자. 먼저 87년 민주항쟁 이후 대선을 앞두고 야권과 민주화 진영은 분열하지 않고 힘을 모아 대선에 임한다. 그 결과 대선은 민주진영의 압승으로 끝나고 새로 들어선 민주정부의 정통성과 지지는 전례 없이 높았을 것이다. 압도적 지지 위에 선 새 정부는 과감한 남북화해정책을 펴고, 북은 바로 호응하여 나왔을 것이다.[26] 그 결과 최소한 서울 올림픽에 북이 참가하거나 혹은 남북 공동개최까지도 가능할 수 있었고,[27] 태극기와 인공기는 이때부터 남과 북에 동시에 게양되었을 것이다. 그 성과 위에 최초의 남북 정상회담이 88년 내에 성사되었을 수 있다. 코리아 양국체제의 기초인 두 국가 정통성의 상호 인정이 이 과정을 통해 단단하게 다져지기 시작했을 것이다. 그러한 상태에서라면 89년 9월 이후의 동구권 붕괴의 여파가 북한붕괴론의 확산이 아니라 오히려 남북 화해의 가속으로 이어질 수 있었다.[28] 이때 한국 정부는 소련, 중국과의 수교를 추진하면서 동시에 북미, 북일 수교를 적극적으로 중재하는 입장에 섰을 것이다. 애초에 북을 인정하지 않으려 했던 미국의 H.W. 부시 정부 시기(1989~1993년)에 북미 수교가 이뤄지기는 어려웠겠지만, 한국의 적극적 중재 노력은 남북 간 이미 형성된 양국체제의 기초를 흔들기 어려윘을 것이다.

더 나아가 미국이 별 근거 없이 제기한 북핵 의혹과 북한붕괴론 – 흡수통일론은 강력한 민주정부 시기의 한국에서 (노태우 정부 때처럼) 냉전 유지를 바라는 세력의 과장된 반응을 일으키기 어려웠으리라. 그 결과 민주정부 버전의 남북 유엔 동시가입과 〈남북기본합의서〉 채택은 훨씬 단단한 상호 신뢰의 기반 위에 이뤄졌을 것이다. 끝으로 87년 민주화의 단합된 성과인 민주정부의 성과를 이어받은 민주 세력은 다음 대선에서도 승리했을 가능성이 매우 높고, 민주정부 1기의 남북화해정책은 민주정부 2기에 의해 충실히 그리고 발전적으로 계승되었을 것이다. 따라서 노태우 정부의 양국체제 초기 버전이 임기 말년에 급속히 약화되고 곧이어 발생한 전쟁 위기로 양국체제의 동력이 급격히 고갈되어버린 사태가 발생할 이유가 없게 된다. 민주정부 1, 2기를 통해 남북관계는 상당히 안정된 양국체제 상태에 도달할 수 있었을 것이고, 이러한 상태에서라면 한국의 민주정부와 친화적이었을 미국 클린턴 정부 시기(1993~2001) 초기부터 북미 관계가 대화 기조로 진입하여 클린턴 재임 중 북미 수교가 성사될 기회도 생겼을 것이다.[29]

이러한 시나리오에서는 '북핵문제'도 '1993~1994년의 전쟁 위기'도 애당초 존재하지 않았을 가능성이 크다. 2018년 6월의 북미 간 싱가포르 회담으로 분명해진 사실이지만, '북핵문제'가 발생했던 근원은 냉전 해체 이후에도 미국이 줄곧 북을 인정하지 않으려 했기 때문이었다. 그러한 상황이 지속되면서 북은 체제 보장과 대미협상력 강화를 위해 결국 핵 개발에 올인하지 않을 수 없게 되었다.[30] 그러나 87년 한국에 강한 정통성을 가진 민주정부가 출범했다는 가정에서 출발하면 이후 북이 한국과 미국으로부터 받는 체제 위협 요인이 현저히 감소함에 따라 북이 핵 개발에 필사적으로 올인해야 할 이유 자체가 사라진다.

　이상의 역사적 가정에 따른 분석은 코리아 양국체제의 안정적 성립 요건이 무엇인지를 말해주는 것이기도 하다. 가장 밑바탕에는 남북, 북미 간 적대적 긴장의 해소가 있다. 이 문제를 해결하지 않으면 남북 모두 고도의 적대에 기반한 '비상국가체제'를 결코 벗어날 수 없다. 남북 두 '비상국가체제'의 극한적 대치는 바로 '분단체제' 작동의 핵심 동력이기도 하다. 따라서 남북의 '비상국가체제'를 작동 정지시킬 만큼의 강력한 변화가 발생해야 한다. 그렇다면 그러한 변화는 어디에서부터 어떻게 시작되는 것일까?

　체제의 성격과 체제를 둘러싼 환경의 성격상 그렇듯 강력한 새로운 동력은 북이 아닌 남에서 발생할 개연성이 크고, 실제 역사가 그러했다. 1960년 4·19가 첫 번째 분출이었다. 4·19는 이승만 독재체제 즉 '비상국가체제'를 일시 작동 정지시켰다. 그러나 4·19는 세계 냉전체제가 강고했던 상황에서의 분출이었기에 양국체제로 이어질 계기를 찾을 수 없었다. 4·19의 남북 화해 움직임은 불과 1년 만에 '반공을 국시로' 내건 군사정부에 의해 압살되고 말았다. 두 번째 대분출이 87년의 민주대항쟁이었다. 이 힘은 박정희-전두환으로 이어지는 '비상국가체제'의 오랜 철벽통치를 크게 흔들어놓았을 뿐 아니라, 미소 냉전의 해체라는 세계사적 대전환과 맞물리면서 분단체제가 양국체제로 전환될 가능성을 최초로 열어주는 동력이 되었다. 앞서 보았듯 분출한 이 힘이 분열되거나 손상되지 않고 온전히 한국의 민주정부 수립으로 이어졌다면, 남북 간 적대는 노태우 정부 때와 비교할 수 없을 정도의 큰 폭으로 해소되고, 북미 적대도 마찬가지로 크게 완화되어, '북핵문제' 자체가 발생할 소지를 미연에 방지할 수 있었다. 그 결과 양국체제는 안정 궤도로 접어들 수 있었을 것이다.

양국체제의 요점은 한국(ROK)과 조선(DPRK)이 서로를 주권국가로서 인정하는 데 있다. 상대 체제에 대한 인정은 우선 자기 체제의 정당성에 대한 자신이 있어야 가능하다. 내부의 강한 지지가 있으므로 상대에 대한 인정을 자신 있게 밀고 갈 수 있다. 87년의 힘을 온전히 실은 민주정부였다면 그것이 가능했다. 노태우 정부는 요행히 그 길을 열기는 했으나 난관을 뚫고 밀고 나갈 힘은 없었다. '북한붕괴론'과 '서울 불바다론'[31]이 오가고 일촉즉발의 전쟁 위기를 겪으면서 남북, 북미 간 불신과 적대의 골은 회복 불가능한 수준으로 깊어졌다. '기울어진 운동장'이란 이렇듯 형성된 불신과 적대로 균형을 잃은 여론 지형을 말하는 것이었다. 이후 김대중, 노무현 정부도 이렇듯 이미 기운 여론 지형을 바꿀 수 없었다. 민주화운동의 대의를 이은 민주정부임은 분명했지만 이미 87년의 지지와 열기의 절반이 빠진 후였다. 두 정부에서 두 번의 정상회담이 있었으나 북의 핵 개발과 핵실험은 그와 무관하게 진행되었고 이미 확산된 '북한붕괴론'은 '핵위협 – 퍼주기론'과 결합하여 오히려 더욱 기승을 부렸다. 결국 두 정부의 대북사업 성과를 몽땅 원점으로 되돌리고 만 이명박, 박근혜 정부의 등장을 막을 수 없었다. 상황은 이제 87년 이전으로 되돌아가는 것처럼 보였다. 촛불혁명이 없었다면 반드시 다시 한번 유신체제의 등장을 맞아야 했을 것이다.

코리아 양국체제로의 전환은 돌이킬 수 없는 추세가 되었다

이 글 서두에서 "**코리아 양국체제**란 대한민국(ROK)과 조선민주주의

인민공화국(DPRK) 두 나라가 주권국가로서 서로 인정하여 정식 외교 관계를 맺고 평화롭게 공존, 교류, 협력하는 **일 민족 이 국가의 평화체제, 공존체제**이다. 코리아 양국체제는 지난 70여 년 남북 간에 쌓이고 쌓인 적대와 불신을 완화하고 해소함으로써 평화적 통일로 갈 수 있는 가장 현실적인 경로다"라고 했다. 지금껏 이 언명이 현실화될 수 있는 조건들에 대해 살펴보았다. 이제 결론적으로 이상의 논의를 기초로 코리아 양국체제의 의미를 종합해보기로 한다.

분단 – 전쟁 – 정전 상태의 지난 70년, 남북은 시종 적대적 대결관계를 해소하지 못했다. 이런 상태에서 양측은 줄곧 통일을 주장해왔으나 그런 상태로 통일이 이루어질 리 없었다. 우선 상대를 인정할 수 있어야 했다. 진정 하나가 되자 하면 먼저 서로 인정하는 둘이 있어야 한다. 그러나 전쟁까지 하면서 적대해왔던 상대를 인정한다는 것은 결코 쉽지 않은 일이다. 우선 자신이, 그리고 서로가, 안팎으로 온전하고 정당하며 안정되게 서야 한다. 이 조건이 무르익는 데 오랜 시간이 걸렸다. 2017~2018년 촛불혁명과 북핵 완성, 그리고 트럼프 대통령의 당선이라는, 각각이 서로 어울리지 않을 것 같은 세 요소가 한 시점에 합류하면서 그 조건이 무르익었다.

한국(ROK)의 촛불혁명은 4·19와 87년 민주항쟁이 미처 이루지 못했던 나라의 민주적 정통성의 필요충분조건을 비로소 충족시켰다. 4·19 직후 장면 정부와 87년 이후 노태우 정부는 필요조건은 갖췄으나 충분조건은 갖추지 못했다. 4·19는 세계 냉전의 한가운데서 발생하였으나 냉전의 흐름에 맞서는 민주 분출이었다. 그럼에도 민족화해의 봄으로 이어지기에는 시대의 제약이 너무나 컸다. 반면 87년 민주항쟁은 89년 이후 냉전 해체와 중첩되어 있었기에 그 가능성이 실재했다. 그리하여 분단 이후 처음으로 양국체제로의 첫 문이 잠시 열리기도 했다. 그러나 87년 민주화 동력의 분열로 그 가능성은 충분히 현실화될 수 없었다. 이제 촛불혁명은 남북 대결과 적대의 경사로 '기울어진 운동장'을 바로잡고 그 힘이 온전히 민주정부로 이어졌다. 반쪽국가가 아닌 온전한 한 국가로서 안정된 정당성과 자신감을 갖춘 것이다. 그렇기에 2017년 북미 간 전쟁 위기에서도 흔들리지 않고 남북 화해, 북미 화해의 길을 추진할 수 있었다. 그 결실이 2018년부터 맺히기 시작했다.

소련·동구권 붕괴 이후 미소 냉전이 해소되었지만 곤경에 빠진 조선(DPRK)을 미국은 결코 인정하려 하지 않았다. 오히려 붕괴를 위한 제재와 압박의 수위를 높였다. 그 결과 '북핵문제'가 본격화했다. 북핵 개발과 제재 압박의 벼랑 끝 줄다리기는 1990년 초부터 시작되어 2017년까지 계속됐다. 이 30년 위기와 긴장 속에 북미 간만이 아니라 남북 간의 적대와 대결의식도 고조되어왔다. 이 적대와 대결의 고조를 한국의 촛불혁명이 먼저 끊었다. 그리고 조선의 '핵 완성' 선언이 이어졌다. 역설적으로 북핵문제의 해결은 북핵 완성을 통해 실마리를 찾게 되었다. 또 그 역설은 미국 정치의 국외자인 트럼프의 대통령 당선과 만나 해결의 단초를 열었다. 2018년 벽두부터 남북이 화해의 물꼬를 텄다. 핵 완성을 통한 조선의 자신감과 촛불혁명을 통한 한국의 자신감이 당당하게 만날 수 있었다. 이어 한국이 북미 협상을 통한 북핵문제 협상을 성공적으로 중재함으로써 영영 풀리지 않을 것 같았던 남북미 간 화해의 협주가 가능해졌다. 이제 남북미는 종전과 평화협정, 그리고 북미 수교와 한반도 비핵화를 일정에 올려두고 있다.

이러한 현실의 진행은 그 자체가 양국체제를 열어내는 과정이기도 하다. 평화협정과 북미 수교를 전후하여 한국과 조선은 정식 수교관계를 맺을 것이다. 두 나라의 정식 수교란 외국과 외국과의 수교가 아닌 '한 민족 두 국가 사이의 특별한 수교'다. 이 특별한 수교를 통해 한국과 조선은 서로 대표부를 교환하게 된다. 서울과 평양에 상주할 조선과 한국의 대표는 어느 외국의 대사보다 높은 지위의 장관급 공직자로 선임된다. 양국의 관계는 '한 민족 두 국가 간의 특수한 관계', 즉 '어느 외국과의 관계보다 중요하고 높은 두 나라 사이의 관계'이기 때문에 당연한 일이다.

이를 시작으로 점차 서울과 평양을 비롯한 한국과 조선의 여러 주요 도시에 양국의 공직자와 언론인, 기업인, 연구자와 학생들이 상주하게 된다. 또 많은 일반인들이 관광과 친지 방문을 위해 서로 오가게 된다. 이렇듯 한국에 상주하고 방문할 조선 사람과 조선에 상주하고 방문할 한국 사람은 어느 나라 사람도 아닌 그저 한민족(조선민족)의 사람이 아니라, 분명 한 민족이지만 동시에 한국 사람이거나 또는 조선 사람이지 않을 수 없다.[32] 그렇게 한국 사람과 조선 사람이 한국과 조선 어느 곳에서든, 해외의 어느 곳에서든, 한 민족으로서 자연스럽게 만나 어울려 지내게 된다. 과거 전쟁으로 인한 상처와 오랜 시간 교류하지 못하여 생긴 차이 때문에 여러 어려움이 따르겠지만 평화와 번영의 상호 필요, 언어·문화·역사·전통의 공통 근거에 힘입어 그 어려움을 점차 극복해낼 것이다. 이러한 과정을 통해 한국과 조선, **일 민족 이 국가의 평화체제, 공존체제**는 점차 정착될 것이다.[33]

코리아 양국체제가 이렇듯 정착되는 시간이 예상보다 빠르거나 느릴 수는 있겠지만, 그 변화 방향과 추세가 지난 1992년 전후와 같이 역방향으로 흘러 빠른 시간에 소멸되는 사태가 벌어질 가능성은 희박해 보인다. 국제사회에서 북핵문제는 이미 오름세가 아닌 내림세의 문제가 되었다. 미국 내정에서 어떤 변화가 생기더라도 과거 조지 부시 대통령 때와 같은 초강경 반북정책이 나오기 어렵다. 조지 부시의 이라크 전쟁 실패로 미국 일극주의는 이미 종말을 고했다. 세계사의 추세가 거역할 수 없는 다극 공존의 방향으로 움직이고 있다.[34] 미국 민주당과 주류 언론은 현재 트럼프 대통령과 정쟁 중이기 때문에 북미 교섭의 성과까지도 깎아내리고 있지만, 90년대 이후 민주당의 대(對)한반도 정책을 볼 때 만일 민주당이 차기 집권하게 된다 하더라도 트럼프가 열어놓은 북미 관계 정상화의 길을 계승할 가능성이 크다. 미국과의 북핵 협상이 지연된다 해도 이미 형성된 남북 화해 흐름이 중단될 가능성은 크지 않다. 앞서 지적한 바와 같이, 남북 양국의 체제 내적 정당성과 안정도가 높아졌기 때문이다. 한국에서 대북 적대·대결 세력이 정부든 국회든 장악할 가능성도 당분간 없다. 촛불혁명이 소멸시킨 '남북 적대의 기울어진 운동장'이 급속하게 다시 형성될 가능성이 희박하기 때문이다. 오히려 이러한 세력들은 장기적으로 볼 때 양국체제 지향으로의 노선 전환을 통해서만 이후 정치적 생존을 보장받게 될 가능성이 크다. 이럴 경우 이 세력은 양국체제 전환의 속도, 수준, 방법을 높고 적극적 전환파와 경쟁할 수도 있다. 1970년대 초 서독 사민당이 토대를 마련한 '동서독 양국체제'를 이후 기민당도 수용한 것과 같은 논리다.

촛불 이후 지금까지의 진행을 볼 때, 양국체제로의 전환의 흐름은 때론 빠르고 때론 느렸지만 꾸준히 지속되어왔다. 이제 코리아가 상호 주권과 영토를 인정하는 한국과 조선 양국의 평화체제·공존체제로 전환하는 것은 돌이킬 수 없는 역사적 추세가 되었다. 이러한 전환을 이미 잘 준비된 상태에서 맞이할 수 있어야 한다. 머지않아 이루어질 정상 간 합의와 협정을 정치적으로 뒷받침하고 되돌릴 수 없게 공고히 할 방안, 법적·제도적 전환의 구체적 방안들, 새로운 국제관계 장기전략을 수립하는 일, 다양한 차원의 남북 교류를 지금 이 시점부터 준비해가는 것 등 할 일이 아주 많다. 지금 각계각층에서 과연 이러한 준비가 얼마나 착실하게 이루어지고 있는지 돌아보아야 할 때다.

2. 통일의 경로를 다시 생각한다

『광장』의 이명준과 『탐루』의 김낙중의 자유와 책임

새로운 시대

2016~2017년의 촛불 이후 70여 년 전 코리아 남북의 분단 이래 새로운 시대가 열리고, 이에 따라 통일을 향한 새로운 길도 함께 열리고 있다. 이 새로움의 의미가 무엇인지 통일에 관한 자유와 책임이라는 화두를 가지고 숙고해보고자 한다. 무엇에 대하여 '새로운 시대'인가를 먼저 밝혀두어야 하겠다. 신시대와 차별되는 구시대란 무엇인가? 지난 70여 년의 코리아 남북의 분단과 적대의 시대다. 새로운 시대란 그 70년 적대와 대립을 종식시키고 공존과 평화를 일구어가는 시대를 말한다.

그러나 새로운 남북 공존과 평화의 시대에서 자유와 책임을 생각하자면, 의당 그 전제와 배경이 되는 분단과 적대의 시대에서 자유와 책임이 어떠한 것이었는지 먼저 살펴보아야 하겠다. 새로운 시대란 전혀 새로운 무엇이 하늘에서 떨어지는 것이 아니라, 구시대의 굳은 껍질 안에서 고통의 시간을 견디며 숙성된 후 움튼 것이기 때문이다.

이 장은 이 같은 작업을 두 개의 의미심장한 텍스트에 대한 분석을 통해 시도해보려 한다. 그 텍스트란 작가 최인훈의 소설 『광장』(1960)과 통일운동가 김낙중의 전기(傳記) 『탐루』(2005)다. 두 텍스트 모두 남북 분단과 전쟁, 그리고 냉전체제 - 분단체제의 가혹한 체험을 증언한다. 그 속에서 개인이 겪는 자유와 책임, 그에 수반하는 고뇌와 수난의 경험만이 아니라, 이를 강요했던 남북의 사회와 국가의 성격과 특징까지가 생생하게 드러난다. 이 두 텍스트에 대한 분석 이후, 비로소 우리는 최근 새롭게 열리고 있는 평화와 공존의 시대의 자유와 책임에 대해 이야기할 수 있을 것이다.

이 장에서 고찰하려는 자유와 책임이란 일차적으로는 한국(ROK), 그리고 더 넓게는 북(DPRK)까지를 고찰 범위에 넣은 한반도(Korean peninsula)에서의 그것이고, 아울러 1945년 해방에서부터 최근까지의 시간대 안에서 한반도, 한반도의 두 국가, 두 사회, 두 체제 안에서의 자유와 책임이 되겠다. 자유와 책임의 문제를 구체적이고 특정한 시간과 공간 속에서 고찰해보겠다는 뜻이다.

우선 본론에 들어가기 전에 두 텍스트의 큰 맥락과 함의를 개괄해본다. 소설 『광장』의 주인공 이명준과 전기 『탐루』의 주인공 김낙중은 많은 공통점을 가지고 있다. 해방 이후 분단과 전쟁의 체험이 그들의 삶을 규정한다. 모두 남한 출신(이명준 - 서울, 김낙중 - 파주)이지만 고뇌 끝에 월북하여 북의 체제 역시 체험한다는 점, 그리고 분단과 전쟁에 반대한다는 점에서 같다. 그들의 평화적 소망(所望)은 현실의 벽에 부딪쳐 고난과 좌절을 맛본다. 그들이 모두 20대 때 문리대 학생이었다는 점도 같다(이명준은 철학과, 김낙중은 사회학과). 물론 차이점도 있다. 전쟁 포로 신분이 된 이명준은 남과 북 모두의 현실에 절망하여 남과 북 모두를 버리고 중립국행을 선택하지만, 김낙중은 남과 북 모두를 끝까지 껴안고 '평화통일'을 위해 평생 이 땅에서 분투한다.

그러나 이 차이는 일견 커 보이지만 표면적일 수 있다. 이명준의 '중립국행'이 상징하는 것은 '통일된 나라의 중립국화'이기도 하기 때문이다. 이명준과 김낙중의 캐릭터의 차이도 빼놓을 수 없다. 이명준이 불행한 현실 앞에 늘 회의적이고 냉소적인 반면, 김낙중은 고통 속에서도 시종 희망적이고 진지하다. 그러나 이 차이 역시 부차적이다. 이명준은 남북의 현실을 보며 점차 회의적이고 냉소적으로 변해갔던 것이지 애초부터 그러했던 것은 아니기 때문이다. 어쨌거나 이명준은 인도로 향하는 중립국행 선박에서 바다에 투신하는 것으로 생을 마감한다. 그의 꿈과 현실의 너무나도 큰 괴리를 상징한다고 하겠다. 김낙중은 이명준이 생을 마감할 즈음 자신만의 사명을 분명히 자각한 활동에 들어간다. 김낙중은 실재 인물, 이명준은 가공의 캐릭터지만, 묘하게도 두 인물은 하나의 인물인 것처럼 시간적으로 중첩되고, 릴레이처럼 이어진다.

물론 『광장』은 실화가 아닌 소설이고, 『탐루』는 실화인 전기다. 그러나 이 두 텍스트의 역사적 사실성에는 거의 차이가 없다. 『광장』은 소설이지만, 해방 이후 남북의 정국, 전쟁, 그리고 포로수용소에서 중립국을 택한 전쟁포로 등 모든 소재와 배경이 역사적 사실에 충실하다. 이 소설이 4 · 19 혁명 발발 6개월 후에 첫 모습을 드러냈다는 것 역시 이 소설의 사실성을 또 다른 각도에서 입증해준다. 단순한 사실이 아니라, 오랜 시간 '말할 수 없었던 사실'의 소설적 진술이었던 셈이다.

오직 4 · 19라는 혁명적 공간 안에서만 출현하고 발화(發話)될 수 있었던 사실이었고, 그리하였기에 출간 즉시 그토록 큰 호응을 받을 수 있었다.

그럼에도 이명준은 최인훈이라는 작가가 만들어낸 가공의 인물(character)이고, 김낙중은 실존하였고 여전히 생존해 있는 현실의 인물(person)이라는 차이는 물론 분명한 것이다. 1936년 출생인 최인훈이 이명준이라는 캐릭터를 만들어낸 1960년은 그의 나이 불과 스물다섯 때다. 1960년의 자신(최인훈)을 해방 직후 전쟁까지의 시간대, 즉 10여 년 이전의 시간대에 투사했던 것이다. 그러니까 1950년의 이명준은 1960년 최인훈의 지식수준, 역사감각을 갖춘 캐릭터로 창조되었던 것이고, 따라서 이명준의 인식 세계에는 어느 정도 사후적인 것(즉 60년대의 인식)이 불가피하게 섞여 있다고 할 수 있다. 이러한 소설적 사후성을 실시간적으로 완벽하게 보완하는 것이 김낙중의 『탐루』다. 김낙중은 1931년 생으로 1950년 20세의 나이로 전쟁을 맞는다. 소설 속 이명준의 1950년의 나이는 25~26세 정도로 보인다. 그렇다면 이명준 – 김낙중의 순으로 이 장을 풀어가는 것은 여러모로 맞아 떨어진다. 나이순으로도 그러하고, 이명준이 생을 마치는 1953~1954년 즈음 김낙중은 색깔이 뚜렷한 자신만의 활동을 시작하기 때문이다.

이명준과 김낙중은 모두 '자유혼'의 보유자다. 억압적이고 정의롭지 못한 현실에 순응하지 않고 현실을 바꾸기 위해 현실의 벽에 몸을 내던진다. 이 부딪침이 이들 '자유혼'의 자유 행사 방식이다. 그러나 그 자유는 거듭 좌절한다. 진정한 자유를 꿈꾸었던 이명준에게 좌절을 넘어서는 궁극적 방식은 자살을 통한 현실 부정이다. 반면 김낙중은 좌절하고 또 좌절해도 또다시 일어나 부딪친다. 그에게 자유란 "자기 운명의 주인이 되는 것"이다.[1] 그는 이 자유의 주체를 개인만으로 국한하지 않았다. 남북의 민족 전체로 확장해서 생각했다.[2] 김낙중의 처절한 고난사를 읽어갈 때 독자의 마음을 사로잡는 감상은 단순한 경이로움이 아니다. 공포와 두려움을 수반하는 경이로움이다. 칸트가 말했던 '숭고(sublime)'에서 그와 비슷한 느낌을 찾아볼 수 있을 것이다.[3] 무거울 뿐 아니라 두려운 그 사명을 스스로 짊어지는 모습, 이것이 자유인 김낙중이 스스로에게 부과한 책임이었다. 자신과 남북의 동포 모두에게 향하는 책임.

그러나 그 책임의 대가는 너무나도 컸다. 김낙중은 북에서 한 번, 남에서 네 번 간첩으로 몰렸다. 그때마다 참혹한 고문을 당하고 도합 18년의 투옥을 대가로 치렀다. 여기에 그치지 않았다. 가족이 겪어야 했던 고통은 결코 당사자의 그것보다는 덜한 것이었다고 보기 어렵다. 가족들은 스스로 선택한 행동의 결과에 대해 책임을 지는 것이 아니었다. 그런 점에서 감옥 안 당사자보다 감옥 밖 가족들의 시간이 더 고통스러울 수 있다. 특히 '간첩'으로 낙인찍힌 사람의 가족들, 즉 졸지에 '간첩의 가족'이 되어버린 사람들에게는 더욱 그러했다.[4]

자유와 책임이란 개인만의 문제일 수 없다. 따라서 『광장』과 『탐루』는 이명준과 김낙중 두 개인, 두 자유혼의 이야기에 그칠 수 없다. '광장'이 절망했던 '죽은 광장의 사회 – 국가 – 체제', 그리고 '탐루'가 고발했던 '눈물 없는 사회 – 국가 – 체제'가 두 텍스트의 이면에 숨어 있는, 그러면서도 두 개인보다 주동적이며 절대적으로 강한 '자유와 책임'의 행위자(agent)요 주역(protagonist)일 수 있다. 과연 이들은 어떠한 사회, 국가, 체제였는가. 또한 이들 사회, 국가, 체제가 표방했던 자유와 책임은 어떠한 것이었는가. 이제 이러한 의문을 아울러 추적해보자.

이명준의 자유와 책임

이명준은 해방 이후 전쟁까지의 남과 북을 편력한다. 그 출발지는 서울이다. 20대 철학과 3학년생인 그는 홀로다. 어머니는 죽고 아버지는 월북하고 없다. 대신 아버지의 친구인 은행 지점장의 집에 기식해 산다. 명준의 또래인 아버지 친구의 아들과 딸도 부르주아적 생활을 즐기는 데카당하고 향락적인 대학생들이다. 이명준이 냉소적으로 묘사한 당시 한국 사회의 모습은 이러했다.

> 정치? 오늘날 한국의 정치란 미군 부대 식당에서 나오는 쓰레기를 받아서, 그중에서 깡통을 골라내어 양철을 만들구, 목재를 가려내서 소위 문화주택 마루를 깔구, 나머지 찌꺼기를 가지고 목축을 하자는 거나 뭐가 달라요? …… 저 브로커의 무리들, 정치시장에서 밀수입과 암거래에 갱들과 결탁한 어두운 보스들 …… 한국의 정치가들이 정치의 광장에 나올 땐 자루와 도끼와 삽을 들고, 눈에는 마스크를 가리고 도둑질하려 나오는 것이지요. 그러다가 착한 길가던 사람이 그걸 말릴라치면 멀리서 망을 보던 갱이 광장에서 빠지는 골목에서 불쑥 튀어나오면서 한칼에 그를 해치우는 거예요. 그러면 그는 도둑놈한테서 몫을 타는 것이지요. 그는 그 몫으로 정조를 사고, 돈이 떨어지면 또다시 칼을 품고 광장으로 나옵니다. …… 바늘 끝만 한 양심을 지키면서 탐욕과 조절을 꾀하자는 자본주의의 교활한 윤리조차도 없습니다. 한국 경제의 광장에는 사기의 안개 속에 협박의 꽃불이 터지고 허영의 애드벌룬이 떠옵니다. 문화의 광장 말입니까? 헛소리의

꽃이 만발합니다. …… 밀실만 푸짐하고 광장은 죽었습니다.[5]

비루하고 천박한 욕망, 거친 폭력과 기만이 범람하는 곳, 이것이 명준이 본 남한이었다. 부르주아래야 미군 부대에 기생한 천민 부르주아요, 문화요 예술이래야 그런 부르주아 자제들의 시시덕거림에 불과하다. 이곳을 명준은 "키에르케고르 선생식으로 말하면, 실존하지 않는 사람들의 광장 아닌 광장"이라 부른다.[6]

그러나 이 체제의 핵심에는 적대감과 폭력이 놓여 있다. 부르주아적 삶에 기식하여 살면서 그 공허감을 "삶을 참스럽게 생각하고 간 사람들이 남겨놓은 책을 모조리 찾아 읽"는 것으로 해소하는 "젊고 가난한 철부지 책벌레"인 그에게 그 적대감의 실체와 대면하는 시간이 이윽고 찾아온다. 'S서의 형사실'에서였다. 명준이 그 적대감의 먹잇감이 되었던 이유는 '반일투사이자 이름 있는 코뮤니스트'였던, 이제는 월북해 없는 그의 아버지 때문이다. S서에서 명준을 담당한 첫 번째 형사는 흥미롭게도 서북 사투리를 쓰고 있다.

"좋아. 소식 자주 듣나?"
"네?"
"아, 이 새끼, 가는귀가 먹언. 말귀를 못 알아들어?"……
"네 애비 소식 말이야."
……
"손목때기 티우디 못하간? 인나!"
명준은 겁에 질려 오뚜기처럼 벌떡 일어선다. 곧바로 얼굴에 주먹이 날아온다.

명준은 아쿠 외마디 소리를 지르며 뒤로 나자빠지다, 의자에 걸려 모로 뒹군다. 끈적끈적한 코밑에 손을 댄다. 마구 코피가 흐른다. 한 손으로 땅을 짚고 한 손을 코에 댄 꼴이 흡사 개 같다 싶어, 엉뚱하게 웃음이 흘러나왔다. 그는 쿡 웃는다. 그러자 여태까지 무서움이 씻은 듯 가신다.

"어? 이 새끼 봐, 웃어? 오냐 네 새끼레 그런 줄 알았다. 이 빨갱이 새끼야!"

이번에는 발길이 들어왔다. 간신히 피한 발길이 어깨에 부숴지게 울린다. 명준의 알 수 없는 품으로 벨이 틀린 나으리는 발을 바꾸어가면서 매질을 거듭한다. 어깨, 허리, 엉덩이에 가해지는 육체의 모욕 속에서 명준은 오히려 마음이 가라앉는다. 아, 이거구나, 혁명가들도 이런 식으로 당하는 모양이지, 그런 다짐조차 어렴풋이 떠오른다. ······

"엄살부리지 말고 인나라우. 너 따위 빨갱이 새끼 한 마리쯤 귀신도 모르게 죽여버릴 수 있어. 너 어디 맛 좀 보라우."[7]

해방 후 고향을 '빨갱이'에게 내주고 월남한 기독교 서북, 지주 서북 세력의 '좌익'에 대한 증오와 폭력은 잘 알려져 있다. 이 형사도 그러한 사람이었으리라. S서 형사실의 두 번째 조사에서 명준은 남한 체제 폭력성의 더 깊은 뿌리를 목도한다.

그자(형사)는 명준을 젖혀놓고 동료 쪽으로 돌아앉아서 겪은 얘기를 늘어놓기 시작한다. 명준은 그의 얘기를 들으면서도 또 한번 놀란다. 그는 자기 전성 시대라면서, 일제 때 특고 형사 시절에 좌익을 다루던 이야기를 하고 있는 것이었다. 그는 특고가 마치 한국 경찰의 전신이나 되는 것처럼 이야기한다. 그 말투에는 일제 시대에, 그 학교의 전신이던 학교에 다닌 선배가, 그 소위 후배들을 앞에 놓고 옛날, 운동으로 날리던 얘기에 신명이 났을 때의 도도함이 있다. 그의 옛날 얘기를 듣고 있으려니까, 명준은 자기가 마치 일본 경찰의 특고 형사실에 와 있는 듯한 생각에 사로잡힌다. 형사의 얘기는 그토록 지난날과 지금을 뒤섞고 있다. 빨갱이 잡는 걸 가지고 볼 때 지금이나 일본 시절이나 다름없다고 생각하고 있는 게 완연하다. 일제는 반공이다. 우리도 반공이다, 그러므로 둘은 같다라는 삼단 논법. 그는 '아까 아까'(일본어로 빨갱이)를 거푸 지걸인다.[8]

명준은 "벌레처럼, 그 누군가 커다란 발길이 그, 이명준을 비비고 뭉개어 티도 없이 지워버리"는 몽상에 빠진다. "나는 법률 밖에 있는 건가" 자문하고 "돈과 마음과 몸을 지켜준다는 '법률'의 밖에 있는 어떤 삶"이 자신의 것이 된 것을 느낀다.[9]

환멸 끝에 명준은 남한을 버리고 북조선을 선택한다. 아버지를 찾아서도, 아버지의 신념을 찾아서도 아니었다. 다만 "보람을 느끼면서 살 수 있는 광장", 아니, 자신과 밝은 자유를 나눌 사랑이 있는 '광장의 꿈'을 찾아서였다.[10] 과연 명준은 북조선에서 그러한 광장을 찾았던 것일까.

명준이 북녘에서 만난 것은 잿빛 공화국이었다. …… 저녁노을처럼 핏빛으로 타면서, 나라의 팔자를 고치는 들뜸 속에 살고 있는 공화국이 아니었다. 더욱 그를 놀라게 한 것은, 코뮤니스트들이 들뜨거나 격하기를 바라지 않는다는 일이었다. 그가 처음이 고장 됨됨이를 똑똑히 느끼기는, 넘어와서 바로 북조선 굵직한 도시를, 당이 시켜서 강연 걸음을 했을 때였다. 학교, 공장, 시민회관, 그 자리를 채운 맥빠진 얼굴들. 그저 앉아 있었다. 그들의 얼굴에는 아무 울림도 없었다. 혁명의 공화국에 사는 열기 띤시민의 얼굴이 아니었다. 가락 높은 말을 쓰고 있는 자신이 점점 쑥스러워지는 것이었다. 강연 원고만 해도 그랬다. 몇 번이나 당선전부의 뜻을 받아 고쳤다. 마지막으로 결재가 났을 때, 그 원고는, 코뮤니스트들의 늘 하는 되풀이를 이어붙인 죽은 글이었다. 명준이 말하고 싶어 한 줄거리는, 고스란히 김이 빠져버리고, 굳이 명준의 입을 빌려야 할 아무 까닭도 없는 말로 둔갑해 있었다. …… 어느 모임에서나, 판에 박은 말과 앞뒤가 있을 뿐이었다. 신명이 아니고 신명난 흉내였다. 혁명이 아니고 혁명의 흉내였다. 믿음이 아니고 믿음의 소문뿐이었다.[11]

  남한의 'S서 형사실'에 평행하는 북조선에서 명준의 체험은《노동신문》편집부 당 세포모임의 '자아비판회'에서 이뤄진다. 이 체험은 S서 형사실에서의 그것과는 성격을 달리하지만, 그 강도는 결코 덜하다 할수 없다. 선배 당원들은 후보당원인 명준의 기사를 문제 삼는다. 그들은 명준이 "남조선 괴뢰 정부 밑에서 썩어빠진 부르주아 철학을 공부하던 시절의 반동적인 생활 감정에서 자신을 청산하지 못하고 있"을 뿐 아니라 "그와 같은 반동적 사고 방식을 마치 정당한 것이거나 한 것처럼 반성하려 하지 않는다"라고 비판한다. 명준은 자신의 기사는 있는 사실을 썼을 뿐이라고 항변해보지만, 그에게 돌아오는 것은 적대감과 증오다.

"인민이 쟁취한, 풍족한 물질 생산 수준에 대해서 회의적인 보도를 하는 것은, 동무 자신의 가슴과 머리 깊이 박혀 있는 소부르주아적인 인텔리 근성에 지나지 않습니다. 전체 인민이 새로운 역사를 창조하며, 빛나는 미래를 향하여 전진하고 있는 이 역사적인 마당에, 이명준 동무는 전혀 자신의 주관적 상상에 기인하는 판단으로 트집을 잡으려고 한 것입니다." …… 명준은, 대들려고 고개를 들었다가, 숨을 죽였다. 그를 향하고 있는 네 개의 얼굴. 그것은 네 개의 증오였다. 잘잘못간에 한번 윗사람이 말을 냈으면, 무릎 꿇고 머리 숙이기를 윽박지르고 있는 사람들의, 짜증 끝에 성낸, 미움에 일그러진 사디스트의 얼굴이었다. 명준은 문득 제가 가져야 할 몸가짐을 알았다. 빌자, 덮어놓고 잘못을 저질렀다고 하자. 그의 생각은 옳았다. 모임은 거기서 10분 만에 끝났다. 명준은 사무친 낯빛을 하고, 장황한 인용을 해가며, 허물을 썻고 당과 정부가 바라는 일꾼이 될 것을 다짐했다. …… 슬픈 깨달음이었다. …… 가슴에서 울리는 무너지는 소리를 들었다. 그 옛날 그는 S서 뒷동산에서 퉁퉁 부어오른 입언저리를 혓바닥으로 핥으면서 이 소리를 들었다. 그의 마음의 방문이 부서지는 소리였다. 이번 것은 더 큰 울림이었다. 그러나 먼 소리였다. 무디게 울리는 소리. 광장에서 동상이 넘어지는 소리 같았다."[12]

그는 침묵하는 아버지 앞에서 절규한다.

(노동신문) 편집자는 저한테 이런 말을 했습니다. '이명준 동무는, 혼자서 공화국을 생각하는 것처럼 말하는군. 당이 명령하는 대로 하면 그것이 곧 공화국을 위한 거요. 개인주의적인 정신을 버리시오'라구요. 아하, 당은 저더러는 생활하지 말라는 겁니다. 일이면 일마다 저는 느꼈습니다. 제가 주인공이 아니고 '당'이 주인공이란 걸. '당'만이 흥분하고 도취합니다. 우리는 복창만 하라는 겁니다. …… 저는 월북한 이래 일반 소시민이나 노동자 농민들까지도 어떤 생활 감정을 가지고 살고 있는지 알았습니다. 그들은 무관심할 뿐입니다. 그들은 굿만 보고 있습니다. 그들은 끌려다닙니다. 그들은 앵무새처럼 구호를 외칠 뿐입니다. 그렇습니다. 인민이란 그들에겐 양떼들입니다. 그들은 인민의 그러한 부분만을 써먹습니다. 인민을 타락시킨 것은 그들입니다. 그리고 북조선의 공산당원들은, 치사하고 비굴하고 게으른 개들입니다. 양들과 개들을 데리고 위대한 김일성 동무는 인민공화국의 수상이라? 하하하……[13]

전쟁 때 인민군 복장으로 남으로 내려온 명준은 이미 북의 체제에 대한 신념을 잃은 자였다. 전쟁은 그에게 "잘못하면 '역사'는 자기를 남겨두고 줄달음칠 것 같은 무서움"을 주었다.[14] 해방군으로 그리고 정치보위부의 간부로 서울로 내려왔을 때 차라리 악당이 되어보자고 위악(僞惡)한다. 과거 그를 법 밖으로 몰아냈던, 'S서'의 지하실에 끌려온 은행장 아버지 친구의 아들이자 그의 친구인 T와 마주쳤을 때였다. 명준은 그가 당했던 폭력을 T에게 휘두른다. 자신이 휘두른 폭력에도 명준은 환멸한다. 그리고 낙동강 전선에 투입된다. 전선에서 그는 조그만

동굴을 발견한다. 전선에서 우연히 재회한 애인과 그들만의 작은 동굴에서 나누는 밀회의 시간에만 삶의 의의를 건다.

"왜 이런 전쟁을 시작했을까요?"

"고독해서 그랬겠지."

"누가?"

"김일성 동무지."

그녀는 다시 눈을 감았다. 한참만에, 이쪽으로 돌아누우면서, 명준의 가슴을 만지작거렸다.

"자기가 외롭다고 남을 이렇게 할 권리가 있나요?"

"권리? 권리가 있어서만 움직인다면 벌써 천당이 왔을 거야."

"김일성 동무는 애인이 없었던가보지요?"

"있어도 신통치 않았겠지."

"이 동무가 수상이라면 어떡하시겠어요?"

"나? 나 같으면 이따위 바보 짓은 안 해. 전쟁 따윈 안 해. 나라면 이런 내각 명령을 내겠어. 무릇 조선민주주의인민공화국의 공민은 삶을 사랑하는 의무를 진다. 사랑하지 않는 자는 인민의 적이며, 자본가의 개이며, 제국주의자들의 스파이다. 누구를 묻지 않고, 사랑하지 않는 자는 인민의 이름으로 사형에 처한다. 이렇게 말이야."

"하하하."

그녀는 남자처럼 웃었다. 그러면서 두 손으로 잡고 있는 명준의 목을 마구 흔들어댔다.

"그런 시인을 수상으로 가진 인민들만 봉변이군요."

"시인? 아 그럼 그 과학적인 친구들이 앉아서 한다는 게 요꼴인가? 아니야."[15]

명준의 아이를 잉태한 여자는 전사하고 명준은 포로가 된다. 포로 송환 등록이 시작되었을 때 제삼국에 갈 수 있다는 말을 듣고 명준은 "바로 자기를 위해 마련된 길"이라고 생각한다.[16] 그가 보기에 북은 "미친 믿음이 무서운" 사회라면 남은 "숫제 믿음조차 없는 허망한" 사회다. 그러나 남은 "타락할 수 있는 자유와, 게으를 수 있는 자유가 있었다. 정말 그곳은 자유 마을이었다"고 야유한다.

> 북녘에는 이 자유가 없었다. 게으를 수 있는 자유까지도 없었다. 그건 제 멋 짓밟기다. 남한의 정치가들은 천재적이었다. 들어찬 술집마다 들어차서, 울려고 내가 왔던가 웃으려고 왔던가를 가슴 쥐어뜯으며 괴로워하는 대중을 위하여, 더 많은 양조장 차릴 허가를 내준다. 갈보장사를 못 하게 하는 법률을 만들라는 여성 단체의 부르짖음은 그날 치 신문 기사거리를 만들어주는 게 고작이다. 그들의 정치철학은 의뭉스럽기 이를 데 없다. 그런 데로 풀리는 힘을 막으면, 물줄기가 어디로 터져 나올지를 다 알고 있다. 그러면서 그들은, 자신들의 자녀에겐, 진심으로, 교회에 나가기를 권유하고, 외국에 보내서 좋은 가르침을 받게 하고 싶어 한다. 이런 사회. 그런 사회로 가기도 싫다.[17]

남에서도 북에서도, 남북 간의 전쟁 통에서도 "보람을 느끼면서 살 수 있는 광장"을 찾지 못한 명준은 차라리 "아무도 나를 아는 사람이 없는 땅. 하루 종일 거리를 싸다닌데도 어깨 한번 치는 사람이 없는 거리. 내가 어떤 사람이었던지도 모를뿐더러 알려고 하는 사람도 없"는 곳을 선택한다.[18] 그러나 그곳은 더 이상 어떤 광장도, 광장의 꿈조차도 존재하지 않는 곳이다. 명준의 최종선택은 아무도 없는 밤, 중립국행 선상에서 망망한 바다로 뛰어드는 것이었다.

북조선이 표방한 '자유 조선'이란 일본 그리고 미국 제국주의로부터 해방된 사회를 의미했다. 그러나 명준의 눈에는 '보람을 느끼면서 살 수 있는 광장'이 없는, 자유 대신 '미친 믿음'이 지배하는 사회일 뿐이었다. 반면 남한이 표방한 '자유 대한'은 공산주의로부터 자유로운 사회를 말했다. 그러나 명준이 보았던 남한은 '실존하는 인간이 없는 광장 아닌 광장'의 사회, 타락과 기만과 폭력이 만연한 공간이었을 뿐이다.

그러나 우리는 아울러 물어야 할 것이다. 이명준이 냉소하고 환멸했던 'S서의 형사들'과 '자아비판회의 네 얼굴들'은 자신들 나름의 '자유 대한'과 '자유 조선'에서 어떠한 자유와 책임을 추구했을까? 과연 자유와 책임이 있기나 했을까? 그들 자신이 품었을 열정과 의지는 무엇이었을까? '자아비판회'의 노동당원들에게 '자유 조선'이란 '반일, 반미, 반봉건'의 조국해방의 열망이었을 것이고, S서의 그 형사들에게 '자유 대한'은 '반공 · 반북'의 북진통일의 열망이었을 것이다. 그들의 '자유'는 자신의 존재를 부정하는 상대를 부정하고 소멸시킴으로써만 존립 가능하고, 생사를 건 투쟁을 통해서 그 '자유'를 지키는 것이 민족사 앞에 그들이 자임한 '책임'일 것이다. 이러한 대립적 · 적대적 에너지가 남과 북에 거대하게 집결하고 있었다. 전쟁은 이렇듯 해방 정국 속에서 이미 배태되고 있었다. '자유 조선'을 위해서, '자유 대한'을 위해서 서로를 불구대천의 적으로 삼았던 남과 북은 이 증오를 국지적 내전에서 전면전으로 밀고 나갔고, 전면전으로 확대된 이 전쟁은 급기야 남북의 통제권을 벗어나 국제전으로 확산되었다.

명준은 이 전쟁의 끝에 자살로 생을 마감했지만, '자유 대한'과 '자유 조선'의 에너지는 이 전쟁의 와중에 죽지 않았다. 오히려 강해졌다. 전쟁은 '자유 대한'과 '자유 조선'의 체제적 권능을 절대적인 것으로 만들었다. 절대적 힘이란 무제한적 자유이기도 하다. 그 무제한적 자유는 양편 국민대중과 인민대중 각각의 눈앞에 불구대천의 원수, 절대적 악마를 창조해냈던 위대한 마법사에게 마땅히 돌아갔던 특별한 상훈(賞勳)이었다. 무제한적 자유를 확보한 남북 두 국가체제 속에서 명준의 자유는 설 곳이 없었다. 그렇다면 이명준 사후, 그가 남긴 보이지 않는 길을 헤쳐가야 했던 김낙중의 경우는 어떠했을까?

김낙중의 자유와 책임 1

정확히 이명준이 자살로 생을 마감한 즈음, 김낙중은 그의 '평화통일'의 편력을 시작한다. 1954년 4월. 놀라운 일치다. 바로 그 시간, 삭발을 하고 흰 한복을 걸친 24세의 수척한 한 청년이 대낮에 '탐루(探淚)' 즉 '눈물을 찾는다'라고 쓴 등불을 들고 부산 광복동 거리를 홀로 배회하였다. "피묻은 잿더미가 아직도 성에 차지 않아 (여전히) 무력북진을 부르짖는 권력자에게 항거"하고자 했던 청년 김낙중의 일인시위였다. 휴전협정은 이뤄졌지만, 당시까지 부산은 아직 임시수도의 역할을 하고 있었고 많은 피난민들이 북적이던 곳이었다. 청년은 거리를 헤매며 외쳤다.

눈물을 가진 사람은 없는가? 전선에서 피를 토하며 죄 없이 쓰러져가는 가난한 이 땅의 아들들을 위해 전쟁을 반대하며 눈물을 흘려줄 사람은 없는가? 이 겨레의 평화적 통일을 위하여 세계 열강의 분할 정책을 반대하며, 진정으로 눈물 흘리는 사람은 없는가?[19]

20세에 전쟁을 맞은 김낙중은 서울, 파주, 대구, 부산 등에 머물며 세상이 이쪽저쪽으로 번갈아 뒤바뀌는 것을 경험했다. 그는 어느 쪽을 향해서도 총을 쏘고 싶지 않았다. 도피해 다녔다. 고교 교사의 소개로 미군 취사부에 몸을 의탁해 접시를 닦다 임시수도 부산에 이르렀다. 이곳에서 52년 서울대학교에 입학한 것도 국민병 징집을 피하려는 목적이 컸다. 그러나 이승만 정부는 이곳에서도 학생들을 동원하여 '휴전반대 북진통일'을 외치게 했다. 김낙중은 더는 참을 수 없었다. 더 이상 도피만 하고 살 수는 없었다. 도피할수록 정체 모를 죄의식도 커졌다. 그는 53년 어느 날 일기에 다음과 같이 쓴다.

더 이상 방황하지 말자. 더 이상 주저하지 말자. 내가 옳다고 생각하는 것을 위해, 피로 얼룩진 우리 민족의 현실을 극복하기 위해, 이제 나는 나에게 주어진 사명을 온전히 받아들이자. 망설이지 말고 실천에 옮기자.[20]

그리하여 '탐루' 등불을 든 일인시위에 나섰던 것인데, 이 해프닝은 북부산서 형사들에게 끌려가 따귀를 맞고 훈계 방면되는 것으로 끝났다. 오늘날 '일인시위'는 참신한 시위방식이 되었지만, 당시에는 그저

'정신 나간 행동'에 불과한 것으로 취급되었을 뿐이다. '탐루' 시위는 자유인 김낙중의 원형적 특징을 집약한다. 그는 평화통일의 염원을 인간의 눈물이라는 구도적 동기와 연결시켰다. 더 이상 개인적 도피에 그치는 소극적 자유가 아니라 민족의 평화통일을 위한 적극적 자유의 구현에 나서기로 결심한 것이고 이를 보편적 인류애의 호소와 연결시켰다. 그의 행동은 여전히 개인의 차원이었지만, 그가 품은 자유와 책임의 폭은 그만큼 넓었다. 이 해프닝 이후 그는 서울로 돌아와 대학을 다니며 "민족 전쟁과 이데올로기 싸움의 본질을 파악하기 위한 연구"에 전념한다. 그리고 아래 취지의 호소문을 두 통 작성했다.

> 다시는 이 땅에 피비린내 나는 전쟁이 되풀이되어서는 안 되며, 우리가 살 길은 '평화통일'뿐이다. 그리고 서로 피투성이가 된 남북의 어버이들이 이제 와서 양보와 타협으로 평화통일을 위해 노력하는 것이 불가능하다면, 젊은 세대들이 서로를 이해하기 위해 대화를 해야 하며, 이를 위해서 공동의 광장이 마련되어야 한다.[21]

'공동의 광장'이라. 이명준이 꿈꾸었던 '보람을 느끼며 살 수 있는 광장'과 중첩되고 있다. 작가 최인훈의 상상력은 이렇듯 살아있는 김낙중의 꿈속에서 이미 선취되고 있었다. 김낙중은 이 호소문을 판문점을 직접 찾아가 남북 당국에 동시에 전달하고자 했다. 그러나 경계가 삼엄하여 접근할 수가 없었다. 그래서 1954년 9월 말 금촌에 주둔한 해병대 사단 사령관실을 찾아가 자신이 찾아온 목적을 말했다. 그에게 돌아온 것은 판문점으로의 안내가 아니라 파주 경찰서로의 연행이었다. 이어

경기도 경찰국, 다시 치안국으로 이송되어 조사를 받아야 했다. 그러나 아무리 조사해봐야 김낙중에게는 경찰이 트집 잡을 아무런 '조직 전력', '좌익 전력'이 없었다. 그는 그저 혼자 행동하는 젊은이였다. 그저 철없는 학생의 정신 나간 기행(奇行)일 뿐이라 생각한 수사관들은 '학생은 공부나 하라'고 호통쳤다. 이번에는 그냥 훈방하지 않았다. 청량리 정신병원에 며칠 강제 수용시켰다. 나흘째 되는 날 치안국 분실장이라는 사람이 나타나 일장 훈시와 교양 교육을 시킨 후에야 집으로 돌려보냈다.

김낙중은 좌절 앞에 물러서지 않고 오히려 한 발 더 앞으로 나간다는 점에서 이명준과 다르다. 귀가한 김낙중은 자신의 평화통일안 완성에 더욱 매진했다. 그해 겨울을 온통 이 작업에 몰두한 끝에 김낙중은 30여 개 조문에 이르는 기본조약과 8개의 부속협정들로 이루어진 '통일독립청년 고려공동체 수립안(수립안)'을 완성했다. 1955년 2월, 우선 이 수립안과 취지서를 경무대(오늘날 청와대)를 통해 대한민국 대통령에게 청원서로 제출했다. 그러나 나흘 후 돌아온 건 경무대경찰서 압송과 국가보안법 위반 구속이었다. 보름 동안의 가혹한 심문과 훈계 후에 김낙중은 또 방면된다.

그의 '수립안'의 요점은 무엇이었을까. 남북이 서로의 통치권을 인정한 상태에서 휴전선에 '초국가기구'인 '청년공동체'를 설립하고, 이 공동체가 점차 남북 양측의 주권을 이양받아 (15년 이내에) 통일을 이룬다는 것이었다. 여기서 '청년'이란 '1950년 6월 25일 현재 만 20세 미만인 자와 그 이후에 출생한 자'이고, 그 공동체가 수립될 곳은 '비무장지대와 판문점 부근의 1,000평방킬로미터의 지역'이라 하였다.[22]

그러나 오직 무력에 의한 북진통일만이 유일한 통일의 길이라 주장하고 있던 당시 이승만 정권에게 청년 김낙중의 이 '수립안'이 어떻게 보였을지는 가히 짐작할 수 있겠다. '위장 빨갱이' 아니면 '미친놈 잠꼬대'였을 것이다. 전쟁 직후라 경찰 조직도 어수선했던 탓인지, 아니면 분단체제가 아직은 어설픈 상태였던 탓인지 모를 일이지만 아무튼 경찰은 김낙중을 풀어주었다. 그 자리에서 '시경 사찰과장'은 다음과 같이 훈계했다.

> 이놈아, 어린놈이 뭘 안다고 까불어. 공산당이 우리들하고 똑같은 사람인 줄 알아? 얼마나 무자비하고 지독한 폭력주의자들인데. 그놈들이 지금 휴전을 시켜놓고 눈이 시뻘개 가지고 새로운 전쟁 준비에 날뛰고 있는 판에 무슨 놈의 평화통일이야. …… 그것은 네가 공산주의자가 뭔지도 모르고 하는 철부지 소리야. 공산당이 들어주지도 않을 실현성 없는 공상을 가지고 들고 다니니 네가 미친놈이지 뭐야? 공연히 쓸데없는 짓하지 말고 가서 공부나 해. 송청해서 형무소로 보낼 수도 있지만 네 나이가 아직 어리고 해서 고려해주는 거야.[23]

그러나 김낙중의 '자유혼'은 여기서도 멈출 수 없었다. 오히려 '결정적인 도약'을 감행한다. '자유혼의 도약'이라 불러도 무방할 것이다. 과연 자신을 훈계했던 사람들 말처럼 북한 사람들은 '사람이 아니라 악마'일 뿐이며, 따라서 '대화가 불가능'한 것일까. 직접 알아보고 싶었다. 그의 통일방안을 어떻게 생각하는지 확인하고 싶었다. 그의 통일방안으로 북측을 설득하고 싶었다. 이것이 그가 선택한 길에 대해 책임을 다하는 것이라고 믿었다.

그리하여 김낙중은 1955년 6월 25일 단신으로 임진강을 헤엄쳐 건 넜다. 그가 강을 건넌 곳은 자신이 자란 파주의 고향마을과 멀지 않은, 따라서 그에게는 아주 익숙한 곳이었다. 이제 강 저쪽과 이쪽이 남과 북으로 갈라졌다는 사실이 그에게는 오히려 익숙하지 않았다. 강 저쪽 도 그가 자란 고향 동네의 일부였을 뿐이다. 남과 북의 현실의 경계가 오히려 낯설었을 것이다. 그렇지만 김낙중은 거의 죽을 고비를 넘기고 서야 도강(渡江)에 성공한다. 그저 '동네 마을 강 건너기'라고 생각했겠 지만, 수영도 익숙하지 않은 데다 폐병으로 허약한 체력, 그리고 장맛 비로 불어난 강물이 그의 생명을 위협했다.

도강 후 기진맥진한 상태에서 한 농가에서 잠을 청하다 김낙중은 체 포된다. 그리고 개성을 거쳐 평양의 내무서 예심처로 끌려가 취조를 당 했다. 여기서 김낙중은 그의 인생에서 최초로 '간첩 혐의'를 받게 된다. 아니 간첩이 되어야만 했다.[24] 김낙중의 진심을 북은 전혀 인정하려 하 지 않았다. 한 새파란 젊은이가 홀로 작성한 통일방안을 가지고 북 당 국과 토론하기 위해 목숨 걸고 월북했다? 그들이 보기에 말이 되는 게 하나도 없었다. 예심처 취조원은 김낙중에게 오직 간첩죄를 자백하라 고 강요할 뿐이었다. 다른 어떤 이야기도 들으려 하지 않았다. 허망하 게 처형당하거나 끝 모를 감옥살이를 해야 할 처지가 되었다.

김낙중은 궁리 끝에 스스로 없는 '한미 고용 간첩'이 되어야 했다. 그 가 소지하고 온 통일안은 한미 정보부에서 만들어준 것이고, 만일 이 안을 들고 간 사람을 북이 죽이면 전쟁을 계속하겠다는 것이고, 살려 보내면 당장 전쟁을 할 의사는 없는 것으로 보겠다는 게 한미 정보부 의 뜻이라는 픽션을 만들어냈다. 이 픽션을 북이 믿어주기를 기대했다. 북의 공식자료가 없으니 당시 평양 내무성에서 김낙중의 이 진술을 어떻게 판단했는지 알 수는 없다.[25] 그러나『탐루』에 따르면 결국 북은 김낙중의 자백을 믿어보기로 한 것 같다.[26] 그가 소지한 통일안에 대해 토론도 해주고 건강 회복을 위해 요양치료도 해준다. 그리고 최종선택권을 김낙중에게 준다. 남으로 돌아가도 좋고 이곳에 남아도 좋으며, 남는다면 공부하도록 돕겠다고까지 했다 한다. 김낙중은 자신이 북에 온 목적 즉 "북한의 입장을 듣고 다시 남한으로 내려가 어떻게든 우리 민족이 화해할 수 있는 길을 모색해야겠다"[27]는 뜻을 상기하여 다시 월남하는 길을 선택한다.

1956년 6월 23일 새벽 김낙중은 경의선 철길을 따라 월경, 미군 초소에 '귀순'하여 서울 대방동의 미군 포로수용소에 수감되었다. 이후 미군 방첩대 조사를 거쳐 한국 경찰 특수정보과에 인계되어 혹독한 고문을 받는다. 미군과 한국 경찰 역시 김낙중을 간첩으로 간주했다. 이후 재판에서 김낙중은 간첩죄는 무죄, 국가보안법 위반에 대해서는 징역 1년 집행유예 2년을 선고받고 1957년 6월 22일 출옥한다. 임진강을 건넌 지 딱 2년 만이었다.

김낙중의 자유와 책임 2

1955년, 임진강을 건넜던 그 한 번의 선택은 김낙중에게 평생의 천형(天刑)이 되었다. 물론 그는 자신의 자유의지로 결정한 일의 결과에 대한 책임을 온몸으로 질 각오가 서 있었다. 그러나 그 짐은 너무나 무겁고 가혹했다. 1957년의 재판에서 그의 간첩죄 혐의는 무죄가 되었으나, 그가 자진 월북하여 1년간이나 머물러 있었다는 사실은 한국의 분단권력이 필요할 때마다 두고두고 소환하여 이용해먹는 소재가 되었다. 아니 남한만이 아니었다. 북의 분단권력 역시 그 전력을 이용했다고 볼 수 있다. 1992년의 네 번째 간첩사건이 그러하다.

한국에서 네 차례의 김낙중 간첩사건을 살펴보면 남한 체제가 북한 문제, 간첩사건을 다루는 기법이 어떻게 발전해갔는지를 알 수 있다. 1956년 첫 번째 사건은 전쟁 직후의 상황이 아직 어수선했음을 보여준다. 아직 휴전선은 느슨했고 월북, 월남자도 적지 않았다. 이러한 상황 속에서 아직 젊은 학생에 불과했던 김낙중에 대한 무리한 '간첩 만들기'는 그다지 집요하게 이뤄지지 않았다. 전후의 큰 혼란이 아직 가시지 않았기 때문에 김낙중의 해프닝은 오히려 상대적으로 사소하게 묻혀버린 듯하다. 그가 자진 월북하여 북에 1년간 머물렀음에도 그에 대한 간첩죄가 무죄로 선고되었던 경우를 이후 60~80년대의 살벌했던 무수한 '간첩 만들기' 사건들과 비교해보면 의외라는 느낌마저 들 정도다.

김낙중의 (한국에서의) 두 번째 간첩사건은 박정희 정권 초기인 1962년 발생하는데 이 시기의 간첩조작 방법은 아직 조잡하고 억지스러웠다. 1973년 유신체제 초기에 발생했던 세 번째 사건에서는 박정희 정권의 폭력성이 고도화되고 조작 방식이 집요해진다. 87년 민주화 이후 발생한 1992년의 네 번째 사건은 성격이 달랐다. 조작이나 고문 문제가 특별히 강조되지 않았다. 이 사건의 성격은 그 이전의 것들과 다른 점이 있으니 다음 절에서 별도로 살펴볼 것이다.

한국의 역대 반공 정부 입장에서 간첩사건의 핵심 효용은 소위 '북풍 효과'다.[28] 아무리 독재와 실정을 하더라도 반대 세력의 일부에라도 친북의 낙인만 확실히 찍어놓으면 비판 세력 전반이 크게 타격을 받고 약화된다. 북과 전쟁을 치른 민심 때문이다. 독재 비판에는 지지하다가도 그 비판 세력이 친북이라고 하면 당장 등을 돌린다. 민심을 그렇게 돌려놓는 데 간첩사건만큼 효력이 큰 건 없다. 따라서 '간첩조작'은 분단권력의 입장에서는 지극히 효율적인 '민심조작'이기도 했고, 이렇듯 마법적 효과를 발휘하는 '간첩조작'은 분단권력이 절대 포기할 수 없는 '절대무기'였다.

김낙중이 한국에서 개인이 아닌 조직으로서의 '간첩단' 사건 주모자로 조작되어 처음 구속된 것은 1962년 6월이었다. 5·16 1년 후 박정희 군사혁명정부의 수사본부가 발표한 '학원간첩단 사건'이었다. 수사본부의 발표문에 따르면 고려대학교 경제학과 대학원생이던 '월북 간첩' 김낙중이 학생들을 조직하여 한미행정협정 등에 반대하는 데모를 배후 조종했다 한다.[29] 이 '사건'은 박정희 군사정부가 학생운동조직을 간첩단과 연계시킨 최초 사례에 속한다. 김낙중을 '간첩'으로 엮을 빌미가 되었던 것은 그가 만났던 한 학생의 월북이었다. 폐병으로 고생하던 한 고려대 학생을 김낙중이 만난 적이 있는데, 이 학생이 그가 월북기간 북한의 결핵치료 전문병원에서 요양했던 적이 있다는 이야기를 듣고 그가 말해준 경로대로 월북한 사실이 알려졌기 때문이다.[30]

'반공'을 제1국시로 천명하며 쿠데타를 정당화했던 군사정부는 4·19 이후의 학생운동, 혁신운동에 재갈을 물릴 방안을 찾고 있었다. 이때 월북 경력을 가진 김낙중의 '효용'이 군사정부에 의해 다시 발견되었던 것이다. 그는 1957년 대학 복학 이후 진보적 지식인들의 모임이던 '한국농업문제연구회'의 일원이었고 4·19 이후에는 대학원생으로 여러 혁신계 통일운동 모임에서 활동하다 5·16 이후 징집영장을 받고 입대 중이었다. 그런데 5·16 이전에 만났던 한 학생이 문제가 되었다. 그 학생은 치료 목적이었다지만 김낙중의 말을 듣고 실제로 월북했다. 김낙중 자신이 1년 동안 월북한 경험이 있었고 4·19 이후 혁신계 청년활동을 했다는 사실은 군사정부의 '간첩조작'을 위한 더 없이 좋은 빌미가 되었다.

그러나 당시 수사발표문은 엉터리였다. 김낙중은 1960년 8월 15일 월북하여 1961년 3월 '간첩 사명을 띠고' 월남한 것으로 되고, 치료차 월북한 학생은 '북노당 중앙당의 새 지시와 자금을 받기 위해' 월북 중인 것으로 되어 있었다.[31] 김낙중을 취조한 '506 특무대'는 고문으로 여러 학생모임을 '반국가단체'로 만들었던 곳이다. 군인 신분의 김낙중에게 사형을 구형했지만, 군사법정조차 너무나 앞뒤가 맞지 않는 공소장의 내용을 그대로 인정해줄 수 없었다. 2심에서 국가보안법은 무죄가 되고 김낙중에게는 "(학생) 월북 방조, 4·19 이후 중립화 통일 주장, 남북 교류 주장" 등을 이유로 반공법 위반 3년 6월형이 선고되었다.[32]

김낙중이 두 번째로 '간첩단 조작'에 휘말린 것은 1973년 6월 발표된 '학원침투 간첩단 사건'이었다. 당시 유신개헌 직후의 박정희 정권은 학생 등 비판 세력의 반발을 되받아칠 묘수가 필요했다. 또 성장하기 시작하는 노동운동, 민중운동에 대해서도 확실히 낙인을 찍어둘 필요가 있었다. 김낙중과 당시 그가 주도하고 있던 활동이 이러한 '필요'에 너무나 잘 부합했던 것이다. 다음은 당시 한 일간지의 보도 내용이다.

> 서울형사지법 합의 6부는 21일 오전 10시 대법정에서 고려대학교 노동문제연구소 사무국장 김낙중을 중심으로 한 N - H회(민족주의 - 인도주의회) 학원침투 간첩단 사건의 첫 공판을 열고 관련 피고인 11명에 대한 인정신문을 끝냈다. 피고인들은 지난 5월

24일 중앙정보부에 의해 국가보안법 및 반공법 위반, 내란선동, 내란음모혐의로 구속, 송치돼 서울지검 공안부 ○○○ 검사에 의해 구속, 기소되었다. 공소장에 따르면 김낙중은 1955년 …… 월북, 평양의 밀봉아지트에서 북한중앙당 연락부 정 모 지도원 으로부터 1년간 공산주의와 대남간첩교양을 받은 뒤 남파돼 노동자 및 학생들을 포섭, 선동해왔다는 것이다.[33]

김낙중은 66년 출소 후 67년부터 고려대학교 경제학과 은사의 요청을 받고 같은 학교 부설 노동문제연구소(노연)의 연구원으로 재직하면서 노연을 노동운동과 농민운동을 지원하는 교육기관으로 육성하고 있었다. 학생들도 활발히 노연 교육 프로그램에 참석했다. 일찍이 "평화통일을 위해 단독으로 시위하고 남북을 오가며 온갖 고초를 겪은" 김낙중은 "자신의 힘을 기르면서 때를 기다리자 결심"했고 "민중의 조직된 힘 없이는 그 어떤 변혁도 불가능하다는 사실을 깨달았다"고 하였다.[34] 4 · 19와 5 · 16의 경험은 섣부른 행동보다 민중 속에서 힘을 기르는 것이 중요함을 일깨워주었고 이것이 그의 노연 교육 활동의 동기가 되었다. 그러나 혼자가 아니라 여러 사람의 힘을 모아 때를 기다리자는 그의 태도는 아이러니컬하게도 더욱 가혹한 탄압의 빌미가 되었다. 유신체제 중앙정보부의 눈에 월북 전력을 가진 김낙중의 노연 활동은 언제든 이용해먹기 좋은 먹잇감으로 보였을 것이다.

중앙정보부는 이번 조작 사건을 통해 김낙중의 1955년 월북과 1년간의 북한 체류를 정식 '간첩교육 기간'으로, 그리고 김낙중을 북에서 정식 공작원 교육을 이수한 정통 간첩으로 '공인'했다. 그리고 노연에서 이뤄진 학생 그리고 노동자들의 교육 · 토론 모임들이 '사회주의 국가 수립을 위한 내란 선동 조직'으로 탈바꿈되었다. 이 허위 진술을 받아내기 위해 중앙정보부는 많은 고문을 했다.

> 유일한 증거는 온갖 고문과 구타를 이기지 못해 이루어진 허위 진술이었다. 중앙정보부에서 조사를 받는 동안 김낙중은 죽음을 넘나드는 혹독한 고문을 당했다. 그리고 결국 고문에 못 이겨 그들이 요구하는 내용의 조서에 무조건 지장을 찍을 수밖에 없었다. 그것이 무엇을 의미하는지 뻔히 알면서도, 또 간첩이 된다는 것이 얼마나 무서운 일인지 알면서도 어쩔 도리가 없었다. 거의 자포자기하는 심정으로, 그렇게 그들이 시키는 대로 따랐다. 그리고 그것은 그 사건에 연루된 다른 학생들도 마찬가지였다.[35]

김낙중은 너무나 억울했다. 검찰로 송치되었을 때 자신의 '자백'이 고문에 의한 허위였음을 호소했다. 이를 받아들인 담당검사가 새로 1차 조서를 썼다. 그러자 중정은 김낙중을 다시 남산으로 끌고 갔다.

> "이 새끼야, 네가 검찰에 가서 딴소리했다며?"
> "네가 검찰에서 조서 내용을 부인하면 사형은 면할 수 있을지 모르지만, 골병이 들어 옥사를 하거나 병신이 되어 나가는 것은 각오해야지."
> 김낙중과 중앙정보주의 조사관들 사이의 대화는 길게 가지 않았다. 처음부터 대화가 필요한 것이 아니었다. 김낙중은 죽어버리고 싶을 만큼 고통스러운 고문을 또다시 당했다. …… 숱한 고문을 당한 그날 밤 김낙중은 반송장이 되어 구치소로 돌아왔다. 송

장처럼 축 처진 김낙중은 사소(청소를 맡은 모범 기결수)의 등에 업혀서 구치소의 싸늘한 방에 던져졌다. …… 며칠 후 검찰은 출정조차 할 수 없을 만큼 골병이 든 김낙중을 만나러 구치소로 찾아왔다. …… 김낙중은 취조를 받으러 소장실까지 나갈 때도 한동안 다른 사람의 등에 업혀서 다녀야 했다. 처음 김낙중을 담당했던 L검사의 얼굴은 두 번 다시 볼 수 없었다. 새로 담당한 C검사가 중앙정보부의 조서를 재확인했고, 김낙중은 모두 "예", "예"로만 대답했다. 다시 남산에 끌려가는 것보다는 차라리 사형을 당해 죽는 것이 편하다는 생각 때문이었다.[36]

유신체제 하의 법원은 김낙중에게 '간첩죄'와 '내란선동죄'를 적용하여 징역 7년을 선고했다. 그나마 '간첩죄'로는 최하 형량이었다. 그러나 억울한 옥살이 7년은 보통사람이라면 감내하기 힘든 큰 고난이다. 그러나 당시에는 시국 관련 사건으로 김낙중보다 훨씬 가혹한 처벌을 당하는 경우도 많았다.

1975년 4월, 옥중의 김낙중은 큰 충격과 전율에 빠졌다. 소위 '제2차 인혁당' 사건 관련자 8명의 사형집행 소식을 들은 후였다. 사형선고가 내려진 바로 그날 밤이었다. 이들 중에는 김낙중과 잘 알고 지내던 사람들이 많았다. 인혁당 사건은 1974년 전국의 대학에서 유신철폐 시위가 터져 나오자, 전국 학생조직(민청학련)의 배후조직으로 조작되었다. 김낙중은 옥중에서 중앙정보부 수사관들이 인혁당 사건 이야기를 하면서 자기들끼리 "김낙중이 꼭 있어야 하는데!"라면서 무척 아쉬워했다는 말을 전해 듣게 된다.[37] 그들이 인혁당과 북이 직접 연결된 증거를 찾아낼 수 없었기 때문이다. 그런데 (중앙정보부에서 보기에) 김낙중이 이미 (아쉽게도) 다른 사건으로 미리 구속되어 있지 않았다면 이 사건에 김낙중을 끼워 넣어 북 – 김낙중 – 인혁당 – 민청학련이라는 그림을 완성시킬 수 있다고 생각했던 것이다. 김낙중은 옥중에서 자문해보았다. "하나님이 나에게 억울한 7년 징역형을 받게 해서까지 나를 이 세상에 살아남게 하신 뜻은 과연 무엇일까?"[38]

김낙중의 자유와 책임 3

1980년 5월 김낙중은 만기 출소했다. 전두환 신군부의 비상계엄 확대와 광주에서 벌인 시민 학살의 광기가 전국을 휘감고 있을 때였다. 출소 이후 김낙중은 상한 건강을 추스르며 홀로 조용히 저술에 전념했다. 그러나 그의 초심인 평화통일에의 열망은 그 시기에도 한시도 사그라들지 않았다. 86년 초부터 김낙중은 조심스럽게 독립운동 원로들이 만든 '민족통일촉진회'라는 온건한 통일운동단체의 회지(會誌)를 만드는 일을 시작한다. 그러던 중 87년 민주항쟁이 터져 나왔고 이후 통일문제에 관한 그의 발언과 활동은 점차 활발해졌다. 김낙중은 특히 노태우 정부의 통일정책에 주목했다.

(노태우 태통령은) 1988년 7월 7일 '민족자존과 통일 번영을 위한 특별선언'을 발표했다. 이를 북한과 재야 운동권(전대협과 민통련) 진영에서는 '영구분단획책'이라고 비판하고 있었는데도 김낙중은 이를 긍정적으로 평가했다. …… 통일원에서는 '한민족공동체 통일방안'이라는 것을 발표했는데, 그는 이 방안을 남과 북이 서

로 상대방에 대한 타도를 추구할 것이 아니라, 공존을 전제로 하는 공동체를 만들자는 것으로 (김낙중은) 이해했다. …… 1980년대 말, 재야 운동권은 치열하게 통일운동을 전개했지만 대체로 노태우 정부의 통일방안에 대해서는 무조건 배타적이었다. 또한 북측의 연방제 통일방안을 일방적으로 지지하는 세력도 많았다. 이와 반대로 보수적 통일운동 세력은 남측의 통일방안만을 고수하며 북측의 통일방안은 일말의 논의할 가치가 없다고 비난했다. 이런 상황에서 김낙중은 남측의 주장과 북측의 주장을 합리적으로 결합하려고 노력했다.[39]

그의 이러한 노력은 시대 변화의 추세에 잘 부합하는 것이었다. 87년 민주화에 이어 89년부터는 미소 냉전체제가 붕괴하고 있었다. 김낙중은 남과 북이 서로 인정하고 공존하는 것이 무엇보다 중요하다고 보았다. 그는 오랜 시간 생각해온 자신의 통일방안을 '4단계 통일론'으로 정리했다. 1단계 평화공존 기초 구축 → 2단계 국가연합 → 3단계 연방국가 → 4단계 통일 민족국가의 경로였다. 이를 1989년 9월 국회 통일특별위원회에서 민족통일촉진회 정책심의회 의장 자격으로 발표했다. 시민단체에서의 활발한 통일 논의와 함께 통일원의 통일방안 자문에 여러 차례 응하기도 했다. 대학에서 강연도 하고, 언론에도 자주 모습을 비쳤으며, 각종 집회에서 연설할 기회도 많았다. 1991년 후반부터 1992년 봄까지는 민중당 공동대표로도 활동했다. 많은 사람들이 그를 알고 주목하게 되었다.

그러던 1992년 9월 많은 사람들을 놀라게 한 또 한 번의 '김낙중 간첩사건'이 보도되었다.

안기부에 따르면 김낙중 씨는 지난 55년 6월 자신 월북, 공작원으로 포섭돼 1년간 간첩 교육을 받고 남파된 뒤 36년간 자신의 신분을 진보적 지식인으로 위장한 채 다른 남파간첩을 통해 북한으로부터 미화 210만 달러(한화 약 16억 원)를 넘겨받아 민중당 창당을 지원하는 등 고정 간첩으로 활동해온 혐의를 받고 있다. 안기부는 김 씨가 지난 1990년 2월 남파간첩 최 모 씨(35)로부터 "뜻을 같이하는 동지들을 포섭해 지하망을 구축하라"는 지시와 함께 30만 달러를, 1990년 10월에는 "민중당 창당에 참여해 당권을 장악하라"는 지시와 함께 30만 달러를 각각 받았으며 지난해 10월 북한의 장관급 공작원 임 모 씨(65)로부터 추가로 150만 달러와 권총, 독약 앰플을 받는 등 세 차례에 걸쳐 활동비를 받았다고 밝혔다.[40]

당시에는 김낙중 씨가 어느 정도 알려져 있던 만큼 사건 발표 내용은 더욱 충격적으로 받아들여졌다. 1955년의 일을 두고 '간첩 교육 받은 남파 고정간첩'이라 한 것은 박정희 정권이 이미 70년대에 써먹은 낡은 수법이라 하더라도, 과연 정말 김낙중 씨가 북한 공작원을 만나고 돈을 받았을까? 김낙중 씨처럼 간첩 혐의로 억울한 죄를 번번이 뒤집어썼고, 그런 만큼 북한에서 보낸 '공작원'을 만나는 일의 위험성을 누구보다 잘 아는 인물이 과연 그러한 일을 정말 저질렀을까? 또 한 번 모진 고문에 의해 조작된 것 아닌가? 그를 아는 많은 사람들이 발표 내용을 선뜻 받아들이기 어려웠다.

당시의 시기는 미묘했다. 노태우 정부의 남북화해정책에 서서히 제동이 걸리고 있었다. 미국이 북에 핵사찰을 요구하기 시작했고, 그해

(1992년) 5월 민자당 대통령 후보로 당선된 김영삼 씨는 남북화해기조가 대선에서 라이벌인 김대중 씨에 유리하게 작용할 것을 우려하고 있었다. 그해 8월 벌어졌던 '대통령 훈령 조작 사건'도 그런 흐름 속에서 나왔다. 김영삼 후보 진영에서 남북화해사업의 진행을 노태우 대통령의 훈령을 조작하면서까지 방해했던 사건이다. 그렇다면 이 뜬금없는 또 한 번의 '김낙중 간첩사건'은 역시 남북화해기조를 흔들고 뒤집어 놓기 위해 만들어낸 안기부의 조작극 아닐까? 김낙중은 또 한 번 대북 적대감 고취를 위해, 분단권력 강화를 위해 억울하게 이용된 것이 아닐까? 의문들이 제기되었다.

그러나 놀랍게도 사실이었다. 2005년 출판된 『탐루』의 상세한 기록에 따르면, 1990년 2월부터 4월까지 "조선민주주의인민공화국 김일성 주석님이 보낸 사람"이라고 밝힌 최 모라는 30대의 인물을 여섯 차례 만났고, 1990년 10월부터 12월까지 최 모가 데려온 65세가량의 '임 과장'과 여러 차례 긴 시간 만났다. 이들로부터 기사에 발표된 금액의 지원금을 받은 것도 사실이었다. 그들이 북으로 돌아간 후 1년 동안 세 차례 '장문의 편지'를 "임 과장이 미리 알려준 국제사서함"으로 보내기도 했다. 그리고 1991년 10월 다시 서울에 온 '임 과장'과 다음 해 3월까지 다시 여러 차례 만났다고 한다.[41] 그렇지만 김낙중은 자신의 간첩 행위 여부에 대해서는 강하게 부인했다. 다음은 《한겨레신문》 1992년 11월 13일 자에 보도된 이 사건 첫 공판에서의 그의 진술이다.

김 씨는 "대북 접촉 창구를 정부가 독점하고 있는 상황에서 내가 북과 접촉한 것은 맞지만 북쪽 사람들로부터 기밀 수집을 요청받지도 않았고, 하지도 않았다"라면서 "검찰의 공소장은 일부 내용이 맞으나 대부분 사실과 다르다"라고 진술했다. 김 씨는 이어 "처음 북쪽의 연락 대표가 찾아왔을 때 이들을 신고해야 하느냐는 문제로 며칠 밤을 새며 고민했다"라면서 "그러나 지난 1955년 평화통일안을 들고 북한을 찾아갔을 때부터 계속 평화통일론을 주장해온 나로서는 이들을 신고해 처벌받게 하고 남북관계를 긴장되게 할 수는 없다고 결론 내릴 수밖에 없었다"라고 진술했다.

1993년 2월 11일의 최후진술에서는 다음과 같이 주장했다.

이 사건의 핵심은 본 피고인의 행동 자체가 아니라 본 피고인이 상대했던 사람들이 북한 사람들이었다는 사실에 있습니다. ……예, 그렇습니다. 저는 분명히 여러분이 악마로 생각하는 북한 사람들을 만나기 위해서 1955년 사선을 넘어 평양에 갔던 사람이고, 또 1990년 2월 이후 평양에서 온 그들을 상대로 회합·통신 등의 행동을 한 것이 사실입니다. 여기서 문제는 검사님이나 판사님, 그리고 우리 사회 많은 사람들과 제가 관점을 달리하는 사실이 한 가지 있다는 점입니다. 그것은, 즉 저는 북한 사람들을 악마로 대하는 것에 동의하지 않으며 그들을 우리와 똑같은 동포 형제로 대했다는 사실입니다.

1993년 2월 22일, 간첩죄와 국가보안법 위반죄로 김낙중에게 무기징역이 선고되었다. 김대중 정부가 들어선 1998년, 김낙중은 8·15 특사에 포함되어 형집행정지로 가석방되었지만, "현재도 여전히 '무기수'이며, 투표권도 없고, 해외여권도 나오지 않는 부자유한 신분의 소유자다."[42]

분단체제에서의 자유와 책임

김낙중은 자신에게 자유란 "자기 운명의 주인이 되는 것"이라 했다.[43] 과연 그는 그 자유를 얻었던 것일까? 그의 자유는 북에서도 남에서도, 남 체제에 의해 북 체제에 의해 거듭 꺾였다. 그러나 그렇듯 거듭 좌절해도 결코 굴하지 않고 '자기 운명의 주인이 되는 것'을 포기하지 않는 것을 자유라고 한다면 과연 김낙중은 자기 방식의 자유인이라 할 수 있다. 이렇게 보면 이명준은 김낙중 식의 자유를 차라리 포기했다. 포기를 통해 이명준 식의 자유를 실현했던 셈이다. 그러나 이명준과 김낙중의 두 자유는 일반화하고 권장할 만한 차원의 긍정적 의미의 자유가 되기 어렵다. 이명준의 자유는 포기의 자유일 뿐이고, 김낙중의 자유는 현실의 벽에 부딪치는 자유, 부딪치고 부서져도 포기하지 않고 반복하는 패배의 자유일 뿐이다.

우리는 소설 속 이명준에게 비겁하게 죽지 말고 살아남아 현실 속에서 무엇이든 이뤄 나가라고 요구할 수 있을까? 어려울 것이다. 그러나 작품이 아닌 현실에서 찾을 수 있는 그와 흡사한 살아있는 플롯이 있다면 바로 김낙중이 그에 가까운 모델이었다. 캐릭터는 다르지만 "보람을 느끼며 살 수 있는 광장"을 열정적으로 추구했다는 점에서 양자는 같다. 이명준이 결국 포기한 반면 김낙중은 이 길을 평생 추구했다.

그의 '자유' 추구 방식은 특이했다. 현실이 그어놓은 남과 북의 경계를 인정하지 않았다. 현실의 남북에는 경계가 있지만 그의 소망(所望) 속의 남북에는 경계가 없다. 그 소망 속의 자유를 그는 평생 포기하지 않았다. 그 결과 그 자신 그리고 그의 가족은 혹독한 고통의 대가를 치렀다. 그 고통의 크기는 일반인은 쉽게 상상하기조차 어려운 것이었다. 남(南)의 체제는 자신의 정권안보를 위해 필요할 때마다 김낙중의 이상과 소망을 거꾸로 이용했다. 북(北) 역시 다를 바 없었다. 1955년 입북했을 때도, 그리고 1990년 서울의 그를 찾아 고위 공작원을 보냈을 때도 북은 자기 체제를 위해 김낙중을 이용했을 뿐이다.

김낙중 자신도 이를 모르지 않았다. 스스로 "평화통일이 절실한 사람들에게는 힘이 없고, 힘을 가진 사람들에게는 평화통일보다 자기 지위나 정권의 유지가 더 소중하다는 현실"을 말한다.[44] 그렇게 잘 알고 있음에도 그는 번번이 현실에 걸려 넘어진다. 20대 젊은 시절 휴전선을 넘어 입북했던 것은 젊은 이상주의와 열정 탓이었다 하자. 30대, 40대의 고난 역시 순전히 분단 독재권력의 야만과 탐욕의 소산일 뿐이었다 하자. 그러나 수많은 고난을 겪은 60대가 되어서도 남과 북 사이에 아직 엄연히 존재하는 현실의 경계를 수용하지 않고 또다시 그의 관념, 소망 속에서 그 경계를 지워버렸다는 사실, 그로 인해 이번에는 '조작'이 아닌 실제 간첩사건에 엮여 든 사실을 어떻게 보아야 할까?

그의 자유, 어떤 억압이 와도 '자기 운명의 주인'이 되는 시도를 그만두지 않겠다는 그의 자유는 어쨌거나 그의 뜻대로 행사하였다 하더라도, 그로 인해 야기되었던 결과에 대한 책임까지도 그는 감당할 수 있었을까? 가족과 주변의 오랜 친구와 동지들이 감내해야 했던 고통은 여기서 논외로 치더라도 과연 김낙중 식의 '자유' 행사는 그가 원했던 남북 화해와 공존, 그리고 통일에 기여했는가? 그의 사상과 실천에 감명을 받은 이들도 많고 그의 선구적인 공동체 통일론에 영감을 받은 이들도 적지 않을 것이다. 그러나 현실의 흐름을 결과적으로 보면 그의 행동은 그의 의도와 반대되는 쪽, 분단체제의 구속력을 오히려 강화시키는 쪽으로 이용되고 말았다.[45] 특히 노태우 정부 시기 현실로 진행되던 남북 화해 흐름을 거꾸로 돌이켜 보려는 세력에게 김낙중의 행동이 역용의 빌미를 주었던 것은 결코 가볍게 볼 수 없는 사실이다.

북 역시 '연방제 통일'이라는 자신의 통일정책을 충실히 대행해줄 남측의 정치 세력을 만들기 위해 김낙중이라는 한 개인을 이용했다. 그들이 그를 접촉하고 거액의 돈을 전달했을 때, 그런 방식의 '대남사업'이 김낙중 개인에게 얼마만큼의 위험부담을 주는 일인지 결코 모르지 않았을 것이다. 그럼에도 그들은 김낙중의 젊은 시절부터의 순수한 이상주의와 사람됨을 믿고, 그를 시험했다. 그리고 남북의 경계 자체를 인정하지 않았던 그의 관념 세계, 소망 체계는 여지없이 다시 한번 그를 시험에 들게 했다. 그의 말대로 북한 사람을 악마로 보는 것은 잘못되었다. 그러나 남과 북을 서로 악마시하는 세력이 남과 북의 체제의 뇌수와 근간을 이루고 있다는 현실 역시 분명한 사실이었다. 그 현실을 그의 관념·소망 속에서 지워버리고 '악마가 아닌 사람과 만난' 그의 '순수한' 행위는 역으로 '사람이 아니라 악마로 그들을 보아야 한다'는 분단체제의 정언명령을 오히려 강화시키는 데 맞춤형으로 이용되고 말았다.

이명준과 김낙중, 이 두 사람의 자유에는 불행하게도 현실의 기반이 없었다. 두 사람 모두 늘 분단을 부정하고 극복한다. 그러나 관념 속에서만 이루어지는 부정이요 극복일 수밖에 없었다. 둘 모두 자유의지에 따라 분단선을 넘는다. 그러나 우선 이명준은 남에서도 북에서도 그가 찾는 "보람을 느끼며 살 수 있는 광장"을 찾을 수 없었다. 중립국행과 자살이 그의 자유의 마지막 선택이었다. 그렇지만 이명준에 대한 평결은 여기서 마침표를 찍을 수 없다. 『광장』과 이명준의 문학사적 위치에 대해 조금 더 숙고할 필요가 있다. 이명준이라는 캐릭터가 한국 문학에 등장할 수 있었다는 사실 자체가 놀라운 '사건'이 되었던 그 시대, 바로 그러한 '사건'을 가능하게 했던 시간적 배경을 함께 읽어야 할 것이다. 1960년이라는 해, 그리고 4 · 19라는 사건이었다. 『광장』이라는 소설이 분단체제에서 최초로 열렸던 4 · 19라고 하는 '자유의 공간'에서야 비로소 출현할 수 있었다는 사실에 주목해야 한다. 그러한 의미에서 이명준이라는 캐릭터 자체, 『광장』의 이미지 자체가 '분단체제에서 최초로 출현한 자유'를 상징한다고 말할 수 있겠다. 그러나 그 자유의 틈새는 아직 좁았고 연약했던 듯하다. 그래서 결국 이명준은 중립국행의 배 위에서 바다에 몸을 던질 수밖에 없었다. 그렇다면 그의 투신자살은 이명준이라는 캐릭터의 죽음이 아니라, 분단체제에서 피어난 아직 연약한 자유의 싹의 운명을 예견한 것이라고 보아야 하지 않을까.

김낙중에게도 그 자신의 '소망 체계 안에서의 자유'가 아닌 '현실에서의 자유의 기반'은 너무나 취약했다. 분단체제의 강박은 남북 모두에서 세월이 흐를수록 더욱 강고해졌다. 그런 분단체제를 살아야 했던 그의 삶에서도 현실에서의 자유의 기반이 크게 열렸던 때가 있었다. 첫 번째는 4 · 19였고, 두 번째는 1987년의 민주화대투쟁이었다. 87년이 열어놓은 자유는 60년보다 크고 넓고 강했다. 87년 대선에서 야권의 어리석은 분열로 그 에너지의 태반이 초반부터 분산 · 유실되었음에도 민주화의 큰 흐름은 여전히 도도했다. 어부지리로 출범했던 노태우 정부 역시 이 대세를 의식하여 북방정책과 남북화해정책을 펼 수밖에 없었다.

김낙중은 이렇듯 열린 87년 이후 '현실의 자유'의 기반 위에서 그의 생에서 아마도 가장 빛났을 몇 해를 보냈다. 그의 평생에 걸친 '평화통일'의 구상이 비로소 현실 속에서 작동하기 시작하는 것처럼 보였다. 김낙중은 노태우 정부의 남북화해정책을 88년 〈7 · 7 선언〉에서부터 91년 남북 유엔 동시가입과 92년 〈남북기본합의서〉 효력 발생에 이르기까지 줄곧 적극적으로 평가하였다. 이는 당시 재야와 학생운동권의 태도와는 매우 다른 것이었다. 당시 재야와 학생운동권은 노태우 정부의 출범 자체를 인정하지 않는 분위기가 강했다. 노태우 정부의 남북화해정책 역시 신뢰하지 않았기에 정부의 '불순한' 남북 대화 '독점'을 운동권이 앞장서 깨뜨려야 한다는 흐름이 형성되었다. 89년의 문익환 목사, 임수경 양의 실정법을 넘어서는 '불법 방북'은 이러한 흐름의 운동론에서 나온 필연적 산물이었다.[46] 여기서 주목할 점은, 분단의 벽 자체를 인정하지 않겠다는 이러한 지향은 남북의 경계를 초월해 있는 김낙중의 소망적 자유와 상통하는 바 있었다는 사실이다. 그렇기에 한편으로 노태우 정부의 남북화해정책을 적극적으로 평가하면서도, 동시에 당시 재야 학생운동권이 추진하던 남북 직접 접촉의 운동방식에 대해서도 깊이 공감하고 있었다.[47]

이렇듯 '실정법을 뛰어넘는 남북 직접 접촉'의 흐름이 재야 운동권의 주류를 이루게 되었다는 사실이 1990년 초 북쪽 사람이 은밀히 그를 찾아왔을 때 그의 판단과 대응에 영향을 주었을 수 있다. 그의 오랜 고난의 경험과 거기서 쌓인 지혜가 노태우 정부의 남북화해정책을 편향 없이 사실 그대로 이해할 수 있도록 했다면, 그의 원형적 분단초월의식은 1988~1989년 남북 직통의 통일운동 열기에 의해 다시금 격발되었고, 그 격발에 의해 그의 관념 세계 속에서 현실의 남북 경계는 또다시 지워졌던 것이 아닐까? 어떤 이유에서든 그는 1990년 이래 2년간 북에서 보낸 대남사업 고위간부를 마치 남북의 현실적 경계가 존재하지 않는 것처럼 자유롭게 만났다. 그리고 그로 인해 다시 한번 '간첩사건'에, 그것도 이번에는 결코 조작되었다고 항변하기 어려운 방식으로 연루되고 말았다.

끝내 꽃피우지 못했다는 점에서 87년 공간 속의 김낙중과 60년 공간 속의 이명준은 동형(同型)이다. 철옹성 같았던 분단체제에 자유의 파열구가 열리는 순간을 맞이했으나 결국 그 안에서 자유의 꽃을 피우지 못했다. 분단체제는 여전히 강고했다고 하겠다. 그러나 이제 대한민국은 4·19와 87년에 이어 세 번째 자유의 시간을 맞이했다. 2016~2017년의 촛불혁명이다. 이 촛불혁명은 여전히 진행 중이다. 대립과 적대의 분단체제가 공존과 평화의 새로운 체제로 전환하는 순간까지 촛불이 지속될 때, 촛불혁명은 비로소 성공했다고 자신의 소임을 비로소 완수했다고 말할 수 있을 것이다.

이명준은 사랑과 생명을, 김낙중은 평화와 통일을 꿈꾸었다. 그러나 남북의 분단체제는 이들의 꿈을 가혹하게 짓밟았다. 분단체제란 분단의 대상을 '법 밖'으로 내모는 '호모 사케르(Homo Sacer)'의 체제다. '호모 사케르'란 '죽여도 처벌받지 않는 자'를 뜻한다.[48] 휴전선 저쪽에, 그리고 이쪽 내부에도 호모 사케르가 존재하는 체제, 아니, 호모 사케르를 만듦으로써 작동하는 체제, 따라서 호모 사케르를 만들어야만 하는 체제다. 독일 법학자 카를 슈미트(Carl Schmitt)의 언어로는 '법 밖의 예외(exception)'를 결정하는 절대적 힘을 가진 권력, '예외주권'이다.[49]

남에는 북이, 북에선 남이 '법 밖'에 존재하는 예외의 대상, 호모 사케르다. 예외주권은 자신의 주권 영역 안에 '법 밖'의 결정선을 그어놓고 그 선을 넘어섰다고 결정한 자는 누구든 '죽여도 처벌받지 않는 자', '호모 사케르'로 선포한다.

따라서 이명준의 아버지가, 그리고 그를 이어 월북한 이명준이 바로 호모 사케르다. 휴전선을 넘은 김낙중 역시 호모 사케르다. 남에서도 북에서도 그는 '법 밖의 예외' 취급을 받았다. 그리하여 북에서 한 번, 남에서 네 번 '간첩'이 되었다. 간첩은 분단체제에서의 호모 사케르를 칭하는 말이다. '미제 간첩', '남조선 간첩', 그리고 '북한 간첩'. 그래서 도합 18년을 감옥에 갇혀야 했다.

분단체제는 '적'을 먹고 사는 체제다. 적이 존재해야만 분단체제는 존속하고 강해진다. 그 적은 전쟁을 통해 남과 북에 각각 확고하게 정립됐다. 남과 북은 각각 서로에게 확실한 적, 악마가 되어야 남북의 분단체제는 힘과 생명을 얻는다. 남북의 분단체제는 각각 서로의 내부에서도 끊임없이 내부의 적=간첩=호모 사케르를 색출한다. 예외를 결정하는 법 밖의 법은 색출된 '예외분자=불순분자'들의 적성(敵性)의 정도에 따라 형량을 설정한다. 이렇게 적발한 '빨갱이', '미제 – 남조선 간첩'들은 국민대중·인민대중의 공포와 두려움, 경각심을 한껏 끌어올린다. 이렇게 위축된 대중심리는 분단체제의 결속력, 구심력의 핵심 장력(張力)이 된다.

분단체제에서 이명준과 김낙중의 자유는 설 곳이 없었다. 오직 현실 너머 그들의 소망의 터에 그들의 자유를 풀어줄 만큼의 자유를 가질 뿐이었다. 그러한 자유조차 허용하지 않으려는 또 다른 자유가 있었다. 분단체제는 예외를 결정할 수 있는 힘을 항시화한 국가권력체제라 했다. 바로 비상국가체제(emergency state system)다. 누구를, 어느 세력을 '법 밖'으로 '결정'하여 호모 사케르로 호명할 수 있는 것 역시 자유다. 그것도 절대적 자유, 무제한적 자유다. 그 자유는 이명준과 김낙중의 꿈속까지도 검열하고 수색할 수 있는 자유다. 그렇기에 분단체제의 자유와 이명준·김낙중의 자유, 이 두 개의 자유는 결단코 병존할 수 없다. 분단체제가 존속하는 한, 이명준과 김낙중의 자유는 영원히 패배하는 자유, 패배할 자유일 수밖에 없으며, 오직 그들의 꿈, 소망 속에서만, 이명준의 말에 따르면 '자신만의 밀실' 안에서만, 그것도 매우 위태롭게 숨쉴 수 있는 자유였다.

코리아의 분단체제는 이미 해방 직후 싹이 뿌려졌고 1950~1953년의 전쟁을 통해 순식간에 성체(成體)가 되었다. 이후 어언 70여 년이다. 해방 이후 38선이 그어졌을 때 그 어느 누구도 그토록 인위적인 분단선이 이토록 오래 가리라고 생각하지 못했다. 무엇이 이 분단체제를 이렇듯 장수하게 하였을까. 그 시작이 미소 냉전 때문이었다면 미소 냉전이 종식된 후에도 30여 년이나 분단체제가 지속된 이유가 무엇일까. 분단체제의 특이한 자기생산 메커니즘에 주목하지 않을 수 없다. 분단체제의 생명은 남북 체제 안팎에 적을 생산함으로써 유지된다. 70여 년간 남북의 분단체제는 적의 존재와 생산을 항구화시키는 데 성공했다. 분단체제는 자기부정을 통해 자기를 유지한다. 분단체제는 늘 분단극복=통일을 부르짖는다. 그리고 그 분단극복=통일의 분투를 통해 분단체제는 지속된다. 그러니 분단체제란 분단의 부정, 즉 자기부정을 통해 자기를 재생산하는 괴이한 자기생산체제다.

자기부정을 통한 자기생산이란 무엇인가. 먼저 분단체제가 공식적으로 표방하는 체제의 목적이 '분단의 극복'이다. 남북의 분단 권력 모두 분단을 부정하고 자기 중심의 통일, 즉 분단의 극복을 주창해왔다. 이렇듯 분단체제의 양측이 분단을 부정하고 통일을 부르짖을수록 서로에 대한 적대와 대결의 힘은 더욱 팽팽하게 당겨진다. 이것만이 아니다. 분단체제의 기득 권력을 비판하고 맞서는 힘 역시 '분단극복'을 표방한다. 그러나 분단체제의 기득 권력은 '분단체제극복'을 부르짖는 비판 세력을 기다렸다는 듯이 체제비판 세력, 내부의 적, 예외, 호모 사케르로 호명하고 잡아들인다. 자신이 내세우는 통일이 아닌 모든 통일은 적이 주장하는 통일, 적과 내통한 통일일 것이기 때문이다. 그리하여 김낙중의 반복된 사례에서 보았듯 기획하고 조작하여 거대한 간첩사건, 체제전복사건, 내란선동사건으로 생산해낸다.

분단체제란 이렇듯 강고하고 교묘한 자기생산체제다. 과연 이렇듯 교묘하고 지독한 '마의 순환고리'를 벗어날 길이 있는가. 4·19도, 87년 민주화대투쟁도, 결국 분단체제의 작동논리에 야금야금 말려들어가 결국 다시금 강압적인 대결체제로 회귀하지 않았던가. 김낙중의 운명이 말해주듯 그의 분단극복의 선한 의지는 번번이 차가운 감옥 안의 장기수, 무기수 신세로 끝맺음되지 않았던가. 과연 2016~2017년의 촛불혁명조차 그러한 전철을 다시 밟지 않으리라는 보장이 있는가.

분단체제 벗어나기: 양국체제를 발상하다

김낙중은 김대중 정부 시기인 1998년 형집행정지로 가석방되었다. 그이후 그의 생각은 어떻게 전개되었을까. 분단체제를 벗어나는 길을 그에게 물을 수 있을까. 분단체제를 누구보다 아파했고 분단체제로 인해 누구보다 큰 형극의 길을 걸어야 했기에 답을 구할 수만 있다면 누구보다 자격이 있을 것이다. 특히 궁금한 것은 1993년의 충격적인 '간첩사건' 이후의 김낙중의 생각이다. 과연 그는 이 일을 겪으면서 어떤 생각을 했을까. 어떤 생각의 변화가 있었을까. 1998년 가석방 이후 그가 출간한 책 한 권과 인터뷰를 찾을 수 있었다. 2014년의 한 인터뷰에서 그는 다음과 같이 말했다.

> 사람들이 나더러 '통일운동가'라고 한다. 그러나 나는 통일운동가 이전에 평화주의자다. 통일보다 우선 평화가 중요하다. 자기가 싫어하는 원수를 전부 없애고 먼저 통일을 하는 게 중요한 것이 아니다. 단순히 하나가 되는 게 중요한 게 아니라 더불어 사는 게 중요한 것이다.[50]

사실이다. 김낙중은 1954년 탐루 시위 때 통일운동가 이전에 평화주의자로서 그의 편력을 시작했다. 그러나 1955년 자신의 통일안을 가지고 임진강을 넘었을 때부터 그가 확고한 통일운동가였던 것도 사실이다. 그에게 평화와 통일은 구분되지 않는 하나였다. 그러나 노년의 그는 이제 "통일보다 평화가 우선"이라고 강조하고, '하나 되기(통일)'가 아니라 '더불어 살기(공존)'가 중요하다고 했다. 결국 '평화와 공존이 통일에 우선한다.'

필자는 이 발언을 그가 분단체제를 벗어나기 위한 큰 원칙을 제시한 것으로 풀이해본다. 그러나 원칙만이라면 아직 추상적이다. 그의 과거의 주장과 어떤 점에서 다른지도 아직 뚜렷하지 않다. 그러한 원칙을 현실 속에서 구체화시키는 방법으로 그가 새롭게 제시했던 것은 무엇일까? 필자는 그 단서를 그가 2000년 〈6 · 15 남북공동선언〉 직후에 그가 쓴 글 「8 · 15 55주년과 '남북공동선언'」(이하 「55주년」)에서 찾을 수 있었다. 이 글은 아마도 글 쓴 당시에 발표되지 않았던 듯하다. '간첩'으로 낙인찍힌 그의 글을 실어줄 지면을 찾기도 어려웠을 것이다. 이 글은 2013년에서야 그가 가석방된 이후 홀로 써왔던 다른 글들과 함께 묶여 『인류문명사의 전환을 위하여』라는 제목으로 출판되었다. 그러나 이 책은 그동안 주목받지 못하고 잊혀진 책이었다.

이 책 머리말에서 김낙중은 이 책에 실린 글들이 "세상에 남기는 저의 '유서'"라고 쓰고 있다. 과연 2000년에 김낙중은 역사적인 〈6 · 15 남북공동선언〉에 대해 어떠한 생각을 남겼을까? 아래는 필자가 이 글에서 주목한 부분이다. 한 구절 한 구절이 매우 놀랍고 날카롭다. 인용할 부분이 다소 길지만, 충분히 그럴 가치가 있다.

> 이번 '남북공동선언'은 그 역사적 의의가 매우 큰 것임에도 불구하고, 반드시 해결하지 않으면 안 될 몇 가지 중요한 문제점을 안고 있습니다. …… 이번 '남북공동선언'은 남과 북이 서로를 국가적 실체로 인정하는 문제에 관해서 아직도 충분한 결론을 도출하지 못했습니다. …… 그동안 남북 쌍방은 서로를 '국가'로 인정하기를 거부하여 왔습니다. …… 남측 평화통일 방안인 '연합제 안'이나, 북측의 평화통일 방안인 '낮은 단계의 연방제 안'이라는 것은 모두 남과 북이 상대방의 국가적 실체를 인정하고 존중하는 것을 전제로 성립할 수 있는 것입니다. 그런데 이번 '남북공동선언'은 남북 쌍방이 서로의 평화통일 방안에 "공통점이 있다고 인정하고, 앞으로 이 방향에서 통일을 지향시켜 나

가자"고 선언했습니다. 그렇지만, 이 '남북공동선언'은 서로를 국가적 실체로 인정하는 문제에 관해서는 일절 언급을 회피하고 있습니다.

1992년 성립한 〈남북기본합의서〉에서도 남과 북은 대한민국과 조선민주주의인민공화국을 대표해서 쌍방의 총리들이 서명하고, 쌍방 국가 원수가 비준한 비준서를 상호 교환했습니다. 그럼에도 불구하고, 쌍방은 상호 간의 국가적 실체를 인정하는 일을 피하기 위하여 남북관계를 "쌍방 사이의 관계는 나라와 나라 사이의 관계가 아니라, 통일을 지향하는 과정에서 잠정적으로 형성되는 특수관계"라고 표현했었습니다. 그러나 이것은 우리가 '나라'를 '민족국가'로 이해했고, Corea반도에 두 개의 '민족국가'를 인정하는 것은 분단 현실을 영구히 인정하는 것이 된다는 생각을 갖고 있기 때문입니다. 그렇지만, 이는 근대 nation-state라는 '국가'는 '민족국가'가 아닌, 단순한 '국민국가'를 의미할 수도 있다는 사실을 간과한 것이었습니다. …… 탈냉전의 오늘날, 세계의 많은 국가들은 남북 쌍방과 동시 수교의 관계를 맺게 되었으며, 남북 쌍방이 함께 '국가만이 회원 자격을 가지는', '국제연합' 회원국으로 동시 가입하게 되었다는 현실에서 볼 때, 재고되지 않을 수 없는 문제인 것입니다. '대한민국'이나 '조선민주주의인민공화국'이 비록 전체 Corean의 '민족국가'는 아니지만, 각기 하나의 독립된 '국민국가'임을 인정하지 않으려 하는 것은 비현실적 명분론 또는 교조주의적 관념론에 매인 결과일 뿐입니다.[51]

김낙중은 이 글에서 6·15 공동선언이 큰 성과를 이룬 것이긴 하지만, 중요한 점에서 아직 "비현실적 명분론 또는 교조주의적 관념론"에 붙잡혀 과거와 결별하지 못하고 있다고 지적한다. 그 과거란 앞 절에서 정리해본 분단체제의 시대가 될 것이고, "비현실적 명분론 또는 교조주의적 관념론"이란 분단체제적 사고방식과 심리가 되겠다. 이제 김낙중은 그러한 분단체제의 타성을 돌파하는 핵심이 남북이 '국가'로서 서로 인정하는 데 있다고 지적하고 있다. 남북이 합의한 평화통일방안('국가연합'과 '낮은 단계의 연방제')도 "서로를 국가적 실체로 인정"한다는 것을 전제하지 않으면 실제적인 의미가 없다고 하였다.

나는 이 대목을 2018년 가을에야 읽게 되었다. 그동안 필자가 피력해온 양국체제론과 너무나 흡사한 생각이어서 놀라지 않을 수 없었다. 필자보다 15~16년 전에 이미 김낙중 선생은 양국체제론의 핵심적 발상을 내놓고 있었다. 이 글을 조금이라도 더 일찍 알았더라면 얼마나 많은 생각의 방황과 시행착오를 줄일 수 있었을 것인가! 인용한 위 글에서 김낙중의 언급들은 분단체제 작동논리의 핵심을 꿰뚫고 있다. 실로 "남북 쌍방이 서로를 '국가'로 인정하기를 거부"하는 것이 바로 분단체제 작동의 원동력이라고 할 수 있기 때문이다. 상대방을 국가로 인정하지 않았기 때문에 전쟁을 했고, 전쟁을 통해 서로 상대방을 이기지 못했지만 그럼에도 상대방을 국가로 인정하기 싫었기 때문에 그 전쟁을 종전(終戰)과 평화로 끝마치지 못했고, 오늘날까지도 전쟁도 평화도 아닌 정전(停戰)과 휴전 상태에서 대립과 적대를 계속해왔다. 그것이 분단체제였다.

김낙중은 '두 개의 국가를 인정하면 분단 현실을 영구히 인정하는 것이 된다는 생각'도 현실을 직시하지 못한 데서 오는 낡은 사고방식이라고 단호하게 지적하고 있다. 한 민족이 두 개의 국민국가를 이룰 수 있는 것이고, 남북의 현재의 실재가 그러하다고 말한다. 매우 중요하고 용기 있는 발언이다. 오랫동안 '분단 영구화' 또는 '분단 고착화'라는 말은 일종의 금기어, 터부였다. 주홍글씨보다 결코 덜하지 않는 무서운 낙인이었기 때문에 누구나 그 딱지가 자기에게 붙여질까 봐 두려워했다. 그러나 바로 그러한 터부 의식이 남북의 두 국가가 실재하고 있는 현실을 두 눈을 뜨고도 보지 않는, 보지 않으려 하는 일종의 의식의 공백 지대를 만들어왔던 것은 아닐까. 분단체제의 심리구조, 억눌린 무의식이 만들어낸 맹점지대 아닌가. 김낙중은 그렇게 묻는 것 같다. 바로 '코리안 블라인드(Korean blind)'다.

이러한 심리는 분단체제의 기득권 진영에서만 나오는 것이 아니다. 앞 절에서 말했듯 분단체제 비판론·극복론 진영에서 오히려 더욱 강하다고 할 수 있다. '한 민족인데 어떻게 두 나라가 될 수 있는가', '민족 분단의 비원을 반드시 통일로 풀어야 한다'는 식의 정서적 접근이 기득권 측보다 더욱 강하기 때문이다. 그러나 이제 김낙중은 거꾸로 두 개의 국가를 인정하지 않으려 하니까 분단 현실이 오히려 영구화되고 있지 않는가를 묻는다. 평생을 통일운동에 헌신하였던 김낙중의 주장이기 때문에 더욱 의미심장하다.

이러한 과감한 주장은 그동안 소망의 영역에 머물러 있었던 그의 '자유'가 이제 현실의 영토에 자리 잡아가고 있음을 보여주는 것 아닐까. 과거 그의 자유는 남북의 경계라는 현실의 벽을 자유로이 넘어서는 자신만의 초월적 자유였다 할 수 있다. 그러한 초월적 자유의지로 군사분계선을 넘어 임진강을 건널 수 있었고, 북에서 보낸 비밀 공작원을 만날 수 있었다. 두 나라를 가르는 현실의 경계나 법이 그의 높은 자유의 세계에서는 구속 요인이 될 수 없었기 때문이다. 그러나 2000년 6·15 선언 직후에 쓴 이 글에서의 김낙중은 이제 분명히 과거와 다르다. 나만의 비상한 초월적 자유가 아니라 객관적으로 실재하는 엄연한 현실을 말한다. 남북이 각자 독립된 국가적 실체임을 상호 인정하는 것이 먼저라고 오히려 강조하고 있다. 그러한 구별과 상호 인정이 전제되어야 비로소 현실에 근거한 실제적 자유가 가능하다고 주장하는 듯하다. 두 국가의 상호 불인정 때문에 누구보다 큰 고통을 겪어온 그였기 때문에 그 고통만큼의 큰 무게를 가지고 감연히 지적할 수 있었던 요점이었을 것이다. 그가 노년의 여윈 손가락을 들어 가리킨 이 한 점의 지적에 그의 신산했던 온 삶의 무게가 걸려 있는 듯하다.

과거 25세의 청년으로 그가 구상했던 '통일독립청년 고려공동체 수립안'에 비해 보아도 강조점의 이동이 분명히 느껴진다. 과거 '수립안'에서 초점은 단연코 '청년고려공동체' 수립에 있었다. 분단의 현실을 당장 넘어서는 '초국가통일기구'의 수립이 우선이고 중심이었다. 그동안 그의 '초월적 자유'란 바로 이 상상의 통일 공동체의 일원으로서의 자유였던 셈이다. 그러나 그는 이제 6·15 선언에서 남북이 합의한 (그리고 청년 시절 그가 강조했던 '고려공동체' 구상과 친화성이 있는) '국가연합'이나 '낮은 단계의 연방제'보다 그 전제가 되어야 할 남북의 '국가로서의 상호 인정'이 더욱 중요하다고 강조하고 있다. 이 전제가 해결되지 않으면 연합이든 연방이든 양측 사이의 어떤 통일 또는 준통일 기구에 대한 논의도 실효를 갖지 못한다는 것이다.

김낙중의 '국가로서의 상호 인정' 주장은 단지 이론이 아니라 현실의 변화에 발맞춘 발언이기 때문에 더욱 호소력이 있다. 위 글에서 그는 6·15 선언의 문제가 1991년에 합의되고 1992년 성립된 〈남북기본합의서〉에서도 그대로 나타났었다고 지적했다. 〈남북기본합의서〉는 남북 유엔 동시가입 직후에 합의 · 성립된 것으로 이 둘은 같은 시기에 이루어진 한 짝이라 할 수 있다. 남(ROK)과 북(DPRK)은 1991년 9월 유엔 동시가입으로 각각 유엔 회원국이 되었다. 이로써 국제법상 두 개의 국가가 된 것이다. 양국체제의 현실적 가능성이 분단 이후 처음으로 열렸던, 실로 역사적 순간이었다. 미소 냉전 종식 이후의 세계상황의 반영이었다. 미소 냉전이 강고했을 때는 '국제법상 두 개의 국가'를 말하기 어려웠다. 미국 편은 한국(ROK)과만 수교하고, 소련 편은 조선(DPRK)과만 수교하던 상황이었다. 당시에도 이미 두 개의 국가이기는 하되, 세계의 공인을 받았다고 할 수 없었다. 전 세계가 미 · 소로 나뉘어 세계내전을 벌이고 있던 상황이었기 때문이다. 그러나 유엔 동시가입 이후 이러한 냉전의 벽이 무너지고, 세계내전의 불길이 꺼져 코리아 양국과 동시 수교하는 나라들이 급속히 증가했다. 2018년 현재 남북 코리아와 동시 수교하고 있는 국가는 157개국이다. 세계가 두 개의 코리아를 각각 독립된 정상국가로 인정하고 동시에 수교하고 있는 것이다. 이런 상황임에도 막상 당사자인 남북 두 나라는 아직도 서로를 국가로 인정하지 않고 있다. 여전히 '코리안 블라인드'를 벗어나지 못하고 있는 것이다.

그 이유를 김낙중은 날카롭게 꿰뚫어 보았다. 겉으로는 '두 개의 국가를 인정하면 분단 현실을 영구히 인정하는 것이 된다'고 그럴듯한 명분을 내세우지만, 속으로는 남북 대화의 당사자들부터 여전히 분단체제의 논리와 심리를 벗어나지 못하고 있음을 보여준다고 했다. 분단과 전쟁 이후 남북의 정상이 최초로 만났던 역사적인 6 · 15 회담으로부터 불과 두 달 후에 쓴 글이다. 코리아 남북만 아니라 세계여론도 흥분하고 찬양했던 이벤트였다. 그러나 그 시점에서 김낙중은 높게 평가하고 온 마음으로 축하하면서도 동시에 정상회담의 두 당사자, 남북의 두 지도자들에 대해 정곡을 찌르는 쓴소리를 마다하지 않고 있다. 두 지도자만이 아니라 남북의 통일문제, 남북문제의 핵심 정책입안자들, 전략가들을 향한 쓴소리이기도 했다. 누구보다 이 역사적 정상회담이 기뻤을 그였다. 그의 삶 자체가 누구보다 기뻐할 자격과 이유였다. 그러나 동시에 바로 그러한 김낙중이었기에, 그 역사적 정상회담의 성과와 함께 결정적 한계를 기탄없이 지적하고 비판할 수 있었던 것이다.

과거 독재 시절, 김낙중은 분단체제의 벽에 온몸을 던지고, 부딪쳐 쓰러지고 실패함으로써만, 그의 자유혼을 밝힐 수 있었다. 그러나 이제 그의 자유혼은 평생의 신산(辛酸)을 겪은 노년에 이르러 과거와는 또 다른 날카로운 직관을 보여주었다. 분단체제의 철옹성과 같았던 논리와 심리의 빈 지점, 공백 지대를 누구보다 날카롭게 간파했다. 그의 이 날카로움은 이제 그의 자유가 새로운 현실 속에서 단단한 근거를 확보해가고 있었음을, 현실 속에서 현실과 함께 자유의 영역을 넓혀가려는 새로운 인식지평을 열어가고 있었음을 보여준다.

그동안 일종의 구두선(口頭禪)으로서, 통일을 내세운 막연한 당위나 일반론으로서, 남과 북 쌍방이 서로를 인정해야 한다는 주장은 북에서나 남에서나 아주 많았다. 김낙중이 청년 시절 구상했던 '수립안' 역시 그러한 예의 하나였다. 1972년의 〈7·4 남북공동성명〉 이후 여러 차례 이루어진 남북 간의 공동성명들도 모두 이러한 취지의 일반론을 반복해왔다고 할 수 있다. 그러나 '한쪽으로는 서로를 인정한다고 하면서, 다른 한편으로는 서로를 국가로서 인정하는 것을 회피해온 괴리'를 날카롭게 지적하고 명시적으로 비판한 것은, 필자가 알기로, 김낙중의 위 글이 처음이 아닌가 생각한다.

1991년의 〈남북기본합의서〉에는 이러한 괴리가 전문과 제1조의 불일치로 나타났다. 전문에는 남북 쌍방의 관계가 "나라와 나라 사이의 관계가 아니라, 통일을 지향하는 과정에서 잠정적으로 형성되는 특수관계"라 하였고, 제1조는 "남과 북은 서로 상대방의 체제를 인정하고 존중한다"고 하였다. 서로의 체제를 인정하고 존중한다고 하면서, 나라 대 나라로 인정하지는 않는다는 것이다. 그 이유를 쌍방이 "통일을 지향하는 잠정적 특수관계"를 이루고 있다는 데 두었다. 겉으로는 "통일 지향"이라는 아름다운 명분을 내세우지만 뒷면에는 서로를 인정하기 싫어하는 곤혹스러운 불신과 적대의 실재가 있다. 이 실재를 '통일을 지향한다'는 멋진 포장으로 덮어두려 할수록 덮어진 실재의 곤혹스러움은 더해질 뿐이다.

6·15 선언은 2항에서 "남측의 연합제안과 북측의 낮은 단계의 연방제안이 서로 공통성이 있다고 인정하고 앞으로 이 방향에서 통일을 지향시켜 나가기로 하였다"고 했지만, 이후 연합제든 낮은 단계 연방제든 이를 구현하는 실제적 조치는 취해진 바 없었다. 남북 모두 그렇게 할 수가 없었다. 서로를 국가로 인정하지도 못하면서 '연합이냐 연방이냐'를 논하는 것은 순서가 뒤바뀐 것이었기 때문이다. 이어 노무현 정부에서 또 한 번의 정상회담이 있었지만 그때도 '국가로서 상호 인정하는 문제'는 역시 풀지 못했다.

이후 이명박, 박근혜 정부 시기에는 '민주정부' 시기에 이루었던 남북 화해의 성과가 모두 유실되고 말았다. 오히려 노태우 정부 이전의 강경한 적대관계로 회귀·퇴화했다고 할 수 있다. 이러한 곤혹스러운 사태 진전을 어떻게 보아야 할까? 김낙중의 지적은 매우 뼈아픈 진실을 말해주고 있다. 가장 기본적이고 핵심적인 문제, 즉 '남북이 국가로 상호 인정하는 문제'를 풀지 못한 채 그 위에 아무리 화려한 건축물을 쌓아봐야 그것은 바닷가 모래성에 불과하다는 것이다. 밀물이 들어오면 언제 그런 게 있었냐는 듯 깨끗이 쓸어가 버린다. 이명박·박근혜 두 정부의 경험이 그것을 너무나도 분명히 보여주었다.

누구보다 통일을 염원했던 김낙중이 통일로 가는 경로를 남북의 '국가로서의 상호 인정'에서 찾았다는 것은 일견 역설로 보일 수 있다. 그러나 남북 두 국가가 서로를 부정하고 위협하지 않는다는 확실한 보장과 신뢰 없이는 어떠한 통일도, 아니 진심에서 우러난 통일논의 자체부터가 애초에 불가능하다. 그러한 확실한 상호 보장과 신뢰는 그로 인해 남북 동포가 되찾게 될 자유의 전제이며 동시에 누리게 될 자유를 위해 떠안아야 할 책임이기도 하다. 평생을 통일에 헌신했고 그로 인해 누구보다 큰 고초를 겪었던 이가 삶의 노년기에 '국가로서 상호 인정'을 통일로 가는 길의 제1보로 강조하게 되었다는 사실을 결코 가볍게 보아서는 안 될 것이다.

코리아 양국체제에서의 자유와 책임

이제 분단 70년의 시간을 세계사적 차원에서 되돌아볼 때가 되었다. 자력이 아닌 미·소 연합의 힘으로 일본을 몰아낸 이상 코리아가 미국과 소련의 영향권을 벗어날 길은 없었다. 그런 상황에서 그나마 분단을 벗어날 수 있었던 아마도 유일한 방도는 전후 신탁통치를 받아들인 오스트리아형 통합방안이었을 것이다. 그러나 중국 내전이 격화되면서 코리아와 동아시아는 미소 냉전이 본격화하는 격발지가 되었고, 결국 코리아 남북은 국제 전쟁에 휘말리는 자충수를 벗어나지 못했다. 대략 1946년에 시작되어 1953년까지 줄기차게 끓어오른 코리아의 적대와 충돌은 이후 70년 남북의 지형을 결정지었다. 이후로도 남북은 적대와 대립을 벗어나지 못했다. 미소와 미중의 적대와 대립이 완강했을 때는 그런 이유가 단지 외부의 탓이라 볼 수 있었을지 모른다. 그러나 먼저 미중 간 적대와 대립이 해소되었을 때(미중 데탕트와 미중 수교)도, 이어 미소 냉전이 종식되었을 때도, 코리아의 적대와 대립은 해소되지 못했다. '코리아의 통일을 원하지 않는 주변 강국들의 탓' 그중 특히 '미국의 탓'으로만 돌리는 것은 오히려 문제의 본질을 회피하는 것이다. 코리아 내부가 적대와 대립을 해소할 확고한 의지와 방법을 세워 내놓지 못했다. 두 코리아가 서로를 국가로서 인정하지도 못하면서 연방과 연합을 주장해보아야 그것이 적대와 대립을 해소할 리 없었다. 오히려 격화시키는 소재로 역용될 수 있었다. 먼저 코리아 남북이 양국체제로 전환하여 전쟁 상태와 분단체제를 끝내야, 남북 상호 간의 의심과 대결의 소지를 없앨 수 있고, 이렇게 되어야 비로소 주변 강국들이 코리아의 적대적 대립을 이용하는 판을 바꿔갈 수 있다. 남북 두 국가 간의 연합도 연방도 그때서야 비로소 실제적인 방안을 찾아갈 수 있을 것이다.

김낙중은 70년 강고한 분단체제를 온몸으로 거부하며 살았고, 그 결과 남북 모두에서 수인(囚人)/호모 사케르의 삶을 벗어날 수 없었다. 이명준은 어떤가. 남북 모두를 포기하고 중립국행을, 그리고 자살을 선택했던 그는 남북 모두에 비판적이었던 1950~1960년대 지식인들의 심리 상태를 표상한다. 김낙중은 반대의 길을 걸으려 했다. 남북을 모두포기하는 길이 아닌 남북을 모두 인정하는 길이었다. 그러나 이번에는 반대로 남북 두 나라가 그를 비판하고 부정하고 버렸다. 그가 선택했던 '서로 인정하는 남북'이란 그의 관념 세계 속에서만 존재했을 뿐이었다. 따라서 남북의 전쟁 상태, 분단체제 속에서 허여된 자유와 책임이란 상대를 철저히 부정하고 말살하는 전제 위의 자유와 책임이거나 아니면 언제든 체포되어 고문받고 살해될지 모르는 길을 아슬아슬하게 걸어갈 자유와 책임이었을 뿐이었다.

이제 여기서 우리는 코리아 남북관계에서 가능한 네 가지 이념형(ideal type)적 선택지를 생각할 수 있다. I 유형은 남과 북 모두를 인정한다. II유형은 남만을 인정하고 북을 부정한다. IV유형은 북만을 인정하고 남을 부정한다. III유형은 남과 북 모두를 부정하거나 남과 북 모두에 의해 부정된다. 이 유형은 코리아의 적대 상태, 분단체제에 비판적이었던 이들의 입장이다. 이명준은 스스로 남과 북 모두를 포기(부정)하는 유형을 표상하고, 김낙중은 남과 북의 양측에 의해 부정되는 유형을 대표한다. 지금까지 현실로 존재했던 것은 II, III, IV유형뿐이었다.(아래 〈그림 1〉 참조)

이제 지난 70여 년 존재할 수 없었던 I 유형이 현실로 다가왔다. 남북이 통일로 나갈 수 있는 유일한 경로는 I 의 길을 통하는 길밖에 없다. 그것이 코리아 양국체제의 길이다. II, III, IV의 길은 모두 닫혀 있다. 지난 70년의 역사가 그것을 분명히 보여주었다. 코리아 양국체제의 길은 이미 한 번 그 가능성이 열렸던 적이 있다. 1989~1991년 사이 미소 냉전이 종식되고 남북 두 국가가 유엔에 동시 가입했으며 남북이 서로의 체제를 인정할 것을 약속한 〈남북기본합의서〉에 합의했던 시기다. 여기서 반보만 더 나갔다면 양국체제의 길은 열릴 수 있었다. 그러나 실패했다. 무엇보다 남과 북 내부에서 I 의 길을 열어갈 힘이 아직 부족

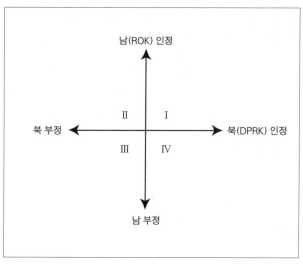

남(ROK) 인정

북 부정 ← → 북(DPRK) 인정

II   I

III   IV

남 부정

〈그림 1〉 이념형적 선택지

했다.(종합적인 분석은 1부 1장 참고) 이제 2016~2017년 촛불혁명을 통해 그 가능성이 다시 한번 열렸다.

김낙중은 양국체제의 가능성이 처음 열리기 시작했던 1980년대 말의 상황 변화에 매우 적극적으로 반응했다. 남북의 상호 인정을 통한 통일의 길이 가까이 왔다고 생각한 듯하다. 1989년에는 통일 민간단체 대표 자격으로 4단계 통일론(평화공존 기초 구축 → 국가연합 → 연방국가 → 통일 민족국가)을 국회 토론회에서 발표하는 등 활동을 활발히 벌였다. 김낙중의 이런 활동에 주목한 북측이 '김일성 주석'의 이름으로 공작원과 고위직 간부를 그에게 보냈고, 김낙중의 '원형적 분단초월의식'은 이들과의 만남을 거부하거나 기피하지 못하게 했다. 그리하여 이번에는 '조작'이라 항변하기도 어렵게 다시금 '간첩사건'에 말려들었고, 결국 이러한 행동은 자신의 의도와는 정반대로 당시 양국체제의 가능성을 폐쇄하는 데 전력을 다하고 있던 냉전대결 세력들에게 역이용되고 말았다.

필자가 특별히 주목했던 것은 이러한 체험 이후 김낙중의 변화였다. 2000년 6·15 공동선언 이후 그는 양국체제의 요점을 최초로 분명히 명시하게 되었다. 연합인가 연방인가 문제보다 국가로서의 상호 인정이 먼저라는 것이다. 이제 역사적인 문서가 된 1991년의 〈남북기본합의서〉나 2000년 〈6·15 남북공동선언〉은 1989년 김낙중이 제안했던 '4단계 통일안'과 아주 가까운 내용이다. 그러나 이제 2000년의 김낙중은 이 두 역사적 문서의 한계를 분명히 제기하고 비판하기에 이르렀다. 〈6·15 남북공동선언〉은 남측의 '연합' 안과 북측의 '낮은 단계의 연방' 안의 공통성을 인정했지만 "서로를 국가적 실체로 인정하는 문제에 관해서는 일절 언급을 회피"하였고, 그 이전 〈남북기본합의서〉에서 흔히 칭송되어왔던 유명한 구절인 "쌍방 사이의 관계는 나라와 나라 사이의 관계가 아니라, 통일을 지향하는 과정에서 잠정적으로 형성되는 특수관계"라는 대목에 대해서도 "상호 간의 국가적 실체를 인정하는 일을 피하기 위한" 또는 "서로를 '국가'로 인정하기를 거부"하기 위한 표현일 뿐이라고 하였다.[52]

이 비판이 매우 직설적일 뿐 아니라 암묵적으로 남북의 지도자와 지도층, 정책브레인들을 직접 향하고 있음에 주목할 필요가 있다. 진실로 통일에 이르려고 한다면 남북 지도자와 지도층의 획기적인 발상과 결단이 필요하다고 강조하고 있는 것이다. 거듭 말하거니와 김낙중은 그 요점이 코리아 남북의 두 나라가 서로를 국가로서 인정하는 데 있다고 하였다. 그는 1989~1992년 사이, 남측 여야의 지도층 인사들과 그리고 북에서 '김일성 주석'의 이름으로 보낸 고위간부까지를 모두 만나

통일문제에 대해 심도 깊게 토론해보았다. 이 경험 속에서 그는 일단 이론과 언어 차원에서는 남북 양측이 공유할 수 있는 부분들이 생겼다는 것을 확인할 수 있었을 것이다. 그러나 김낙중의 2000년의 비판을 보면 그가 그동안의 남북 대화 당사자들 간의 논의에서 무엇인가 결정적인 것이 빠져 있었다는 확신을 갖게 되었음을 알 수 있다. 남북 대화에 나섰던 남북의 지도자와 지도층이 일면 용기 있게 남북 평화공존의 상황 조성에 나서면서도 바로 이 결정적인 지점을 '회피하고 거부해왔다'고까지 쓰고 있다. 통일문제에 관해 남과 북의 통일 정책 핵심인사들과 직접 대화해보지 않고는 쓰기 어려운 직설적인 표현이다.

양국체제란 먼저 코리아 남북 두 국가가 '자신의 체제의 자기존립에 대한 자신감' 그리고 '상대가 자신을 말살하지 않을 것이라는 신뢰'가 있어야 가능하다. '자신에 대한 믿음'과 '상대에 대한 신뢰'는 상호 강화적인 미덕이다. 양국체제의 첫 계기였던 80년대 말~90년대 초반에는 한국도 조선도 그러한 자신감과 신뢰가 부족했다. 양측이 큰 용기를 내어 양국체제에 접근했지만, 한발 더 내딛어 핵심적 신뢰의 조건을 합의하는 데까지 이르지 못했다. 필요조건은 되었으나 충분조건이 아직 채워지지 못했다. 그러나 2016~2017년을 거치면서 그러한 필요하고 충분한 조건이 비로소 형성됐다. 이 책 앞 장에서 상세히 살펴본 바와 같이 그 핵심은 '촛불혁명'과 '북핵 완성' 그리고 '북미 대화'의 조합이다. 이를 통해 한국과 조선은 자기 체제에 대한 자신감과 상대에 대한 신뢰의 토대를 구축하는 데 성공했다. 미국 역시 트럼프 대통령으로부터 시작된 북미 공존의 대화 기조를 앞으로의 선거 결과와 무관하게 쉽게 바꿀 수 없을 것이다. 코리아 양국의 '자기존립에 대한 자신감'과 '상대에 대한 신뢰'가 강화될수록 더욱 그러하다. 이로써 코리아가 분단체제에서 양국체제로 체제전환을 이룰 역사적 계기는 충분히 무르익었다.

양국체제는 남북 두 국가의 평화와 공존을 위한 인식체계요 방법론이며, 통일에 이를 수 있는 유일한 중간 경로다. 양국체제가 안정되면 남북의 동포는 그동안 허용되지 않았던 많은 자유를 얻는다. 우선 현재의 중국과 대만 사이에 이루어지고 있는 정도의 교류와 통신이 목표가 될 수 있다. 물론 이조차 단번에 이루어질 일은 아니고 급하게 서두르는 것이 반드시 바람직한 것은 아니다. 더디더라도 결코 되돌려지지 않는 단단한 합의의 기초를 하나하나 만들어가는 과정이 더욱 중요하다. 양국체제의 기초는 두 나라가 서로의 주권, 영토, 정통성을 확실히 인정하는 데 있다. 이 삼자를 서로 부정하고 적대해온 지 70년이다. 이를 바꾸어가는 일은 꾸준한 인내와 지속성, 그리고 용기를 아울러 요청한다.

김낙중과 이명준이 경험했던 분단체제에서 남북 두 국가와 사회는 이들 개인의 자유의 대극에 서 있었다. 그들의 자유혼을 유린하고 억압함으로써 자신(체제)의 무제약적 자유를 한껏 과시했던 셈이다. 분단체제의 남북 정권은 서로 자신에로의 동일화를 요구했다. 아울러 그 동일화의 강도만큼 상대에 대한 부정을 강요했다. 분단체제에서 허여되는 자유와 책임이란 그러한 동일화만큼의 자유와 책임이었다. 김낙중과 이명준의 자유와 책임이란 바로 그 동일화를 거부하는 만큼의 자유와 책임이기도 했다. 그러나 이제 양국체제에서의 자유와 책임은 동일성이 아닌 차이의 인정에 기초한다. 이 속에서 (양국)체제의 자유와 김낙중·이명준의 자유는 상치되지 않는다. 오히려 차이를 존중하고 대화하면서 공존하려 했던 김낙중·이명준의 자유혼은 비로소 현실의 거처를 찾게 되고, 이로써 국가, 사회, 개인의 자유와 책임이 서로 발걸음을 맞추어가는 시대로 접근해간다. 그러한 국가와 사회와 체제는 분명 이명준, 김낙중과 같은 자유혼이 꿈꾸었던 "보람을 느끼며 살 수 있는 광장"에 한 걸음 다가간 곳일 터이고, 그때 비로소 통일은 꿈이 아닌 현실로 다가올 수 있을 것이다.

3. '마의 순환고리' 끊기

촛불혁명과 체제전환

촛불혁명의 세 단계

2016년 10월 29일 시작된 대한민국의 '촛불집회'는 3차째인 11월 12일의 100만 집회에서부터 '촛불혁명'으로 전환되었다. 박근혜 당시 대통령이 자진퇴진 의사가 없음을 분명히 함에 따라 이때부터 촛불광장의 요구가 국민에 의한 '하야'와 '퇴진'으로 분명해졌고 이 요구를 여러 미디어에서 받아 '촛불혁명'으로 부르기 시작했다. 이렇듯 혁명적 요구를 장착한 거대한 대중행동은 이어 4차(11월 19일, 95만), 5차(11월 26일, 190만), 6차(12월 3일, 230만) 집회를 통해 국회의 대통령 탄핵 가결을 압박했고, 결국 국회는 12월 9일 찬성 234명, 반대 56명으로 대통령 탄핵을 가결했다. 이 '합헌적 혁명'[1]의 경로는 2017년 3월 10일 헌법재판소가 국회의 탄핵 결정을 승인하고 대통령에게 파면 선고를 내림으로써 그 1단계가 완료되었다.

대통령 탄핵 – 파면 이후 촛불혁명은 다음 단계인 '대선 국면'으로 접어들었고, 5월 9일 치러진 19대 대통령 선거에서는 제1야당인 더불어민주당의 문재인 후보가 41.08퍼센트의 득표로 당선되었다. 국회 내 탄핵을 주도했던 야3당 후보의 득표율을 합하면 68.66퍼센트(국민의당 21.41퍼센트, 정의당 6.17퍼센트), 촛불의 압박 아래 탄핵 지지로 돌아선 새누리당 이탈 세력의 지지율(6.76퍼센트)을 더하면 75.42퍼센트에 이른다. 유권자 4분의 3 이상이 탄핵지지 정당의 후보를 지지하는 가운데 제1야당의 후보가 여유 있게 당선되어 정권을 안정적으로 교체한 이 대선 과정이 '합헌적 혁명'의 제2단계라 할 수 있다. 대선 이후 '촛불정부'가 들어선 이제 합헌적 혁명으로서 '촛불혁명'의 제3단계가 진행 중이다. 이 제3단계를 온전히 마무리하였을 때 촛불혁명은 비로소 완성·완수되었다 할 수 있을 것이다.

이 장은 이렇듯 세 개의 단계를 경과하여 진행 중인 촛불혁명의 지향과 목표를 가늠해보고자 한다. 목표와 지향은 무엇보다 우선 이 사건의 역사적 위치, 위상을 객관적으로 점검할 때 비로소 분명해질 수 있다. 그러한 위상이란 한국 현대사 속에서의 위상일 뿐 아니라, 동아시아사, 더 나아가 세계사 속에서의 위상을 포괄하는 것이 되어야 하겠다. 이 혁명이 어디쯤 있는 줄 알 때, 어디를 향해 가야 할지가 분명해진다.

2016~2017년 촛불혁명의 역사적 위상은 크게 세 가지 차원에서 이해할 수 있다. 먼저 한국 현대사 차원에서 볼 때 두드러진 점은 이번 촛불혁명이 1960년의 4·19 혁명과 1987년의 민주항쟁에 이은, 대략 30년 간격으로 터져 나온 거대한 민주주의에 대한 열망의 세 번째 분출이라는 사실이다. 여기서 주목해야 할 점은 4·19도, 87년 민주화도

각각 이후 30년에 걸쳐 점차 그리고 결국은 강고한 독재로 귀결되고 말았다는 뼈아픈 사실이다. 거대한 민주적 열망을 냉혹한 독재체제가 회수하고야 마는 '마(魔)의 순환고리' 또는 '독재의 반복고리'가 작동했다고 할 수 있다.

과연 이번 촛불혁명도 꼭 같은 순환고리에 포획되고 말 운명인가? 촛불혁명의 완성을 이야기하자면 우선 이 점을 심각하게 물어야 할 것이다. 반복강박 증상과 매우 유사한 이 불쾌한 역사적 순환에 대한 인식이 분명해질 때, 2016~2017년 촛불혁명의 제1과제는 바로 그 '마의 순환고리'를 분명히 끊어내는 것에 맞추어지게 된다. 반면 이러한 반복성과 그 뿌리 깊은 구조에 대한 인식이 명확하지 못하면 촛불혁명은 다시 한번 자기혼란 속에 퇴행 소멸할 수 있다. 이것이 지난 60년간 한국 현대사에서 두 차례 반복된 '독재가 민주를 회수하는 마의 순환고리의 작동' 속에서 배울 점이다.

한국의 이번 촛불혁명의 두 번째 역사적 차원은 기존 민주주의 시스템이 세계 곳곳에서 한계와 오작동을 드러내고 있는 상태에서 유독 이를 적극적이고 진취적으로 돌파하는 새롭고 거대한 힘을 보여주었다는 데 있다. 한국의 촛불혁명에 세계가 놀랐던 이유다. 외국의 여러 주요 언론이 썼던 바와 같이 이번 한국에서의 촛불혁명의 에너지는 더이상 '민주주의 선진국'의 발자국을 뒤따라가는 후발자의 것이 아니다. 오히려 정체와 퇴행에 빠진 세계 민주주의 상태에 새로운 활력을 일으키고 더 나아가 민주주의를 보다 고양된 수준으로 이끌어가는 선도자의 힘이다.

끝으로 필자는 한국 민주주의의 이러한 선도적 에너지가 세계사의 단계가 '서구 주도 근대' 단계를 넘어 '후기근대'로 들어서는 상황에서 표출되었다는 점에 주목한다.[2] 후기근대의 주요 특징의 하나는 일극중심 문명체제에서 다극균형 문명체제로 이동하고 있다는 점이다. 이러한 대변동은 커다란 기회와 위기를 함께 수반한다. 한국의 경우 한편으로 정상사회, 정상국가로의 전환의 계기가 형성되고 있지만 동시에 이러한 전환을 오히려 신냉전 기류의 고조를 통해 모면하려는 흐름이 생겨난다.[3] 현재 북미 간의 비상한 군사적 긴장 고조는 여기서 비롯된다. 이러한 상황을 어떤 방향으로 풀어가느냐에 따라 동아시아만이 아니라 세계 전반의 안녕이 큰 영향을 받게 된다. 20세기적 또는 냉전적 행동패턴, 분단체제적 사고패턴과 과감하게 작별하는 새로운 발상, 담대하고 창의적인 접근이 긴요한 시점이다.

이렇게 보면 이번 촛불혁명은 한국 현대사에서 30년 간격으로 되풀이 되었던 '마의 순환고리'를 확실히 끊어야 하는 목표이자 과제를 가지고 있고, 이러한 목표는 세계사 차원의 거대한 지각변동에서 대한민국의 촛불혁명이 수행해야 하는 중요한 역할과 깊이 맞물려 있음을 알 수 있다. 이러한 목표, 과제, 역할은 단기적 시야에서는 포착되기 어렵다. 눈앞에서 쉴 새 없이 진행되는 현상에 매몰될 때 촛불혁명의 제3단계는 방향을 잃고, 이 속에서 앞서 언급한 '마의 순환고리'는 다시 한번 거대한 작동을 시작하게 될 수 있다.

이 장은 이렇듯 촛불혁명이 놓인 역사적 위상과 여기서 도출되는 목표에 대해 가능한 구체적으로 적시해보려 한다. 그것은 '독재의 순환고리 끊기'와 '코리아 양국체제의 정립'으로 집약될 수 있다. 이 두 목표·과제가 긴밀히 연관된 것임도 이 글은 밝혀 보일 것이다. 이 두 과제의 달성은 진정 '체제전환'이라 부를 수 있는 것이고, 그럼으로써만이 이번 촛불혁명은 진정 그 이름에 부합하는 혁명으로 완성될 수 있다.

한국 현대사에서 '마(魔)의 순환고리'

4·19와 87년은 대한민국 정치사, 민주주의 역사의 기념비적 봉우리였다. 이제 2016~2017년의 촛불혁명은 이를 잇는 세 번째 봉우리가 되었다. 그러나 앞서 두 번의 봉우리가 세계의 주목과 경탄을 받았던 만큼, 그 역사적 대분출 이후의 역사는 독재의 깊은 골짜기로 거듭 굴러 떨어지곤 했다. 그리하여 '민주의 대분출과 독재로의 회수'라고 하는 매우 불쾌한 사이클이 한국 정치사에 30년 주기로 반복되어왔음에 주목하지 않을 수 없다.

이러한 사실이 분명하게 그리고 널리 인식되게 된 데는 박근혜 정부의 등장과 귀결이 큰 역할을 했다. 그 이전 이명박 정부 출범은 참여정부 실패의 결과라는 인식이 강했기 때문에 독재 회귀의 큰 사이클에 대한 인식이 아직 대중적으로 분명하지 않았다. 그러나 박근혜 대통령의 당선은 박정희 체제로의 회귀라는 상징성이 강했고, 실제 재임 동안 그러한 회귀가 정부의 공공연한 이념공세의 형태로 추진되었다. 물론 이 사실의 확인은 87년 민주항쟁 이후 30년 사이클의 대미를 박근혜 정부의 유신 귀환 행태가 장식했다는 사실을 지적할 뿐이다. 우선 박근혜 정부의 독재화 가속 현상은 최근 밝혀지고 있는 바와 같이 이명박 정부 시기의 전방위적 블랙리스트 정책(감시·배체 체제)의 연장선 위에 있다. 그 이전 김대중-노무현 민주화 정부 10년도 독재 회귀의 큰 사이클을 결코 끊지 못했다. 그 연원은 멀리 87년 하반기 민주화 진영의 분열과 대선 패배로부터 기인하는바, 이 30년의 전체 흐름에 대한 조망은 이 글 4절에서 살펴보기로 하고, 여기서는 박근혜 정부가 대미를 장식했던 독재 회귀의 피날레 현상에 초점을 맞추기로 한다.

박근혜 정부는 대통령 선거 과정에서부터 이명박 정부의 국정원과 군 정보기관의 조직적이고 대대적인 선거 개입(이명박 버전의 '비상국가체제'의 작동)에 의해 출범할 수 있었다. 이렇듯 국가기관의 대규모 선거 개입에 대한 검찰 수사를 박근혜 정부는 유신체제를 연상시키는 매우 강압적인 방식(박근혜 버전의 '비상국가체제' 작동)으로 종결했다. 그렇게 시작된 박근혜 대통령의 재임 기간은 세월호와 메르스 사태에서 보여준 무능과 불통·불감, 통진당 해체에서 보여준 냉전 극성기의 배제와 억압, 국정교과서 추진에서 보여준 시대착오적인 이념적 강압으로 시종 일관했다. 이러한 오만과 강압은 2016년 4·13 총선 공천 과정에서 전통적 지지층마저 고개를 돌릴 만큼 무제약적인 것이 되었음을 보여주었다. 그러나 이 모든 불통·불감, 억압·배제의 일방 통치와 오만에도 불구하고 당시 거의 모든 언론은 다가오는 총선에서 여당인 새누리당이 압승하고, 더 나아가 개헌선 이상의 여당 승리에 따른 제2의 유신 개헌 프로젝트가 가동될 것이라고 예상했다. 그만큼 신 유신체제로의 회귀는 돌이킬 수 없는 대세인 것처럼 보였다. 때는 마침 87년 항쟁의 30주년에 임박해 있었기 때문에 87년의 민주주의의 희망찼던 큰 진전과 그 30년 이후 민주주의의 암담한 추락의 대비가 선명해질 수밖에 없었다.

4·13 총선의 결과는 사실 누구도 예측하지 못했던 것이었다. 그렇다고 그렇듯 전혀 예상 밖에 조성된 여소야대의 상황이 박근혜 체제의 유신 회귀 질주를 멈추게 한 것도 아니었다. 총선 이후로도 전방위 블랙리스트 압박과 국정교과서 개정, 사드 배치, 일제 위안부 문제의 종결(소위 대못박기)을 위한 강박적 정책이 집요하고 일관되게 추진되었다. 10월 말 최순실 국정 개입·농단의 구체적 증거가 언론에 폭로되

기 시작하면서 급전직하로 진행된 박근혜 정권의 극적인 몰락 역시 누구도 예측하지 못했던 것이었다. 아무리 독선·독주를 해도 철옹성처럼 견고해 보였던 박근혜 지지층을 단번에 해체해버린 11월, 12월의 거대한 대중행동은 자연스럽게 30년 전, 1987년의 거대했던 민주대항쟁을 많은 사람들의 기억 속에 되살렸고, 많은 미디어[4]가 이 대비를 부각시켰다. 1987년 역시 철옹성 같았던 군부독재체제가 그처럼 물러설 것이라고는 누구도 예상하지 못했다. 이러한 경험과 기억의 중복 속에서 한국 정치사의 반복성은 평범한 국민대중의 인식 차원에서도 분명해져갔다.

그러한 반복의 시간에서 희열은 짧고 고통은 길기 마련이다. 희망의 짧은 시간은, 길고 둔중한 망각과 냉소와 자학과 고통의 시간에 묻히고 만다. 실제가 그러했다. 한국 현대정치사에서 '독재가 민주를 회수하는 마의 순환고리'란 그렇듯 짧고 날카로운 희망과 압도적으로 길고 둔중한 절망의 시간의 반복 메커니즘을 말한다. 혹시나 이렇듯 확인된 반복성이 '아무리 어두워도 새벽은 또 오고야 만다'는 식의 대책 없는 낙관주의로 도치되어서는 결코 안 된다. 중증 반복강박을 연상시키는 이러한 어두운 회귀 구조의 압도적인 불행과 불쾌와 고통에 주목해야 마땅하다. 역사에 대한 사회과학적 분석이라면 더욱더 그러하다.

묘하게도 1960년 4·19, 87년 6월, 2016~17년의 세 개의 봉우리는 30년을 주기로 솟아올랐다. 또한 그 사이에 낀 두 개의 시기(1960~1987년과 1987~2016년)의 전개 양상, 즉 '독재가 민주를 회수하는 장기(長期) 메커니즘'의 작동은 구조적으로 매우 흡사했다. 이 패턴은 극과 극이 대체되는 것으로서, '제도 밖의 대중행동이 제도를 변화시키고 점차 보수화되는 제도를 다시금 제도 밖의 대중행동이 변화시킨다'라고 하는 기존 사회변동의 교과서적 일반론과는 매우 다른 특징을 보여준다. 우선 4·19나 87년 6월 대투쟁은 (이번 촛불혁명도 마찬가지다) 반전이 도저히 불가능하여 철옹성 같아 보이는 독재 상황, 즉 독재가 외적 구조만이 아니라 멘탈의 내면까지 깊게 장악하는 지극히 비정상적인 상황에서 누구도 예상하지 못한 규모와 방식으로 매우 극적으로 분출하였다.

이 글이 주목하는 '마의 순환고리'란 이렇듯 정상적인 수준이나 패턴을 넘어서는 지극히 극단적인 독재 수렴 구조의 작동을 말하고, 이러한 극단적 패턴이 반복되는 배후에는 매우 특수한 한반도(코리아)의 상황이 존재한다. 이 강고한 순환고리의 '마성(魔性)'은 거대한 대중행동·민주열망이 제도 안으로 수렴되어 제도를 변화시키는 과정으로 이어진다고 하는 사회변동의 일반론이 작동되지 못하도록 가로막는다. 그렇기 때문에 대중행동의 봉우리가 아무리 높고 거대해도 '마의 순환고리' 자체는 끊기지 않고 결국 시간이 지나면 같은 패턴의 '독재수렴'이 반복된다.

그러한 '마성'의 효력을 마치 영구화하고 있는 것처럼 보이는 '한반도적 상황'이란 무엇일까. 2차 대전과 6·25 전쟁 후의 동서(동방/서방) 그리고 남북(코리아) 간의 극단적인 적대적 대립이 지정학적 꼭지점에 2중으로 중첩되어 있는 상황을 말한다. 그로 인해 '2중의 독재권'이 중첩하여 증폭하게 된다.[5] 이는 극히 예외적 – 극단적인 상황이지만, 그렇듯 특이해 보이는 국가 독재권의 작동 원리가 근대 국가주권론의 일반론에서 반드시 벗어나 있는 것은 아니다. 오히려 근대 국가주권론의 이론적·이념적 순수형태에 가깝다고 할 수 있다. 그 가장 선명한 이론적 표현은, 필자가 아는 한, 독일의 법학자 카를 슈미트에 의해 주어졌다.

그는 근대 국가주권의 핵심 권능과 표징이 국가 내외에 적(=예외)을 설정하는 권한(비상대권)의 독점, 즉 독재권에 있다 하였다.[6]

냉전 시기 이 원칙은 국가 간이 아닌 동서 '진영' 간의 것으로 나타났다. 그러한 상황에서 슈미트적 의미의 국가주권의 배타적 권능(=독재권)이 가장 강력하게, 이론적으로 가장 순수한 형태로 표출되었던 곳이 한반도의 남북이었다. 남북의 두 국가가 하나의 주권을 두고 다투는 상황은 남북 상호를 절대적 적(=예외)으로 설정하게 함으로써 남북 각각의 주권이 절대성(=독재권)을 확보하도록 하였다. 진영 간 대립과 분단국가 간 대립이 가장 극단적 형태로 중첩된 곳이었기 때문이다. 이렇듯 극단의 상황은 남북 내부에 정상적 정치 경쟁의 공간을 허락하지 않았다. 카를 슈미트가 근대 국가주권 행사의 정화(精華)라고 보았던 최고통치자의 비상대권이 항시적·일상적으로 작동하는 '비상(非常)국가체제(permanent emergency state system)', 그것이 남북한의 국가 상태였다.

한국의 경우 그러한 항시적 비상국가 상태에 파열구를 내고는 했던 것이 4·19였고 87년 6월 항쟁이었으며, 이번 촛불혁명이었다. 비정상 상태에서는 비정상이 정상이고, 정상은 비정상이 된다. 오직 그러한 비상 상태를 정지시킴으로써만 정상은 정상이 되고 비정상은 비정상이 된다. 즉 비로소 '정상 상태(normal state)'에 이르는 것이다. 따라서 한국 현대사에서 세 차례의 민주 분출은 비상국가를 정상 상태로 되돌리려는 거대한 계기들이었고, '마의 순환고리'란 그러한 거대한 계기를 다시금 비상 상태로 되돌리려는 '마적(魔的) 시스템의 회복력' 또는 '비상국가의 자기회복 시스템'이라 하겠다.

정상 상태란 우선 거대한 민주열망의 분출이 정상적으로 제도화되는 것을 전제한다. 이것이 제대로 된 민주화의 일차적 징표일 것이다.

그러나 4·19와 87년 이후 각 30년은 거대했던 민주열망을 정상적으로 제도화시키는 데 실패했던 시간이었다. 초기 얼마간은 과거 독재기에 비해 유사 민주화가 진행되는 듯 보이지만 이는 표피의 변화에 그치고 점차 비상국가체제의 독재·독점의 힘이 민주의 열망을 분산·둔화·왜곡시켜 결국은 몽땅 삼키고 만다.

한국 현대사에서 그러한 '마의 순환고리'가 지극히 강고하다는 것을 제대로 입증한 것은 4·19 이후 30년이라기보다 오히려 87년 이후 30년의 과정이었다. 왜냐하면 4·19 이후 30년은 세계적 동서 냉전이 맹렬하게 진행 중인 상황이었기 때문에 한국의 비상국가 상태를 근본에서 종식시킨다는 것이 객관적으로 매우 어려운 조건이었다고 할 수 있다. 반면, 87년 이후 30년은 동구권 붕괴와 소련 해체를 통해 동서 냉전이 종식됨으로써 한국의 비상국가체제를 강제하는 국제적 구속력이 크게 약화된 역사적 국면이었기 때문이다. 그럼에도 한국의 비상국가체제는 그 거대했던 87년의 민주 동력을 다시 한번 차근차근 회수하여 다시금 또 다른 독재체제로 회수하고야 말았다. 동서 냉전이 종식되었고 '북방정책'을 통한 대소·대중 해빙이 있었음에도 한국의 비상국가체제는 강고하게 지속되었던 것이다.

비상국가체제의 작동과 균열

'독재가 민주를 회수하는 마의 순환고리'의 핵심에 '비상국가체제'가 있다고 한다면, 우선 그 체제의 작동 방식을 정확히 이해할 필요가 있다. 비상국가체제는 최고권력자의 독재권과 상당히 광범한 정치·경제 · 사회 · 문화의 기득권층과 동맹관계를 통해 작동한다. 최고권력자의 정치적 독재권은 사회 각 부면의 권력과 자원의 독점권 · 기회획득권을 기득권 상층에게 배타적으로 보장해줌으로써 비상국가의 지배동맹은 성립한다. 이 체제의 위기는 지배동맹의 균열 · 약화와 국민적 저항이 맞물렸을 때 발생한다.

이번 촛불혁명도 마찬가지였다. 임기 2~3년 차에 들어 (특히 2014년 세월호 사건 이후) 박근혜 정부의 실정(失政)에 대한 실망, 회의, 반발이 누적되었음에도 대통령에 대한 30~40퍼센트에 이르는 '콘크리트 지지층'은 2016년 10월 말에 이르기까지 결코 무너지지 않았다. 40퍼센트에 이르던 지지율이 30퍼센트대로 떨어지기 시작한 것은 4 · 13 총선 이후였다. '친박 독선 · 독주에 대한 응징'으로 풀이된 총선 결과에도 불구하고 대통령 자신에 대한 지지율은 놀랍게도 콘크리트 밑바닥인 30퍼센트대를 굳건하게 유지했다.(아래 〈그림 2〉)

그러나 이 40퍼센트대에서 30퍼센트대로의 변화 과정에는 지배동맹의 균열과 약화라는 중대한 변수가 끼어 있었음에 주목할 필요가 있다. 그 일단을 흥미롭게 정리해주는 기사가 JTBC의 최순실의 태블릿 공개 직전인 2016년 10월 23일 자 《미디어오늘》에 "조중동에게 노무현보다 박근혜가 최악인 다섯 가지 이유"라는 제목으로 떴다. 당시 조중동 기자들의 박근혜 정부에 대한 불만이 예사롭지 않다고 하면서 그 원인을 풀이한 기사다. 주요 내용은 2014년부터 시작된 '비선실세' 의혹의 각종 보도에 대해 정부가 "진보, 보수를 가리지 않는 무차별 소송"을 벌이고 있다는 것(그 소송의 주역은 김기춘 · 우병우다), 언론사 수익원을 (역시 '진보, 보수 가리지 않고') 막고 있다는 것, (조중동과 같은) '언론사' 출신을 배제하고 (MBC, KBS와 같은) '방송사' 출신만을 청와대가 애

위쪽 그래프 내 주석:
- 연말소득정산 논쟁
- 메르스 사건 발생
- 정윤회 스캔들
- 세월호 침몰
- 북핵 위기 중국 방문
- 총선 패배

범례: ———— 지지   -------- 반대

〈그림 2〉 박근혜 대통령 임기 내 지지율 추이(%)

(한국갤럽, 리얼미터, 알엔써치의 조사를 합한 것임)[7]

호하고 있다(=감투를 주고 있다)는 것 등이다.

이번 촛불혁명 과정에서 상세히 밝혀진 '비선실세' 건은 이미 2014년 부터 '문고리 3인방' '정윤회' 보도로 시작되었고,[8] 2015년 초부터는 (대통령 연두 기자회견 이후) 조중동이 한목소리로 대통령이 이 문제를 덮으려 한다고 비판해왔다. 권력과 자원을 조중동, 그리고 그들이 대변하는 사회 기득권층과 공유하고 대통령 개인의 사적 비선실세와만 나누려 하는 행태에 대한 불만의 표출이었다. 권력 공유에 대한 묵언의 지배동맹, 계약을 위반하고 있는 것 아니냐는 항의였던 셈이다. 이러한 불만 표출에 대해 청와대는 "부패한 기득권 세력과 좌파 세력이 우병우 죽이기에 나섰다"고 예의 그(=박근혜 전대통령의) 매서운 표현 방식으로 응수했다(2015년 8월 21일).

중요한 점은 박근혜 정부와 조중동은 국내의 여러 이권에 대한 입장만이 아니라 국사교과서 국정화, 대중 · 대러시아 관계, 유라시아 외교, 일제 위안부 문제 합의 건 등 이념과 국제관계에 대한 문제에 대해서도 미묘한 불일치와 마찰을 심심치 않게 보여왔다는 사실이다. 이런 현상은 2015년경부터 서서히 눈에 띄기 시작하여 2016년 들어, 특히 4 · 13 총선 이후 빈발했다. 박근혜 대통령이 유신 시절과 다름없는 구시대의 이념과 외교관, 정치행태를 점점 더 강하게 표출함에 따라 지배동맹의 이념 전선에도 균열과 괴리가 생기기 시작했다고 볼 수 있다.

이를 방증하는 사례의 하나로 대통령이 '주류 언론'에 대해서조차 이념적으로 지극히 적대적인 언어를 사용했던 사실을 들어본다. 최근 (2017. 8. 2) 삼성 이재용 특검 재판에서 나온 이재용 부회장의 증언이 그것인데, 박근혜 대통령은 2016년 2월 15일 그를 청와대에서 독대하는 자리에서《중앙일보》홍석현 회장을 언급하면서 "(《중앙일보》계열 언론사인) JTBC가 왜 정부를 비판하나"라 항의하고 홍 회장에 대해서는 "'나라를 생각하는 사람이면 그럴 수가 있나'라며 '이적단체'라는 표현까지 썼다"고 하였다.[9] '이적단체'란 '좌빨 · 종북'과 동급의, 한국의 비상국가체제가 비판 세력을 말살하고 정치적 독재권을 유지하기 위해 '전가의 보도'처럼 휘둘러왔던 지극히 폭력적인 언어다. 이제 그러한 정치적 비상(非常, 극독)을 삼성 -《중앙일보》라고 하는 한국 보수의 대표적 주류 기관의 수장들을 대상으로 들이밀기에 이른 것이다.

그렇지만 객관적인 상황은 국내 자본 그리고 온건 보수의 입장에서도 과거 유신 시절과 같은 강고한 구냉전적 자폐(自閉)와 대결 일변도의 정책이 결코 반갑지 않은 것이었다. 한미 동맹은 유지하되 동시에 중국 · 러시아를 거쳐 유럽 · 중앙아시아 · 중동이슬람권에 이르는 광

대한 유라시아 통로에 자유롭게 진입하고 싶은 것이 해외 상대의 사업을 하는 층과 온건 보수층의 일반적인 심정이었다 할 수 있다. 이를 위해서라도 (이명박 정부 이후) 꽉 막힌 대북관계를 어떻게든 풀어봐야 하지 않겠느냐는 생각이 들 수밖에 없는 상황이었다. 그러나 박근혜 정부의 대북정책과 대중·대러시아 정책은 이명박 정부 때보다 더욱 경직되어 있어 그런 방향의 유연한 타개를 도저히 기대하기 어려웠다. 자본과 온건 보수의 입장에서도 불만과 우려가 쌓일 수밖에 없는 상황이 되어갔던 것이다.

이렇듯 겉으로는 강고해 보였던 박근혜 체제의 보수동맹은 임기 중반(대략 2015년경)부터 내부로부터 흔들리기 시작하여 2016년 4·13 총선을 계기로 그 균열이 가시화되었고, 결국 2016년 10월 말 이후 '비선실세'의 '국정농단'이 백일하에 폭로되면서 정권이 급속하게 침몰하고 말았다. 기적처럼 되돌아온 거대한 대중행동이었다. 2008년 광우병 반대 촛불집회의 열기가 별다른 성과 없이 소진된 이후 심화되는 양극화와 '헬조선'의 현실 속에서도 무기력한 패배감과 냉소·자조에서 벗어나지 못했던 민심이 2014년 세월호 사건 이후 다시 크게 경각하기 시작하여 결국 촛불혁명의 거대한 힘으로 되돌아왔다. 그리하여 2017년 5월 촛불혁명의 힘에 의해 새 정부가 들어섰다.

그러나 이제부터가 더욱 중요하다. 이렇듯 크게 이완·약화된 비상국가체제를 완전히 역사의 뒷장으로 넘기고 이윽고 정상 상태의 나라를 바로 세울 수 있을 것인가. 4·19, 87년 항쟁, 이번 촛불혁명의 공통점은 권력 교체기에 권력 최고층의 도를 넘어선 독주와 권력 남용을 계기로 폭발했다는 데 있다. 기득권층의 일정 부분이 권력에서 소외·이반·이탈하면서 민주화의 요구가 압도적 민심이 되었다는 점도 같다. 그러나 앞서 두 차례의 거대한 대중행동(4·19와 87항쟁)은 비상국가체제를 종식시키는 데 결국 실패했다. 구 권력의 최고 담당층만을 밀어냈을 뿐, 비상국가체제를 작동시키는 구조와 논리, 이념을 종식시키지 못했기 때문이다.

따라서 이제는 비상국가체제가 더 이상 대한민국의 미래에 적합하지 않다는 것을 설득력 있게 제시하는 것이 중요하다. 그동안 '마의 순환고리'가 몇 차례의 커다란 타격에도 불구하고 멀쩡하게 부활하고는 했던 것은 우선 한국이 처한 역사적·지정학적 내외 조건의 구조적 강제 때문이지만, 동시에 그러한 강제의 힘을 별 수 없이 수긍하게 된 또다른 수동적 민심의 (동의가 아닌) 수용이 있었기 때문임을 부인할 수는 없을 것이다. 아무리 문제적이라 하더라도 상당 기간 존속해온 체제에는 나름의 현실 근거가 있게 마련이고, 그렇듯 오래 존속해온 것은 비판이나 반대만으로는 결코 사라지지 않는다. 우선 현실이 변해야 하고, 그렇듯 변화한 현실을 정확히 읽어야 하며, 새로운 현실에 걸맞은 분명한 방향 제시가 병행되어야 한다. 이를 위해서는 우선 그동안 운명처럼 받아들여왔던 '역사적·지정학적 내외 조건'이 크게 변하여 더는 옛 모습 그대로 존재하지 않는다는 것, 그리고 여기에 의거했던 '비상국가체제'는 변화한 현실과 오히려 크게 부조화하고 있음을 분명히 해야 한다. 그랬을 때 새로운 현실에 맞는 새로운 사회의 방향도 선명해질 것이다.

'제2의 87년'과 다시 한번의 기회

앞서 한반도 비상국가체제는 남북의 극단적 적대에 기인하고, 그러한 적대의 극단성은 동서진영 대립과 분단국가 대립의 중첩 속에서 탄생했다 하였다. 그런데 진영 대립은 1980년대 후반~1990년대 초반의 동구권 붕괴와 소련 해체로 이미 종식되었다. 극단적 적대가 생겨나는 원인의 한 축이 이미 무너졌던 것이다. 그 시기는 공교롭게도 한국의 87년 민주화 이후 과정과 맞물렸다. 이 시점은 한국 사회가 후기근대 상황으로 접어드는 때로 볼 수 있다.[10] 대항쟁으로 표출되었던 민주화 동력이 온전히 발휘되었다면 한반도 비상국가체제 종식의 계기를 분명히 마련할 수 있었던 절호의 기회였다. '마의 순환고리'는 그 과정에서 작동기제가 해체되어가고 민주화는 순탄하게 정상 상태에 이르기까지 진행될 수 있었을 것이다. 그러나 그 좋은 기회를 놓치고 말았다. 가능성이 분명히 존재했던 시기에 상실한 기회에 대해서 엄정한 복기(復碁)가 필요하다.

실패의 싹은 87년 민주화 동력의 분열에서부터 찾아볼 수 있다. 분열한 절반(김영삼 지지세력)은 이후 구체제 세력과 합류했다(3당 합당). 이 상황은 소위 '기울어진 운동장'을 만들었고, 이는 '마의 순환고리'가 재작동하는 텃밭이자 온상이 되었다. 구체제에 합류한 김영삼 정부는 노태우 정부보다 오히려 더욱 강경한 대북정책을 고수했는데 그 배경에는 경쟁 정치집단(김대중 지지세력)에 대한 견제논리가 강하게 작동했다. 대북 온건정책이 경쟁 세력의 집권에 유리한 환경을 조성할 것을 우려한 것이다. 그리하여 냉전 해체에 적극적 행보를 보였던 노태우 정부의 '북방정책'은 사라지고 공격적인 흡수통일 노선이 들어섰는데,

이러한 대북 강경책은 북한을 선군주의와 핵무장에 올인하도록 밀어붙쳤다. 이런 상태에서 국가부도와 IMF 사태라는 돌발적 상황에서 출범한 김대중 정부와 그를 이은 노무현 정부는 과감한 대북화해정책(햇빛정책)을 폈지만 결국 장기적 실효를 거두었다고 평가할 수 없다. 북은 민주정부 10년의 기간에도 핵무장 노선을 결코 놓지 않았고(2006년 1차 핵실험), 한국의 냉전대결 세력은 이를 '마의 순환고리'를 재작동시키는 절호의 기회로 활용했다. 냉전 세력은 남(南)의 화해정책과 대북 지원이 북의 핵 개발을 조장했다고 공격했고 이는 민주정부의 신자유주의 양극화 추세 억제 실패와 맞물려 민주진영 집권 10년은 급격한 지지 하락으로 마감되었다. 이명박, 박근혜 정부는 이런 배경에서 출현하여 이윽고 87년의 민주화 동력을 철저히 소진시키고 '마의 순환고리'를 다시금 완벽하게 부활시키는 데 성공한 것으로 보였다.

그러나 '마의 순환고리'는 완성되어 극점에 이르는 순간, 자체의 과잉으로 붕괴를 자초하는 역사적 패턴을 보여주었다. 결국 '국정농단'이 박근혜 탄핵의 직접적인 원인이 되었지만, 그 배경에는 독선·독단에 따른 여러 실정(失政)에 대한 불만이 겹겹이 쌓여 있었고, 그중에는 무대책이 된 대북 강경책의 완벽한 실패(2~5차 핵실험과 SLBM, ICBM 등 발사체 개발에 무대책으로 일관) 역시 중요한 일부를 이루고 있었다. 박근혜 체제가 오작동을 거듭하면서 비상국가체제의 절대무기인 '종북', '이적' 공세가 더 이상 먹히지 않게 되었다. 그 결과 촛불혁명은 제2의 87년과 같은 상황을 조성했다. '기울어진 운동장'이 사라진 것이다. 그 결과 촛불을 끄자며 한때 가두를 요란하게 메웠던 태극기 - 성조기 집회와 일베식 폭력성은 오히려 구 보수의 자폐적 기이성을 노출했을 뿐, 어떠한 확장력도 보여주지 못했다.

대외 상황에 대한 인식은 87년보다 진전되었다. 87년 당시 급변하는 대외 상황에 대한 한국인들의 인식은 매우 미약한 것이었다. 반면 이제는 냉전 종식에 이어 미국 일극주의도 종식되었다는 것, 이제 한국의 활로는 미국만이 아니라 세계 전체를 넓게 보는 데서 찾아진다는 사실이 상당히 널리 공유되는 일반적 인식이 되었다. 전방위로 활발해진 SNS 소통, 정보 생산과 유통에서의 민주화가 낳은 한 귀결이기도 하다. 새로운 번영의 기회가 유라시아 길로 열리고 있고 세계는 일극체제가 아닌 다극체제로 변모하고 있음을 이제는 일반인들까지 인식하게 되었다. 이러한 상황은 87년 당시 놓치고 말았던 '마의 순환고리'를 이윽고 끊어낼 수 있는 절호의 기회를 다시금 보다 좋은 여건에서 확보하게 되었음을 말해준다.

물론 구질서의 해체과정에는 불확실성과 새로운 위기가 수반되기 마련이지만, 그러한 상황일수록 내적으로 결집된 힘의 주동적 역할이 중요하게 된다. 이 점에서 세계가 경탄한 촛불혁명의 주역인 각성한 시민사회, 그리고 그 힘 위에서 특별히 강한 정통성을 갖게 된 새 정부가 들어선 현재의 대한민국은 역사적으로 중요한 시점에 중대한 변화를 이뤄낼 수 있을 만큼의 내적 역량을 갖춘 것으로 보인다. 필자는 그렇듯 중요한 변화의 핵심고리가 '코리아 양국체제'의 정립으로 모아진다고 주장해왔다.[11] 한반도에 양국체제가 정립될 때, 그동안 운명처럼 보였던 '마의 순환고리'도 '비상국가체제'도 이윽고 종식될 수 있다고 보기 때문이다.

코리아 양국체제

대한민국(ROK)과 조선민주주의인민공화국(DPRK)은 1991년 9월 유엔에 동시 가입한 두 개의 국가다. 2018년 7월 현재 한국의 수교국은 190개국, 조선의 수교국은 161개국이며, 동시 수교국은 157개국에 이른다. 국제법상, 현실의 국제관계상, 여러모로 한국과 조선은 두 개의 별개의 국가로 존재하고 있다. 이 객관적이고 엄연한 사실을 두 나라가 사실 그대로 받아들여, 서로의 주권과 영토를 상호 인정하고 정상적인 수교관계를 맺어 평화롭게 공존하는 것이 코리아 양국체제다.

그렇지만 그렇듯 당연한 현실이 현실로 되지 못하고 있는 것이 남북의 현 상태다. 이 두 국가는 서로 상대의 주권과 영토를 인정하지 않고 상대를 다만 자기 주도의 통일에 의해 소멸시켜 흡수할 대상으로 바라볼 뿐이다. 양국 헌법 모두 현재의 남북은 하나의 나라가 분단된 상태임을 전제하고 있고, 그 분단을 극복하여 통일에 이르는 것을 목표로 명시하고 있다. 그로 인한 남북 간의 극심한 적대와 긴장, 사회 전 부면의 비정상 상태를 1970년대 초반 이후 한국 지식계에서는 '(남북) 분단체제'라 불러왔다.[12] 따라서 '분단체제'란 그 자체가 부정과 극복의 대상이지 않을 수 없었다. 따라서 이 개념으로 한반도의 부정적 상태를 정의(定義)했던 편에서 분단체제론이란 분단체제 비판론이지 않을 수 없고, 분단체제의 부정과 극복의 목표는 통일에 맞추어질 수밖에 없었다.[13]

이 점에서 기존의 분단체제 비판론은 여기서 주장하는 양국체제론과 크게 다르다. 양국체제론은 1991년 유엔 동시가입 이후 한반도 남북이 두 개의 별개의 국가가 되었다 보고, 이 두 국가의 상호 인정과 평화공존을 우선적 목표로 삼는다. 양국체제론은 80년대 말~90년대 초반의 미소 냉전 해체와 동서 해빙, 그리고 1991년의 남북 유엔 동시가입과 같은 해 12월의 〈남북기본합의서〉의 교환을 남북 분단사에서 중요한 역사적 전환점으로 보고 있다. 그 이전까지의 '분단극복론'은 현실적 가능성이 희박한 저항적 당위 차원의 논의였다. 엄혹한 냉전대결 상황에서는 남의 북진(또는 멸공)통일론과 북의 조국통일론의 지배력이 압도적이었기 때문이다. 그러나 미소 냉전 해체와 1991년 남북 유엔 동시가입을 계기로 부정적 의미의 '분단체제'를 긍정적 의미의 '양국체제'로 전환시킬 현실적 가능성이 열렸다. 양국체제론은 두 국가의 통일을 당면한 우선적 목표로 간주하지 않는다. 이렇게 되었을 때야만 오히려 남북의 극단적 적대관계를 실제적으로 해소하는 단초가 열릴 것으로 보기 때문이다. 반면 분단체제 비판론은 반독재 투쟁에서의 헌신에도 불구하고 오히려 결국 분단체제의 강박적 적대가 오히려 강화되는 순환기제의 일부가 되고 말았다. 그 순환기제의 작동구조를 살펴보기로 하자.

분단체제에서는 남북 상호간과 남북 각각의 내부에 여러 겹의 적대적 대립이 서로 맞물려 순환적으로 상승한다. 코리아전쟁 종전 이후 공식적으로 정전(停戰) 상태에 있는 남북은 전쟁이 미완·미결의 상태로 남아 있다고 본다. 잠시 쉬고 있는 상태일 뿐, 전쟁은 심리적으로 내연(內燃) 중인 것이다. 따라서 전시적(戰時的) 비상 상태를 유지하려는 관성이 지속된다. 상대의 동향에 대한 강박적·전시적 피해의식이 자꾸만 증폭될 수밖에 없는 구조다. 이러한 상황은 남과 북이 거울처럼 방향이 바뀌어 있을 뿐 꼭 같은 형태다(거울 동형). 여기서 주목할 점은 이러한 전시적 강박상황에서 통일 세력과 반통일 세력의 구분이 그다지 선명하지 않다는 사실이다. 코리아전쟁 자체가 남북 쌍방 모두 통일을 하겠다고 벌였던 일이다. 이러한 전시적 비상 상태 의식은 권력의 비상한 독점 즉 강력한 독재체제의 심리적 온상이 되고, 이러한 상태는 사회 전 부문으로 관철된다. 권력. 부, 기회의 독점이 전시적 비상 상황을 빌미로 지극히 폭력적으로 정당화되기 때문에 그 독점과 독재는 기형적으로 심화되기 마련이다. 이것이 바로 '비상국가체제'다. 따라서 **비상국가체제는 분단체제의 핵심축**이기도 하다. 실제 전쟁 상태가 아님에도 이러한 '전시적 비상 상태'가 지속될 때 이에 대한 반발과 비판이 강력하게 제기되는 것은 당연한 현상이다. 이러한 문제적 현실에 대한 비판은 지극히 정당한 것인데, 이 비판 세력이 제기해왔던 논리의 주요 흐름이 분단체제(비판)론이었다 할 수 있다.

한국의 역대 독재정권은 이러한 비판을 (대부분 사실이 아니었음에도) '이적' '용공' '친북'으로 몰아(=조작하여) 탄압해왔다. 이들이 통치체제를 비판하면서 주장하고 있는 통일이란 결국 대치하고 있는 적의 편에 동조하는 통일일 수밖에 없다는 논리였다. 이러한 상황은 정치체제의 차이만 있을 뿐 남과 북에서 동형적으로 진행되어왔다. 분단체제란 이러한 분단체제 비판 세력을 식량으로 먹어치우면서, 즉 무자비하게 공격하고 탄압하면서 자신의 몸체를 괴물처럼 더욱 키워온 것이라고도 할 수 있다. 반면 독재정권이 비판 세력을 '적'으로 상정하고 탄압하는 한, 극악한 탄압을 당하는 비판 세력 역시 자신의 생존을 위협하는 독재정권을 '적'으로 상정하고 맞서 싸우지 않을 수 없었다. 여기에 독재정권은 비판 세력이 자신을 '적'으로 규정하는 것이야말로 그들이 '이적단체'에 불과한 것을 입증하는 것이라고 강변해왔다. 이로써 상호를 적으로 간주하여 투쟁하는 상승적 순환 구조가 남과 북의 정권 사이에서, 그리고 남 내부와 북 내부 각각에서 형성되고 교차하면서 가속도를 얻어 작동한다.

이러한 악순환의 상승압이 '마의 순환고리'와 '비상국가체제'의 에너지원이 되었고, 87년 이후에도 30년 가까이 이 상승적 악순환은 끊기지 않았다. 이제 촛불혁명이 그 악순환을 비로소 끊어낼 기회를 주고 있다. 그 핵심은 양국체제의 정립에 있다. 민주정부 시기 10년의 대북 화해정책 역시 그러한 상승적 악순환의 고리를 끊지 못했다. 여러 성과에도 불구하고 결국은 오히려 반발 세력의 강한 역풍을 불러일으켰다. 이들 반대 세력은 민주정부의 남북화해정책을 친북적 분단체제 종식 운동으로 간주하면서 이에 맞서는 대대적인 반대운동을 일으켰다. 분단체제론의 담론 구조 안에서는 남북의 어느 정치 세력이든 당면 목표로 분단 종식 즉 통일을 앞세울 때 (또는 그렇다고 간주될 때) 분란이 발생할 수밖에 없다. 어떤 통일인가 누구를 위한 통일인가 매우 복잡하고 갈등적인 논란이 시작되고 이러한 상황 자체가 적대의 상승적 악순환을 부채질하게 된다.

이렇듯 작동하는 분단체제의 순환적 상승압은 비상국가체제를 강화해 사회 전반의 정상화를 결정적으로 가로막아왔다. 그런 비정상의 장기지속의 결과가 이번 촛불집회에서 적시된 '적폐'일 것이고, 그 적폐를 청산해갈 핵심고리가 양국체제 정착이 될 것이다. 비상국가체제의 역사가 길었던 만큼 적폐청산의 목록이 길다. 그러나 목록이 길어질수록 무엇이 핵심 목표인지 모호해질 수 있다. 병증(病症)의 핵심 원인을 정확히 찾아 여기에 집중해야 한다.

양국체제 정착을 위한 가장 중요한 조건은 '기울어진 운동장'의 소멸 또는 부재다. '기울어진 운동장'이란 결국 우파 흡수통일론이 우세한 여론 장(場)을 말하고, 그 핵심에는 코리아전쟁 시의 '미완의 북진통일'을 완수하자는 생각이 있다. 이 역시 분단체제론의 일종, 즉 우파 주도의 분단체제 종식론, 즉 통일론이라 할 수 있다. '기울어진 운동장'의 해소는 이번 촛불혁명의 가장 중요한 성과인데, '정상 상태'란 기울어진 비정상이 기울어짐 없는 정상으로 회복됨을 말하는 것이기도 하다. 그러한 기울어짐 없는 정상 상태란 분단체제적 사고관습으로부터의 탈피를 전제한다. 분단체제론의 인식장(認識場)에는 반드시 좌와 우의 기울기가 있기 때문에 그 운동장은 좌로든 우로든 기울게 되고, 그러한 기울어짐은 반드시 상호 적대의 순환적 상승압을 고조시킨다. 두 번의 '마의 순환고리'가, 그리고 지난 60년의 한국 정치사가 그렇게 작동해 왔다. 이러한 악순환은 양국체제가 안정적으로 정립될 때야만이 근본에서 끊긴다. 분단체제의 인식장이 해소되는 것이다.

촛불혁명 이후의 현재 상황에서 양국체제 정립을 주도할 일차적 힘은 대한민국에 있고 그 최대의 수혜자도 대한민국이 될 것으로 보인다. 양국체제의 정립으로 비상국가체제의 비정상을 종식시켜 정상 상태에 이를 때 세계의 찬사를 받았던 대한민국의 민주적 동력은 만개할 수 있을 것이기 때문이다. 북측 역시 생존의 강박에서 벗어나 정상적 내부 개혁의 경로를 차분히 개발해갈 수 있는 기회가 될 것이다. 이렇듯 상호 적대와 긴박한 생존의 강박에서 벗어날 때 남북이 협력하여 공영을 모색할 수 있는 영역은 오히려 넓게 열릴 수 있다. 한반도의 잠재력이 억압에서 해방되어 다극 구도 상황의 유라시아와 태평양으로, 세계로 힘차게 뻗어 나갈 수 있기 때문이다.

양국체제론에 대해 예상되는 반대는 두 가지다. 하나는 반통일론, 분단고착화론이 아니냐는 것이다. 이는 앞서 살펴본 분단체제 비판론 중에서도 강경한 입장에서 제기될 수 있다. 다른 하나는 반대편에서의 비판인데 '북한'을 절대로 국가로 인정할 수 없다는 또 다른 강경론이다. 이 입장은 북한 정권 타도를 전제로 한 흡수통일을 주장한다. 이 두 입장은 극과 극의 반대로 보이지만 한반도 두 국가 상태를 인정하지 않는다는 점에서 뒤집어져 있을 뿐 구조적 동형이다. 양국체제가 평화통일의 전망을 실제적으로 열어준다는 점이 잘 설득된다면 이러한 반대들이 어느 정도 완화될 수 있겠지만 결코 사라지지는 않을 것이다. 특히 두 번째 입장은 지난 촛불 정국에서 등장한 '태극기 – 성조기 집회'와 중첩되는 것으로 이후 양국체제론에 대한 적극적 반대 집단으로 나설 수 있다. 그러나 촛불 정국에서 보았듯 이 집단의 여론 확장력에는 뚜렷한 한계가 있다. 아울러 이러한 두 입장을 강경하게 견지하는 층은 양적으로 그다지 크지 않고 세대적으로 점차 축소되어가는 추세다. 젊은 층일수록 이러한 입장에 공감하지 못하기 때문이다.[14] 미래는 양국체제의 편에 있다.

양국체제론은 우선 대한민국에서 진보와 보수를 떠나 합리적 다수의 동의를 얻을 수 있는 방안이다. 한반도를 둘러싼 군사적 긴장을 크게 완화함으로써 한국의 경제적 · 문화적 활로 개척에 큰 기회를 줄 수 있기 때문이다. 촛불혁명으로 '기울어진 운동장'이 사라지고 일베식 보수가 크게 위축된 여건은 양국체제 정립을 위해 결코 놓쳐서는 안 될 흔치 않은 역사적 기회를 주고 있다. 관련 헌법 조항(3, 4조) 개정 등을 포함한 적절한 절차를 통해 국민적 합의를 이룬 후,[15] 이 합의를 북측(조선)과 주변국으로 확장해감으로써 한국은 동아시아 – 태평양 평화 정착의 주요 행위자로 능동적인 역할을 할 수 있다. 대한민국의 이러한 이니셔티브에 대해 정면으로 반대하고 나설 명분이 어떤 주변국에도 존재하지 않는다. 북측 역시 대한민국의 국민적 합의에 바탕을 둔 행보에 군이 반대하고 나설 이유가 없을 것이다.

분단체제에서는 남북이 서로 적대할 수밖에 없다. 반면 양국체제에서는 남북이 서로를 인정하고 공존한다. 이 상태로 진입해야 주변국과 얽힌 긴장과 마찰의 매듭도 풀 수 있다. 정부와 민간을 막론하고 진보, 보수를 불문하고 영향력 있는 여론 주도자들은 통일에 대한 미사여구를 풀어내기 좋아한다. 그러나 통일을 정말 진지하고 현실적으로 생각한다면, 순서는 반대임을 알아야 한다. 통일보다는 상호 인정과 평화공존이 우선이다. 통일을 우선적으로 내세우는 한, 현실의 긴장과 대립은 오히려 격화된다. 단추를 거꾸로 채울 수는 없다. 상호 인정과 평화공존을 우선 과제로 명확히 설정하고 흔들림 없이 이 목표에 충실할 때, 통일은 비로소 어느 날 현실로 다가올 수 있을 것이다.

코리아 양국체제는 그저 '대북정책'에 그치지 않는다. '분단체제에서 양국체제로의 체제전환'은 '촛불혁명'이 진정 혁명이었음을 입증하는 최종 증거가 될 것이다. 그동안 분단체제의 현실이야말로 총체적 비정상의 근원이었다. 촛불이 제기한 '적폐청산' 역시 양국체제 정립을 분명한 목표로 할 때 제대로 순서와 방향을 잡아 차근차근 성사해낼 수 있을 것이다.

촛불혁명과 체제전환: 분단체제에서 양국체제로

2016~2017년에 걸쳐 대통령을 탄핵하고 새로운 민주정부를 출범시키는 데 성공함으로써 '촛불혁명'이라 불려온 거대하고 평화로웠던 대

중행동이 진정 '혁명'의 이름에 부합하는 결과에 이르기 위해서는 반드시 구체제(앙시앙 레짐)에서 새로운 체제로의 '체제변화'를 수반해야 할 것이다. 이 장은 한국 사회가 이루어야 할 그러한 '체제변화'를 '분단체제에서 양국체제로의 이행'으로 집약해보았다.

이러한 체제변화는 한국 현대사에서 적대적 분단 상황이 강요해왔던 '비상국가체제'를 종식시키고, 4·19, 87년 민주항쟁과 같은 거대한 민주적 열망의 분출을 독재체제로 반복적으로 회수하는 '마의 순환 고리'를 구조적으로 끊어내, 한국 사회를 새로운 질적 단계로 접어들게 할 것이다. '분단체제'가 남북이 서로 상대의 주권과 존재를 부정하고 적대적 긴장을 고조시킴으로써 항시적 비상 상태의 '비정상'을 영구화해온 반면, 양국체제에서는 남북이 서로의 주권과 존재를 인정하여 이러한 항구적 비상 상태의 근거를 해소함으로써 양국 모두가 '정상 상태(normal state)'로 진입해갈 조건을 조성할 것이기 때문이다.[16]

2부 | 촛불혁명과 양국체제론

2부는 양국체제론이 촛불 이후의 급박한 상황에 실천적으로 개입했던 흔적들이다. 코리아 분단체제를 코리아 양국체제로 전환하지 못하면 촛불은 혁명으로 완성되지 못한다. 분단체제가 다시 살아나 민주를 독재가 회수해버리는 '마의 순환고리'가 또다시 작동할 수 있기 때문이다. 과연 1960년 4·19 혁명, 1987년 6월 투쟁과 같이, 촛불혁명 역시 다시 한번 실패로 끝나고 마는가?

그 조짐은 2017년 9월, 북의 고강도 핵실험 이후 촛불에 눌려 숨죽였던 냉전대결 세력이 다시 목소리를 높이기 시작하면서부터 드러나기 시작했다. 그런데 그런 모습이야말로 코리아 분단체제가 촛불의 진로를 막고 있는 핵심 원인이라는 사실을 명명백백하게 드러내주고 있었다. 바로 그렇기 때문에 필자는 당시의 상황을 분단체제를 양국체제로 전환할 절호의 기회라고 거꾸로 읽을 수 있었다. 무엇보다 촛불이 '기울어진 운동장'을 해소하였고, 냉전대결 세력이 크게 위축되었기 때문이다. 매우 중요하고 긴박한 국면이었던 만큼 그때그때 시사에 개입해야만 했다. 2부에는 2017년 북의 핵실험 직전에서부터 2018년 4월 역사적인 판문점 남북 정상회담 직전까지의 긴박한 순간에 썼던 칼럼들을 모았다.

1. 북핵문제,
문재인 정부는 운전석에 앉아 있는가

문재인 정부의 지지율이 고공행진을 이어가고 있는 것은 다행스러운 일이다. 문재인 정부의 성패는 촛불혁명의 성패이기도 하기 때문이다. 그러나 한 가지 유독 삐꺽거리고 있는 분야가 북핵문제다. 이는 남북문제이자 미 · 중 등 주변국과의 외교문제이기도 하다. 오랜 난제다. 6자회담이 4년간 풀다 실패했고, 이후 이명박근혜 정부 시기에는 최악에 이르도록 방치한 문제다. 어느 정책보다 심모원려(深謀遠慮)가 필요한, 아마도 대한민국이 그리고 문재인 정부가 풀어야 할 가장 중대한 문제일 것이다.

그럼에도 그동안 이 문제에 관한 새 정부의 행보를 보면 문제 해결의 전략 방침이 아직 분명해보이지 않는다. 문재인 대통령이 취임 직후인 지난 2017년 6월 미국으로 건너가 한국이 운전석에 앉겠다고 자신감을 표명했지만, 과연 운전석에 앉아 수순을 잘 풀고 있는 것인가? 운전

문재인 대통령 취임

2017년 5월 10일 취임한 문재인 제19대 대한민국 대통령은
한반도 핵문제 해결에서 대한민국이 주도적 역할을 할 것이라며 '한반도 운전자론'을
제창하였다. 이러한 입장은 2017년 6월 미국 방문 시 트럼프 대통령과의 회담,
7월의 베를린 선언 등을 통해 거듭 천명되었다.

석에 앉겠다고 하면 우선 운전의 방향과 목표가 확고하게 설정되어 있어야 할 것이다. 그래야 일시적 장애물이 나타거나 예상치 못한 길 막힘이 있어 잠시 우회하더라도, 결코 길을 잃지 않고 최적의 경로를 통해 목표 지점에 도달할 수 있다. 우리는 과연 지금 어디에 있고, 이제 어디로 가고 있는 것일까? 국민들은 아직 혼란스럽다. 새 정부는 명확한 가이드라인을 제시해야 한다.

필자가 생각하는 요점은 이러하다. 우리는 지금도 여전히 '한반도(코리아) 분단체제' 상황에 있고, 우리의 목표는 '한반도(코리아) 양국체제'를 정립하는 것이다. 분단체제 상황에 머물러 있는 한, 남북 간 그리고 주변국 간의 분란과 대립의 에스컬레이터를 빠져나오지 못한다. 양국체제가 정립되어야만 이러한 항시적 비상 상태(emergency state)를 종식시키고 정상 상태(normal state)에 진입할 수 있다.

분단체제에서는 남북이 서로 적대할 수밖에 없다. 반면 양국체제에서는 남북이 서로를 국가로서 인정한다. 이 상태로 진입해야 주변국과 얽힌 긴장과 마찰의 매듭도 풀 수 있다. 정부와 민간을 막론하고 영향력 있는 여론 주도자들은 통일에 대한 미사여구를 풀어내기 좋아한다. 그러나 통일을 정말 진지하고 현실적으로 생각한다면, 순서는 반대임을 알아야 한다. 통일보다는 상호 인정과 평화공존이 우선이다. 통일을 우선적으로 내세우는 한, 현실의 긴장과 대립은 오히려 격화된다. 단추를 거꾸로 채울 수는 없다. 상호 인정과 평화공존을 우선 과제로 명확히 설정하고 흔들림 없이 이 목표에 충실할 때, 통일은 비로소 어느 날 현실로 다가올 수 있을 것이다.

코리아 양국체제는 그저 '대북정책'에 그치지 않는다. 〈분단체제에서 양국체제로의 체제전환〉은 '촛불혁명'이 진정 혁명이었음을 입증하는 최종 증거가 될 것이다. 그동안의 분단체제의 현실이야말로 총체적 비정상의 근원이었다. '적폐청산' 역시 양국체제 정립을 분명한 목표로 할 때 제대로 순서와 방향을 잡아 차근차근 성사시킬 수 있다.[1]

2. 양국체제냐, 세계전쟁이냐

'양국체제'란 한국(ROK)과 조선(DPRK)이 국제법상 정상국가로 상호 인정하고 수교하여 평화적으로 공존하는 상태를 말한다. 1991년 남북한 유엔 동시가입 이후 남북의 국제적 지위와 상태가 실제로 그러하다. 그 현실을 현실로 인정하자는 것이다.

'세계전쟁'이란 한반도 남북 대립을 빌미로 주변 강대국 간의 긴장이 국지전으로 비화하고('상징적 타격'의 교환에서 시작할 가능성이 크다) 이것이 동북아시아로, 세계로 비화하는 전쟁을 말한다. 이 상황은 총 한 발이 세계전쟁으로 번져갔던 제1차 세계대전 전야(前夜)와 유사하다. 그 결과는 어느 편도 원하지 않았던, 예측하지 못했던 대참사였다.

지난 2017년 9월 3일 정오 함경도 지하에서 60~70킬로톤 전후의 고강도 핵실험이 있었다. 가까운 북중국 연길, 길림 등에는 주민들을 공포에 빠뜨릴 만큼의 큰 진동이 감지되었다. 거리상 그다음 가까운 곳

북한의 화성 14호 발사와 고강도 제6차 핵실험

북은 2017년 7월 4일 ICBM급 화성14호를 발사한 데 이어,
같은 해 9월 3일에는 폭발력을 크게 높인 고강도 제6차 핵실험을 감행했다.
북의 미사일 발사와 핵실험의 연이은 성공으로
북미 간 갈등은 급속하게 고조되었다.

북한 4~6차 핵실험 비교

1kt(킬로톤)=TNT 1000t 폭발력

	6kt	10kt	50~70kt 이상(추정)
	4차	5차	6차(추정)
실험 일자	2016년 1월 6일	2016년 9월 9일	2017년 9월 3일
인공지진 규모	4.8	5.04	5.7
원료	북한, 수소탄 실험 발표 중폭핵분열탄	중폭핵분열탄	북한, 수소탄 실험 발표

자료: 국방부 등 자료 종합 / 참고: 연합뉴스

은 이 나라, 대한민국이었다. 일본과 미국은 그 규모를 100킬로톤 이상으로 '후하게' 상향 평가했다. 현재 미일 집권층은 북핵의 위협을 상향평가할수록 정치적으로 이익이 된다.

이 중 가장 애써 마치 아무 일도 없었던 것처럼 행동하는 것이 이 나라, 대한민국이다. 그날 인터넷 검색 순으로 보면 프로야구 소식이 이 핵실험을 눌러, '북핵보다 센 프로야구'라는 기사가 돌았다. 반면 일본은 비상이다. 8월 29일 북의 미사일이 일본열도를 넘어 태평양에 떨어졌다. 일본 여러 도시에서 핵 대피 훈련이 시행되고 있다.

배짱 세기로 하면 조선(DPRK)을 이길 데가 없다. 핵실험을 하거나 말거나 미사일이 어디로 날아가거나 말거나 태평해 보이는 한국(ROK)의 배짱을 한참 넘어선다. 내 상대는 오직 미국, 도날드 트럼프다. 조선이 보내는 '서울불바다' 협박에 한국 국민이 전혀 태연하다면, 조선은 미국이 보내는 핵 세례를 육탄으로 받겠다고 태연하다. 이 '태연함'은 기마민족의 위대한 기상인가? 해외 언론이 이 상황을 불가사의하다고 보는 건 당연하지 싶다.

한국인들은 지난 87년 6월 항쟁 시 전두환 독재의 마지막 선물을 두고 '위대하다 최루탄아'라고 풍자할 여유를 가졌다. 그 담대한 우리 민족은 이제 '위대하다 원자탄아'라고 또 한번 여유만만하자는 것인가?

사태의 핵심은 그리 복잡하지 않다. 동구권 붕괴·소련 해체 이후 미국은 조선도 금방 붕괴할 줄 알았다. 한국이 소련(1990년), 중국(1992년)과 수교했지만 미국은 조선과 결코 수교하지 않았다. 미국이 인정해주지 않을수록 조선은 핵 개발에 죽자 사자 올인했다. 그리고 이윽고 오매불망하던 핵 보유 국가가 되었다. 조선이 핵보유국 지위에 그토록 목매다는 이유는 오직 하나다. 미국은 우리를 없애려 하지 말라. 미국으로부터 주권 인정을 받겠다는 것이다.

조선이 또 하나 목매는 것이 있다. 소위 '통미봉남(通美封南)', 요즘 통용되는 말로 '코리아 패싱'이다. 미국과만 교섭하고 한국은 배제한다는 것이다. 가만 들여다보면 이는 결국 조선의 입장에서 한국이 위협이라는 말이다. 인접한 같은 민족이고 더 잘살기 때문에 그만큼 체제 존립에 위협적이라 느낀다. 소위 '코리아 패싱'은 한국이 무력해서 벌어지는 일이 결코 아니다. 정반대다.

북이 핵으로 북미 협상을 하겠다는 데는 분명한 한계가 있다. 한국을 무시하겠다는 것은 손바닥으로 하늘을 가리는 것과 같다. 한국이 인정하지 않는 북미 수교란 애초에 불가능하다. 촛불혁명 이후 한미관계에서 한국의 지위는 과거와 같지 않다. '코리아 패싱'이란 이제 조선에게도 허언일 뿐 아니라 자충수다. 한국이 북미 수교의 다리가 되어주지 않으면, 조선이 원하는 것을 절대로 이룰 수 없다. 조선이 체제 보장을 원하면 한국을 먼저 보아야 한다. 한국과 협력해야만 한다. 촛불혁명 이후 한국은 준비가 되어 있다.

인정해야 할 사실이 있다. 그동안 미국 조야의 여론에서 한국의 이미지란 "북한이라는 악당이 우리를 먹어치우지 않게 제발 도와주세요"라고 바짓가랑이 잡고 애처롭게 매달리는 존재였다. 일반 한국인은 설마 하겠지만, 그동안 한국의 집권층은 미국의 조야에 실제 그런 모습을 보여왔다. 코리아전쟁 이후 근 70년이 흘렀고 남북의 상황이 이만큼 변했음에도 그 비굴함은 한결같았다.

지난 촛불혁명 기간 기묘했던 태극기 - 성조기 집회가 그걸 잘 보여줬다. 그럼에도 그들은 그동안 안방에서는 기고만장한 척했다. 조갑제 씨가 그랬던가, 남한의 탱크가 평양의 주석궁을 접수할 때 통일은 이루어진다고. 그러나 그들의 그림에서는 항상 남한의 탱크 위에 미국의 전폭기가 까맣게 날고 있었다. 그들에게는 미국 없이 남한의 탱크만으로 북을 '수복'할 의지도 용기도 없었다. '수복'은커녕 자주국방의 의지조차 없었다. 그들은 겁쟁이들에 불과했다.

촛불혁명으로 그런 겁쟁이들의 허풍은 확실히 사라지고 있다. 이제 대한민국은 달라졌다. 조선이 진실로 체제 보장을 원한다면 이 명백한 사실을 똑똑히 알아야 한다. 한국의 진심어린 협력 없이 결코 조선은 미국으로부터 체제 보장을 받지 못한다. 한국과 조선이 서로를 인정할 때야만 조선은 미국과 수교할 수 있다.

온 세계가 주지하듯 트럼프의 미국 정부는 혼란과 공백 상태다. 이 '절호의' 상황에서 비로소 조선은 핵 질주의 자유를 얻었고, 이로써 조선이 원하던 주권의 자유를 얻게 될 것이라고 믿는가? 세계의 많은 진심어린 식자들은 하나같이 반대로 말한다. 조선의 핵 질주가 실제로 손뼉을 맞추고 있는 것은 트럼프나 아베와 같은 대결 세력들뿐이라고. 세계전쟁의 길을 닦고 있을 뿐이라고.[2]

3. 북핵 해법과 코리아 양국체제

북의 6차 핵실험 이후 천하의 여론방·토론방이 뜨겁다. 의견백출, 백가쟁명이 나쁘지는 않지만 어쩐지 코끼리 다리 만지기 식이란 느낌이 드는 건 왜일까. 문제가 큰 데다 워낙 변수가 많고 그조차 매우 복잡하게 꼬여 있기 (또는 그렇게 보이기) 때문일 것이다. 그렇다 보니 문제를 보는 시각과 주목하고 강조하는 지점이 백인백색이다. 국제적으로도 관련 당사국마다, 또 그 내부에서도 입장과 관점에 따라 강조점이 크게 다르다.

이럴 때 전혀 새로운 착상이 필요하다. 복잡하게 어지럽혀진 테이블을 싹 밀치고 백지 위에서 다시 생각하는 것이다.

일례로 물리학에서 '중성미자(neutrino)'의 발견이 그렇다. 방사선 방출로 원자의 성격이 변할 때, 기존 입자와 새로운 입자의 에너지 합이 일치하지 않았다. '에너지 불변의 법칙'에 위배되는 골치 아픈 현상인

데, 도저히 설명할 수가 없었다. 그러다 전혀 새로운 발상이 나왔다. 보이지 않고 관측되지 않는 미세입자가 이 변환 과정에서 빠져나가기 때문이라고. 역사적으로 뛰어난 착상들이 종종 그러했든 이 생각도 처음에는 황당하다고 조롱받았다.

그러나 이 착상에 몰두한 이들이 결국 그 존재를 입증해냈다. 애초에 '보이지 않고 관측되지 않는다'고 하였던, 그래서 조롱을 받았던 이 입자는 이제 물리학·우주론의 최대 총아가 되었다. 지구와 태양의 내부를 훤히 들여다볼 수 있게 해주는가 하면, 우주 탄생의 비밀을 밝혀줄 핵심 열쇠로 주목받고 있다. 보이지 않기는커녕 알고 보니 가장 많은 입자였다. 지금 이 순간에도 우리 몸을 수조 개의 중성미자가 투과하고 있다. 다행히 건강에는 전혀 문제가 없다.

'양국체제'가 중성미자 같은 것 아닐까? 해방 이후 70여 년 동안 생각하지 못해왔던 것, '보이지 않고 관측되지 않았던 것'이 코리아 양국체제 아닐까? 반드시 하나라고 생각해왔던 것이 문제 해결을 오히려 가로막고 있는 것 아닐까? 실은 하나가 아니라 둘인데 말이다. 그 70여년간 좌든 우든 남이든 북이든 통일을 말해왔다. '분단'은 일시적이고 '통일'은 항구적이다라고. 오직 하나만 생각한 것이다. 그러나 하나만 알면 곤란하다. 둘을 생각해볼 때다.

반드시 하나라고 하니까 70년 동안 피차 죽기로 악착같았던 것 아닌가? 먹히지 않으려고 말이다. 서로 인정하고 제각각 잘 살아보자고 하면 안 되나? 절대로 불가능한가? 그렇다면 도돌이표다. 피차 사생결단, 죽기로 악착같을 수밖에 없다. 그렇게 하다 보니 남이든 북이든 독재가 판쳤다. 독재를 끊어보자고 4·19를 하고, '서울의 봄'을 하고, '광주항쟁'을 하고, '6월 민주화 대항쟁'을 했지만, 결국 다시 독재가 되돌아왔다. 다이하드(die hard)였다. 잡초보다 끈질겼던, '독재가 민주를 회수하는 마의 순환고리'였다. 이제 위대한 촛불이 또 한 번 독재를 끊었다. 이번에는 영영 끊어야만 하겠다.

그 지긋지긋했던 '독재의 순환고리'가 먹고 살았던 것이 '분단체제'다. 통일을 해야 하는데 저기 휴전선 넘어 남에, 휴전선 넘어 북에, 불구대천의 원수, 적이 있다. 이 흉악한 적과 맞서 통일을 이루기 위해서 우리는 독재를 할 수밖에 없다고, 독재자들은 이야기해왔다. 그것을 유신 독재라 하든, 인민 독재라 하든, 이름을 뭐라 그럴 듯하게 붙이든 그것은 그냥 적나라한, 창피할 정도로 아주 지독한 독재였을 뿐이다.

한반도(Korea) 양국체제란 간단하다. 한국(ROK)과 조선(DPRK)이 수교하여 공존하는 것이다. 한국이 중국, 러시아와 수교한 것처럼, 조선도 미국, 일본과 수교하게 될 것이다. 그것이 정상(正常)이다. 이미 다 유엔 회원국들이다. 유엔헌장에 회원국들은 서로 주권을 인정한다고 되어 있다. 유엔 회원국들끼리 수교를 안 하고 있는 게 비정상일 따름이다.

한 민족이 두 나라를 이룬다는 것이 하등 이상할 이유가 없다. 독일과 오스트리아, 멀쩡히 잘 살고 있다. 옛적 통일신라와 발해도 멀쩡히 잘 살았다. 서로 하나라고, 반드시 통일하겠다고, 아등바등하지 않았기에 가능했다. 둘이라고 오가지 못하나? 오히려 지금보다 훨씬 자유로워진다. 서로 비자 받아 오가면 된다. 경제 협력이 안 되나? 이거야 지금보다 안 될 수는 없으니 두말하면 잔소리다.

둘이 되더라도 초반에는 관계가 안정되기까지 덜컹거림이 물론 있을 것이다. 그러나 이것은 익숙해지는 데 필요한 잠시 동안의 물리적 상수일 뿐이다. 시작이 반이다. 남과 북이, 한국과 조선이, 서로를 인정하겠다는 결심을 확고하게 굳히는 것, 그 합의를 이루는 것이 우선이고 중요하다. 이 결심이 진실하고 솔직하다는 것을 서로 인정하면 된다.

하기로 하면 남 탓할 일이 많기는 하겠다. 그러나 남 탓 이전에 우리 내부를 먼저 들여다보아야 하는 것 아닐까? 한국과 조선이 이렇게 움직여 갈 때, 주변 어느 나라도 이 길을 대놓고 반대하거나 방해하지 못한다. 도대체 어떤 나라가 그럴 권리와 명분이 있다고 나서겠는가? 세계가 축하할 것이다. 세계를 평화롭게 할 것임을 알기 때문이다.[3]

4. 역공에 처한 촛불혁명과
코리아 양국체제

촛불혁명과 양국체제의 함수관계

촛불혁명의 진로에 중대한 장애가 생겼다. 지난 9월 3일 북의 6차 고
강도 핵실험 이후 날로 높아지고 있는 북미 – 남북 간의 군사적 긴장 탓
이다. 촛불혁명에 눌려 숨죽이고 있던 세력들이 이러한 상황을 반기기
라도 하듯 아연 활기를 띠고 촛불혁명을 역공하기 시작하고 있다.

필자는 지난 2017년 8월 22일 자 칼럼에서 촛불혁명은 코리아 양국
체제를 통해서 완성될 것이라 했다. 양국체제란 한반도 남북의 두 국가
가 서로를 인정하고 평화적으로 공존하는 체제를 말한다. 이러한 상태
로 성공적으로 진입하느냐 하지 못하느냐에 촛불혁명의 성패가 달려
있다는 뜻이었다.

명제는 흔히 먼저 역순으로 입증되곤 한다. 예를 들어 A는 B를 통해

C로 간다는 명제는 물론 이 명제가 순서대로 진행되었을 때 증명된다. 그러나 흔히 현실에서 이러한 명제의 증명은 먼저 거꾸로 이루어지곤 한다. B를 틀어막았을 때 A가 C로 갈 수 없다는 사실이 먼저 분명해지는 것이다. 촛불혁명(A), 양국체제(B), 촛불혁명의 완성(C) 간의 관계도 비슷하게 진행되고 있는 것으로 보인다.

북의 6차 핵실험 이후의 비상한 위기 상황을 마치 왕가뭄에 단비라도 만난 듯 달갑게 맞이하는 쪽은 촛불혁명 이후 침묵해왔던 냉전대결 세력들이다. 그들은 이제 한국이 '핵 갑(甲)질의 인질'이 되었고, 북의 '남조선 혁명 프로세스'는 현실이 되었다고 흘러간 옛 노래를 다시 틀어대고 있다.[4] 통일이 눈앞에 왔다면서 박근혜의 '통일대박' 타령에 장단을 맞추어대던 것이 엊그제 같은데, 이제 갑자기 곡조를 바꿔 '적화통일'이 눈앞에 왔다고 호들갑을 떠는 것이다.

어떻게 하루아침에 그렇게 바뀌나? 북이 그 핵을 다 만들어가는 동안 (이명박·박근혜 정부 시기 네 차례의 핵실험) 난 몰라라 방관하면서 큰소리만 쳐왔던 것이 오늘 이 순간 그런 말을 하고 싶어서였나? 대결국면을 강경 일변도로 몰아가 김정은의 주가를 한껏 높혀준 것이 트럼프라면, 그 결과 만들어진 위기 상황을 가장 즐기는 쪽, 즉 가장 큰 이득을 취하는 쪽은 이 나라의 냉전대결 세력이다.

따라서 촛불혁명이 호명했던 '적폐 세력'이란 바로 그 냉전대결 세력이 아닐 수 없다. 그 세력이 코리아전쟁 이후 70년 가까이 떵떵거렸던 터전이 남북 간 대결체제였다. 이제 미사일이 날고 죽음의 백조가 뜨고 북미 간, 남북 간 긴장이 높아지니 이 세력은 비로소 물 만난 물고기처럼 펄떡이고 있다. 작년 가을 촛불 이후 크게 위축되었던 세력이 다시금 힘을 얻고 있는 것이다. 이 세력이 다시 힘을 얻는 만큼, 촛불혁명

앞의 장애물은 높아져 간다.

따라서 적폐청산이란 결국 냉전대결 세력의 청산이다. 촛불이 '적폐세력'을 청산 대상으로 지목한 이유는 이 세력이 대한민국의 국익에 더 이상 하등의 기여를 하지 못하는 세력이 되었음을 인식했기 때문이다. 한때 이들은 독재는 해도 산업화와 안보에 기여했다고 자임했다. 그러나 이제 알고 보니 이들의 이익은 대한민국의 포괄적 이익에 어느 하나 기여하는 게 없다. 오히려 죄다 거꾸로 서 있다. 자신들의 이익을 위해 헬조선을 조장하고 국정을 농단하고 안보상황까지를 오히려 위태롭게 만들어왔다. 통째로 적폐요 민폐다.

코리아 양국체제의 기회는 이번이 처음이 아니다

코리아 양국체제의 정착은 '대한민국의 포괄적 이익'과 합치되는 길이다. 그렇다면 이 경로가 한반도 상황에서 구체적인 현실로 처음 조성되기 시작했던 시점을 우선 살펴볼 필요가 있다. 이로써 양국체제로 가려 했던 힘과 그 길을 가로막는 힘의 연원과 성격을 이해하게 된다.

그 시기는 1987년 민주항쟁과 1989~1991년의 냉전 해체 기간이다. 이 시기는 민주 세력 내에서도 분열이 생기지만, 냉전 세력 내부에서도 일정한 분열이 생겼던 시기다. 매우 중요한 시점이었다.

우선 87년 민주화 세력은 분열하여(양김 분열) 노태우 정부에 정권을 헌납하는 우를 범했지만, 노태우 정부는 동서 냉전 종식의 기류 위에서 적극적인 북방정책을 펼쳤다. 남북화해정책도 펼치기 시작한다. 이것을 두고 '3당 합당=보수대연합으로 몰아가기 위한 기만책에 불과했다'

라 하고 만다면 이는 사태의 절반만을 짚은 것이다. 인정할 것은 인정해줘야 한다. 노태우 정부는 냉전 해체의 세계적 흐름에 나름 적극적으로, 민감하게 대응했다. 아울러 이는 87년의 여파가 여전히 컸기 때문에 정권 정통성 확보 차원에서 이러한 기조를 채택하지 않을 수 없었던 것이기도 하다.

이런 배경 위에서 노태우 정부는 집권 초기인 88년부터 〈7·7 선언〉을 통해 남북 간 대결노선을 끝낼 것을 제안하게 된다. 한국은 소련, 중국과 관계 개선하고, 북한은 미국, 일본과 관계 개선하는 데 협조할 것이라고까지 했다. 이 역시 단순히 수사적 기만이라고 보기 어려운 것이었다. 당시 냉전 해체기의 대세 속에서는 상당히 실현성 있어 보이는 제안이었다. 실제로 말로만 끝나지 않았다. 그 연장선에서 1991년 9월 남북이 유엔에 회원국으로 동시 가입하고, 그해 12월 〈남북기본합의서〉를 교환했다. 이로써 남북이 최초로 두 개의 주권 국가임을 국제적으로 그리고 남북이 서로 공식 인정하게 된 것이다.

이 상태가 코리아 양국체제의 시발점이었다. 필자가 주장하는 양국체제는 새로운 무엇이 전혀 아니다. 30년 전인 그때 이미 초석이 놓여졌다.

양국체제는 여기서 한 발만 더 나가면 되는 것이었다. 한국이 중국, 러시아와 수교한 것처럼 북도 미국, 일본과 수교하고, 남과 북도 두 개의 정상국가로 수교하면 되었다. 남과 북이 먼저 수교하고 이를 발판으로 북과 미국, 일본의 수교를 이끌어가는 수순이면 더욱 좋았을 것이다. 당시까지 남북 대화의 상황은 여기까지의 거리가 실제 한 발짝이었다. 진실로 큰 정치를 하는 정치 세력, 지도자라면 진보, 보수를 떠나, 남과 북을 떠나 이 방향으로 밀고 나갔어야 했다.

바둑을 복기해보면 결정적 패착 지점이 있다. 87년 민주항쟁을 결국 박근혜 신 유신체제로 귀결된 '실패한 바둑'으로 본다면(촛불혁명은 새로운 시작으로 보아야 한다), 그 결정적 패착점들은 무엇이었을까? 두 점, 87년 양김의 분열 그리고 92년 북방정책의 역전이라고 본다.

87년 분열했던 한 세력이 냉전대결 세력에 합류하여(1990년 YS의 3당 합당) 이후 오히려 북방정책 역전의 주역이 되었다. 92년 대선 국면에서 양김 간의 경쟁이 북방정책, 남북화해정책에 제동을 거는 방향으로 작동했던 것이다. YS는 노태우 정부의 남북화해기조의 지속이 DJ에 유리하게 작용할 것을 우려했다. 87년의 패착, 92년의 패착은 이렇게 서로 맞물려 있다.

만일 87년 민주 세력의 분열이 없었다면 어땠을까? 민주통합정부의 북방정책은 남북의 더 깊은 신뢰 속에 진행되었을 것이고, 유엔 동시가입은 필시 양국체제로 결실을 맺었을 것이다. 유엔 동시가입 체제란 2국가체제다. 그것을 사실 그대로 정상화하는 것이 양국체제다. 양국 간 수교가 그 핵심이다. 물론 주요 주변 국가들과의 교차승인이 병행된다. 이러한 상태가 되었다면 북핵 위기가 현재와 같은 정도로 심각해지지도 않았을 것이고, 그 북핵 위기에 오히려 신이라도 난 듯 기세를 올리고 있는 세력도 일찍이 사라졌을 것이다.

혹시 양국체제가 아닌 1국가 2체제(일국양제)와 같은 것은 어떠한가? 그러나 이런 방식은 중국 - 홍콩처럼 어느 한쪽의 규모와 힘이 압도적으로 클 때나 가능하다. 오늘날도 1국양제를 주창하고 있는 중국은 대만의 유엔 가입을 허용하지 않는다.

남북문제는 그런 방식으로 풀리지 않는다. 통일의 지향이 있다면 오히려 이를 깊이 묻어두어야 한다. 그럴수록 통일은 살아난다. 반면 통일을 꺼내놓고 조급하게 이루려 할수록 통일은 요원해진다. 이러한 기막힌 사정은 이 땅에서 살아본 사람들만이 안다.

한반도 상황에서 당장 1국가 2체제를 하게 된다고 하면 통일을 목전의 목표로 두는 여러 구상들이 뒤섞이기 마련이다. 그러나 지금도 마찬가지지만 30년 전 당시 남북의 상태에서도 통일을 당면한 목표로 하는 것은 무리였다. 만일 그런 방향으로 실제로 진행하려 했다면 남북 모두에서 거센 후폭풍에 휘말렸을 것이다. 실제로 김대중, 노무현 정부의 대북화해정책이 결국 후폭풍에 휘말려버린 데는 1국양제냐 양국체제냐의 전략 판단이 분명치 못하고 애매했던 이유도 있다. 이제 우리는 분명한 판단을 해야 한다.

물론 김대중, 노무현 정부 시기의 상황은 이미 양국체제를 실현시킬 여건이 되지 못했다. 그 이전 87년 이후부터 첫 단추가 잘못 꿰어져 있던 탓이다. 90년 3당 합당으로 만들어진 '기울어진 운동장'을 돌이키거나 바로잡을 만큼의 힘이 당시의 두 정부에는 없었다. 오직 2016~2017년의 촛불혁명에 의해서만 가능했다.

이번 촛불혁명 이전에 그럴 수 있었던 역사적 가정은 오직 87년 민주 세력이 단합된 힘으로 민주통합정부를 구성했다고 생각했을 때만 가능하다. 그러한 조건 위에서 당시 남북 두 국가가 수교하여 공존하는 양국체제를 정착시키는 데 성공했다면, 한반도는 오늘날의 위태로운 상황과는 비할 수 없을 정도로 훨씬 큰 안정과 번영을 누리고 있을 것이다. 한반도의 남북만이 아니라 미국과 중국의 관계도 더욱 안정된 상태에 있을 것이다.

이 길을 우리는 30년 전에 놓쳤다. 딱 한 걸음을 떼지 못해서 말이다. 양국체제란 전혀 없던 목표를 갑자기 인위적으로 만들어 달성하자는 것이 아니다. 30년 전에 눈앞에서 놓쳤던 기회를 이번에는 꼭 잡아 반드시 이루어내자는 것이다. 미처 떼지 못했던 그 한 걸음을 이제 마저 가자는 것이다.

위기를 뒤집어 보면 기회가 있다

현재의 상황을 보면 30년 전에 비해 좋아진 점도 있고, 나빠진 점도 있다. 87년 후 30년 만의 새로운 범민주항쟁, 즉 촛불혁명은 민주 세력의 분열을 허용하지 않았다. 촛불혁명은 촛불정부로 이어졌다. 탄핵찬성 - 적폐청산으로 모아진 촛불의 동력은 여전히 강하다. 이 단합된 힘을 유지해갈 때, 촛불혁명은 반드시 완수될 수 있다. 촛불혁명의 내적 동력을 견실하게 유지해가기만 한다면 어려움을 오히려 기회로 반전시킬 계기가 반드시 찾아질 것이기 때문이다.

외적 환경은 30년 전과 비교해 더 좋아졌다고 보기 어렵다. 30년 전에 비해 미국은 중국을 훨씬 더 경계하고 있다. 또 30년 전에 비해 북한은 더 공세적이고 피해의식이 강한 나라가 되었다. 아울러 큰 합리성 위에서 공동보조를 취하기 어려운 정부가 미국에서 집권 중이라는 사실도 우리에게 핸디캡이다. 이런 조건들이 한국의 주도적 역할을 제한하고 있다.

그렇다고 외적 변수가 모두 나빠진 것은 아니다. 30년 전에 비해 세계 상황에 대한 일반의식은 오히려 우호적인 쪽으로 바뀌었다. 이제 과거의 냉전체제, 또는 90년대 미국 일극주의는 확실히 과거의 일이 되었다. 학자들만이 아니라 세계의 일반인들이 그렇게 생각한다. 세계에

벽이 없다. 이제 오히려 미국의 트럼프 지지자나 유럽의 극우파 정도만이 세계에 벽을 새로 세우려 하고 있다. 이러한 모습이 자연스럽다거나 보기 아름답다고 생각하는 세계인들은 많지 않다. 대한민국 국민들도 물론 마찬가지다.

그중에서도 북미 간의 막말 전쟁은 가장 불미스러운 현상에 속한다. 보기 딱할 뿐 아니라, 한반도 남북 모두에 가공할 결과를 가져올 현실적 전쟁 위기를 조장하고 있다. 그러나 이러한 돌출 현상의 원인 해소에 대중적 관심, 세계인의 관심을 모을 수 있는 절호의 기회이기도 하다. 앞서 말했듯 어려움을 오히려 기회로 반전시키는 계기가 될 수 있는 것이다.[5]

5. 누가 한반도의 빌리 브란트가 될 것인가

지난 2017년 12월 13일 《경향신문》 칼럼에서 한신대 이일영 교수는 필자가 제안해온 '코리아 양국체제론'이 오랜만에 제기되는 '국가 대전략 논의'라고 환영했다. 고마운 일이다. 필자 역시 이 논의가 진지하고 생산적인 '플러스 알파'에 이르기를 바란다. 그러나 양국체제론이 나온 국제적 배경에 대한 이 교수의 이해는 다소의 보완 설명이 필요해 보인다.

양국체제란 한반도와 동북아에 점증하고 있는 위기를 근원에서 해결할 방안이다. 동북아 당사국 모두의 이익과 세계사 전환의 방향에 부합한다. 이 교수가 칼럼에서 대안으로 제기한 동아시아 '지역 – 국가 네트워크 체제'도 코리아 양국체제가 성립돼야 본격화될 수 있다. 지면 제약상 충분히 말할 수는 없다. 거두절미를 양해 바란다.

현재 한반도 전쟁 위기는 1994년 6월 이후 최고 수위에 이르고 있다. 94년 미 국방부의 전쟁 시나리오는 한반도 전역에서 100만 명 이상의 사상자가 난다고 했다. 당시 북한의 국력과 전력(戰力)이 극저점에 있었음을 고려하면, 이번 전쟁은 그보다 훨씬 큰 사상자가 날 것임이 분명하다. 이번 위기도 94년처럼 요행히 봉합하고 넘어가면 되는 것일까? 문제의 근원을 해결하지 못하면 위기는 더욱 심각한 상태로 되풀이되기 마련이다.

문제의 근원이 무엇일까? 북의 호전성일까? 북미 간의 치유 불가능한 적대감일까? 혹자는 북미 간의 협상에 한국은 끼어들어갈 틈이 없다고 말한다. '코리아 패싱'을 자인하는 말이다. 코리아전쟁이 미국과 북한의 전쟁이었던가? 사실과 크게 다르다. 휴전협상에서 한국이 빠졌던 건 전쟁에서 한국이 흘린 피가 적어서가 결코 아니다. 휴전 협상을 거부했던 이승만 대통령의 고집 때문이었을 뿐이다.

북이 미국과만 협상하겠다고 우기는 것을 뒤집어 보면 한국을 그만큼 부담스럽게 생각하는 심리가 있다. 한국의 발전상과 남북 간 국력 격차가 체제 유지에 위협적이라고 느낀다. 열세에 처해 있다고 생각하기 때문에 더욱 호전적으로 나온다. 양국체제란 북의 이러한 불신과 불안을 근원에서 해결해주는 방안이다. 양국체제란 남과 북이 서로를 국가로서 인정하고 공존하자는 것이다. 그 약속을 국가 간 수교 형태로 세계 앞에 공개적으로 하자는 것이다. 그래야 상대가 나를 삼키려 한다는 불신을 근원에서 풀어갈 수 있다.

없는 걸 새로 만들자는 게 아니다. 남북은 이미 1991년 유엔에 동시 가입한 두 개의 국가다. 유엔헌장은 회원국 상호의 주권과 영토의 보장을 명시하고 있다. 이미 당시에 양국체제가 절반은 성립한 셈이다. 당시 한국이 소련, 중국과 수교한 것처럼, 북도 미국, 일본과 수교했다면 남북의 수교도 가능했을 것이다. 현재 남은 190개국, 북은 160개국과 수교 중이고, 그중 157개국은 남북 모두와 수교 상태다.[6]

왜 그 길로 가지 못했을까? 그 길로 갔다면 현재와 같은 '누구도 원치 않는' 상황은 애당초 존재하지 않았을 것이다. 평양에 한국, 미국, 일본의 대사관 또는 대표부가 존재하여 상시 교류가 있는 상황에서도 지금과 같은 긴장 고조와 핵 개발을 상상할 수 있을까?

결국 양국체제=동아시아 평화공존체제가 완성되지 못하여 현재의 위기를 자초한 것이다. 이 탓을 이제 누구에게 돌릴까? 우린 국제문제의 책임을 남 탓으로 돌리는 데 익숙하다. 우리가 외교의 주동자가 되어본 경험이 없기 때문이다. 우리가 남북문제 국제관계에서 주동적 움직임, 이니셔티브를 쥐어본 경험이, 쥐어볼 생각 자체가 없었기 때문이다.

그러나 돌이켜 보면 87년에서 91년에 이르는 기간 대한민국에는 대단히 큰 힘이 존재했다. 87년 민주화의 동력이다. 그 동력을 온전히 모아냈다면 양국체제로 가는 길은 그때 획기적으로 단축되었을 것이다. 그러나 불행하게도 분열된 민주 세력은 이 길로 힘을 모을 수 없었다. 이제 다시 한번 기회가 왔다. 87년 이후 30년 만에 대한민국의 위대한 민주 동력이 되살아났다. 촛불혁명이다. 촛불이 진정 '혁명'이 되려 하면 '체제전환'이 반드시 따라야 한다. 그 체제전환은 '분단체제'에서 '양국체제'로의 전환이 될 것이다.

촛불은 4·19, 87년에 이은 30년의 민주 분출의 세 번째 거대한 파고다. 이번에 양국체제로의 전환에 실패한다면, 이 분출조차 그 이전 두 번의 분출이 그러했던 것처럼 또다시 어두움 속으로 침몰하지 않으리라는 보장이 없다.

이제 묻고자 한다. 과연 누가 한반도의 빌리 브란트가 될 것인가? 빌

빌리 브란트

서독 총리 빌리 브란트는 독일 통일의 초석을 놓은 인물로 평가받는다.
그가 내세운 동방정책은 성급하게 통일을 앞세우지 않았다.
그 핵심은 상대인 동독을 국가로서 인정하고 그와 공존하는 것이었다.
그런 점에서 코리아 양국체제론이 주장하는 바와 일치한다.

리 브란트는 동방정책으로 동서독 간 평화공존을 이룩했고, 이를 기반으로 세계인이 부러워하는 독일형 복지국가, 사회국가(Sozialstaat)를 건설할 수 있었다. 브란트 동방정책의 핵심은 동독을 국가로서 인정하고 공존하는 것이었다. 성급하게 통일을 앞세우지 않았다. 거꾸로 "통일을 원할수록 통일을 말하지 말자"고 했다. 1991년 동독의 흡수통일은 우연의 결과였을 뿐, 동방정책의 목표가 아니었다. 동방정책의 목표는 오히려 무리한 통일을 배격하고 평화로운 공존과 교류를 통해 상호 번영하는 데 있었다. 브란트 동방정책의 요체는 양국체제론과 같다.

브란트 동방정책은 총리 재임 중의 정책으로 끝나지 않았다. 브란트의 동방정책 – 사회국가 노선은 서독의 새로운 국시(國是)가 되었다. 헬무트 슈미트(Helmut Schmidt) 총리가 충실히 이었고 이후 기민련의 콜 수상에 의해서도 계승되었다. 브란트가 만든 평화와 복지의 양두마차가 없었다면 오늘의 독일은 없다.

다시 묻는다. 이 시점에 누가 한반도의 브란트가 될 것인가? 노태우 대통령이 북방정책으로 첫 해빙을 시도했지만 결국 미완으로 그쳤다. 김대중 – 노무현 대통령이 이를 완수해보려 했으나 역시 실패했다. 우리는 이 두 경험에서 배워야 한다. 너무 조심스러워서도 안 되고, 너무 조급해서도 안 된다. 코리아 양국체제는 해방 후 100년이 되는 2045년까지 최소한 30년은 존속할 체제다. 우리는 이 정도의 호흡을 가져야 한다. 이 시간 동안 남북 서로의 불신을 줄이고 교류와 협력의 폭을 꾸준히 끌어올려야 한다.

이 길이 대한민국의 새로운 국시가 되어야 한다. 남북이 두 나라로 공존한다는 믿음이 생기면 남북 수교와 북미 · 북일 수교는 멀지 않다. 이로써 1991년 미처 다 이루지 못했던 양국체제는 정착된다. 브란트

재임 당시의 동서독 화해에 주변 강대국들이 강하게 반대했던 역사적 이유가 한반도에는 존재하지 않는다. 전쟁을 했던 남북 두 당사자가 적대를 녹이고 화해와 공존의 주역으로 나설 때 주변국이 반대할 이유와 명분이 없다.

코리아 양국체제는 세계인의 보편적 여망과 다르지 않다. 칸트 '영구평화론'의 핵심은 국가 간 적대의 소멸에 있었다. 지독한 전쟁을 했던 한 민족 두 국가가 상호 적대를 소멸시켜간다면 이는 칸트의 꿈이 한반도에서부터 실현되어가는 일이다.[7]

6. '한반도기 41%, 태극기·인공기 49%' 여론조사가 말해주는 것

한반도기 때문에 태극기가 사라진다?

평창 동계올림픽에 북(DPRK)이 참석하게 되면서 걷잡을 수 없게 고조되던 북미 간 전쟁 위기는 잠시나마 숨고르기 국면에 들어갔다. 작년 내내 남측의 일관된 평화 기조 유지와 남북 대화 제의가 있었기에 가능한 일이다. 이렇듯 위태로운 국면에 한국에 촛불정부가 들어서 있었다는 것이 천운(天運)이 아닐 수 없다. 남쪽에 트럼프보다 더 호전적인 냉전대결 정권이 여전히 버티고 있어 불난 데 부채질을 해대었다면 어떤 일이 벌어졌을 것인가.

그렇다고 이번 일로 북미 간 갈등 요인이 근본에서 봉합된 것은 물론 아니다. 그렇기에 지금 조그맣게나마 열린 대화 국면을 더욱 섬세하고 정확하게 읽고 지혜롭게 풀어가는 것이 중요하다. 작은 실수, 미세한

김정은 국무위원장의 2018년 신년사 발표

2018년 1월1일 북의 김정은 국무위원장은 신년사를 통해
평창 동계올림픽 참가 의사와 함께 "북남 사이의 첨예한 군사적 긴장 상태 완화"와
"조선반도의 평화적 환경 마련"을 강조하여
2017년까지의 강경 대결 기조와는 크게 다른 입장을 내놓았다.

틈이라도 생기면 이를 역용하여 판을 뒤집어보겠다는 세력들이 호시탐탐 기회를 노리고 있기 때문이다.

그중에서 주목을 끌었던 것이 평창 올림픽에서 한반도기 동시입장과 남북단일팀을 둘러싼 논란이었다. 북의 올림픽 참가 의사를 남측이 바로 받아들이면서 국면이 대결에서 대화로 신속하게 전환되었을 때, 국내외의 반응은 압도적으로 환영 일색이었다. 냉전 세력조차 북의 평창 올림픽 참가 자체를 반대한다고 나설 수 없었다.

그러나 일찍이 2018년 1월 5일부터 《조선일보》는 한반도기를 빌미로 삼아 "개회식에서 태극기를 볼 수 없게 되는 일만은 받아들일 수 없다"고 트집을 잡기 시작했다. 자유한국당은 7일부터 이 논조를 받아 앵무새처럼 되풀이해왔다. 한반도기 때문에 태극기를 볼 수 없게 된다는 이 주장은 물론 억지다. 동시입장하게 될 남북이 한반도기를 든다고 하여 대회장에서 태극기가 사라질 리 만무하다. 개최국의 국기는 대회 입장 선두에 그리고 대회장 높이 항상 휘날리고 있다. 또 남북이 그동안 한반도기를 들고 동시입장했던 국제대회는 이미 아홉 차례에 이른다. 더구나 그중 세 차례는 한국에서 열렸다. 올림픽에서는 그런 적이 없다고 소리를 높이지만 여러 국제대회에서 이미 그렇게 해왔는데 올림픽이라고 안 될 이유는 없다.

그러나 여기까지만 생각하고 과거에 했던 대로 하면 된다는 식이었다면 곤란하다. 안일하게 하다가 조금의 빈틈이라도 보이면 악착같이 물고 늘어질 준비를 하고 있는 쪽이 냉전 세력이다. 작년 북의 고강도 핵실험과 ICBM 개발, 그리고 북미 간 긴장 고조는 과거 어느 때보다 심각한 것이었다. 북에 대한 그리고 남북관계에 대한 국민의식에도 상당한 변화가 있었다. 최근 여론조사를 중심으로 이를 살펴보자.

세 개의 여론조사

그간 한반도기와 관련하여 주목할 만한 여론조사가 몇 차례 있었다. 먼저 2018년 1월 11일 SBS가 국회의장실과 함께 실시한 긴급 여론조사가 있다. 여기서 북의 평창 올림픽 참가에 대해서는 응답자의 81.2퍼센트가 찬성했다. 그러나 한반도기를 들고 동시입장하자는 데는 50.1퍼센트가, 무리해서 그렇게 할 필요 없다는 데는 49.4퍼센트가 찬성했다. 조금 애매한 입장을 가진 응답자들이 '무리해서 그렇게 할 필요 없다'로 몰리는 반면, '한반도기 들고 동시입장'에는 애매함 없이 태도가 분명한 응답자만 찬성하게 되는 설문 방식이다.

여론조사는 설문 방식이 좌우한다는 말이 있다. 비슷한 문항을 조금 다르게 물었더니 차이가 생겼다. 17일《데일리안》이 알엔써치에 의뢰하여 조사 발표한 결과가 그렇다. 남북 한반도기 동시입장에 대해 찬성이 58.7퍼센트, 반대가 32.3퍼센트로 나왔다. '무리해서 그렇게 할 필요' 등의 언급 없이 단도직입 찬성, 반대로 분명히 물으니 결과가 약간 달라졌다. 분명히 반대하는 쪽만 모여 32.3퍼센트가 되고, 반면 조금 애매하더라도 찬성한다는 의견이 찬성 쪽으로 모아져서 58.7퍼센트가 되었다. 끝으로 18일 여론조사 기관인 리얼미터에서 발표한 조사의 설문은 약간 다른데 이에 관해서는 이후 언급하기로 한다.

먼저 앞서 두 조사 결과를 묶어서 생각해보자. 우선 남북 동시입장에 대한 여론은 어떻게 될까? 알엔써치 조사에서 '한반도기 동시입장'에 대한 찬반을 보면 추정 가능하다. 이 설문에서 한반도기를 빼고 그냥 '동시입장'에 대한 찬반이었다면 찬성은 '한반도기 동시입장'보다 분명히 높아지고 반대 또한 분명히 낮아질 것이다. SBS와 알엔써치 결과를 종합해볼 때, 대략 찬성은 60~70퍼센트대, 반대는 20퍼센트대 정도가 될 것으로 보인다. 정리해보면, '남북 동시입장'에 대한 동의는 (여전히) 상당히 높지만 '한반도기 동시입장'에 대한 동의는 과반은 넘지만 60퍼센트대에 이르지 못한다.

이 정도 정리한 후 세 번째 리얼미터 조사를 보면 아주 흥미롭다. 이 조사는 남북 동시입장에 대해서는 상당히 높은 동의가 있음을 전제하고, 그 경우 남북 선수단이 어떤 기를 들어야 하느냐고 묻고 있기 때문이다. 여기에 대해 각각 자국 국기(태극기, 인공기)를 들자가 49.4퍼센트, 한반도기를 들자가 40.5퍼센트라는 결과가 나왔다.

물론 '한반도기 41퍼센트, 태극기·인공기 50퍼센트'의 지지가 서로를 배제하는 것은 아니다. 어느 쪽이든 한반도기나 인공기에 대해 수구 냉전파들과 같은 뼛속 깊은 적대감이나 거부감이 별로 없다. 한반도기와 태극기·인공기를 다 자유롭게 쓰자고 하면 크게 반대하지 않을 의견들로 보인다.

한반도기에 대한 냉전보수 세력의 반감은 오래된 것이다. 2002년 부산 아시안게임에서부터 당시 한나라당은 '한반도기 동시입장'을 반대했다. 그러나 당시 여론조사는 한반도기 동시입장에는 76퍼센트, 동시입장에는 83.3퍼센트가 압도적으로 찬성하여 냉전 세력의 반대 목소리가 묻혔다. 그때에 비하면 올해 조사에서는 양쪽 모두에 대한 찬성이 상당한 정도(앞서 살펴보았듯 대략 15퍼센트 내외) 낮아졌다. 이러한 차이가 생긴 것에 대해 이번 정부 평창 올림픽 준비팀은 충분히 예측하거나 준비하지 못했던 것으로 보인다.

그렇다고 이러한 변화가 냉전 회귀 세력의 입맛에 맞는 것이냐 하면 전혀 그렇지 않다. 냉전 세력이 한반도기보다 더 배척하는 것이 인공기다. 한반도기가 못마땅한 정도라면, 인공기에는 히스테리 증상을 보인다. 1월 1일 연초 벽두부터 홍준표 자유한국당 대표가 벌린 게 바로 그 '인공기 히스테리'였다. 한 초등학생이 그린 '통일나무' 그림에 인공기가 (태극기와 함께) 그려져 있다고. 이런 '불온한' 그림이 은행 달력에 버젓이 올랐다고 분개했다. 여론은 차가웠다. 그러자 이 어린이 그림 소동은 슬그머니 사라졌다.

그러나 이어 한반도기 논란이 일자 이 기회에 '인공기 히스테리'도 다시금 불씨를 살려보고 싶었던 듯하다. 2002년 부산 아시안게임과 2003년 대구 유니버시아드에서 이미 한반도기와 인공기가 다 사용되

우리은행 2018년 탁상 달력의 통일나무 그림

었는데, 이때 냉전 세력이 히스테리를 집중시켰던 곳은 한반도기보다는 오히려 인공기였다. 인공기가 걸린 곳마다 보수단체들이 따라 다니며 요란한 소동을 벌였다. 이번에도 그런 소동을 한판 벌여보자고 벼르고 있는 세력이 분명히 있을 것이다.

그러나 한반도기 논란 이후 '그러면 어쩌자고?'에 대한 여론의 답은 냉전보수 세력의 본심을 오히려 거꾸로 뒤집어엎는 것이었다. 남북 양측이 자국 국기인 태극기와 인공기를 각자 들자는 쪽이 49.4퍼센트, 한반도기를 같이 들자가 40.5퍼센트였다. 실은 당연한 일이다. 한반도기가 논란이 된다면 남는 선택은 태극기와 인공기를 각자 드는 것밖에 없다. 아무리 막무가내의 냉전대결 세력이라고 해도 엄연한 참석 국가인 북측에 인공기 대신 태극기를 들라고 하거나 혹은 아무것도 들지 말고 맨손으로 나오라고 억지를 부릴 수는 없을 것이다.

원래 냉전보수 세력의 본마음이 무엇이었던가. 한반도기에는 트집을 잡고, 인공기에는 더 철저히 반대한다는 것이다. 그러나 한반도기를 문제 삼고 보니 남는 것은 오히려 한반도기냐 아니면 태극기와 인공기의 병존이냐의 선택이 되었다. 이 두 선택이 90퍼센트를 차지한다. 나머지 10퍼센트는 둘 중 어느 쪽이 좋은지 잘 모르겠다는 쪽과 둘 다 싫다는 쪽으로 나뉠 것이다. 골수 냉전파의 본심은 물론 둘 다 싫다는 것이다. 그런데 그런 생각을 가진 사람들이 얼마나 될까? 고작 10퍼센트에도 못 이르고 한 자릿수 어디에서 왔다 갔다 하는 정도에 불과했다.

이런 결과는 《조선일보》나 자유한국당이 원하던 것이 결코 아니었다. 그래서 그 이후로는 트집잡기 초점을 한반도기에서 여자 아이스하키 단일팀 구성 건으로 바꾸었다. 단일팀 구성에 대한 정부의 애초 태도에도 변화에 둔감했던 바 있고, 이제 뒤늦게나마 자성하는 모습도 보인다.

그러나 이 문제에서 '변화'라는 것도 냉전보수 세력이 원하는 것과는 전혀 무관하다. 어떤 종목이 되었든 남북이 각각 자국기를 들고 당당하게 출전하여 실력대로 하면 되지 굳이 무리를 해가며 단일팀을 만들어야 하느냐는 것이다. 최근 비트코인 거래소 폐쇄설에 대해 반발과 마찬가지로 청년 세대에게 기회를 주는 데 관심이 부족한 것 아니냐는 반발이다. 이런 현상을 냉전 세력의 본심인 '북 부정=인공기 히스테리'에 끌어다 억지로 맞추려 해봐야 잘 될 리가 없다. 이제 그도 잘 안 되니 결국 '평창 올림픽이냐 평양 올림픽이냐' 식의 말장난, 그리고 결국 인공기 불태우기 식의 썰렁한 퍼포먼스에 몰두한다.

새로운 시작

이제 많은 한국인들이 해외여행을 하고 있고 그에 따라 국제 감각도 과거에 비해 크게 세련되었다. 해외에서는 '두 개의 코리아'를 당연한 사실로 받아들이고 세계인들이 이를 마땅하게 생각하고 있음도 잘 알고 있다. 과거 '북한'이라는 말만 들어도 주위를 한번 돌아보고 쉬쉬 입조심 귀조심 하던 독재 시절 그 사람들이 더는 아니다. 이미 세계화된 국민이고, 위대한 촛불시민이다.

유엔뿐 아니라 세계 대다수 국가에서 태극기와 인공기가 아주 자연스럽게 함께 게양된다. 남측 냉전보수 세력의 '인공기 히스테리'는 이제 자신들만의 어두운 골방, 우물 안 개구리 멘탈에 불과하다. 꼭 같은 이야기를 북에 대해서도 할 수 있다. 만일 입장을 바꾸어 북에서 그런 국제대회가 열렸고 여기 참석한 한국 팀이 태극기를 드는 데 대해 북측 사람들이 히스테리를 보인다면 어떻겠는가. 그 역시 아무도 받아들이지 못할 시대착오적인 넌센스가 된다.

이번에 나타난 '한반도기 40퍼센트, 태극기·인공기 50퍼센트'의 여론을 잘 읽어야 한다. 이는 냉전보수 세력의 '인공기 히스테리'를 한판 개그로 만들었지만, 그렇다고 나이브한 통일 염원과 부합하는 것도 아니다. 한반도기는 남북 분단을 넘어서자는 통일 염원과 열정을 상징한다. 이 염원은 태극기와 인공기를 녹여 한반도기 하나로 통일되기를 원한다. 반면 태극기와 인공기의 병존은 엄연한 현실, 한반도 두 국가(코리아 양국체제)의 현실을 상징한다. 한반도기 이전에 우선 태극기와 인공기가 존재함을 차분하게, 냉철하게 인정하자는 것이다.

이번 한반도기 논란은 정부 측에도 상황 인식과 대응에 큰 공백이 있음을 확인하는 계기가 되었을 것이다. 남북 동시입장, 한반도기, 단일팀 구성에 대한 국민 의식은 2000년대 초반과 크게 달라졌다. 이 변화를 단순히 퇴행이라 본다면 사태를 크게 잘못 읽은 것이다.

통일에 대한 열정, 막연한 민족감정만 가지고 마음만 앞서가려 하면 대립적 현실을 완화시키기보다 오히려 더욱 악화시킬 수 있다. 이제는 남북이 엄연히 구분되는 두 개의 나라가 되었고 각자가 서로 구분되는 이해관계를 가지고 있다는 것, 하나 되자는 열정만 가지고는 아무것도 되지 않는다는 것을 인정해야 한다. 분단체제라는 옛 게임이 이제 끝나간다. 새 게임이 시작되고 있다.

이러한 변화를 남북 상호 확실히 인정하는 것이 코리아 양국체제 정착의 출발점이다. 그럴 때야만 남북 간 엄존하는 상호 안보 위협에 대한 현실적 대처와 조절·협력이 가능할 것이다. 최소한 남북 주도로 이

위기를 합당한 수준에서 관리해갈 수 있다. 그래야 남북 공동의 안정과 번영의 기반이 마련될 수 있을 것이고, 그럼으로써 동북아시아에 어둡게 드리운 세계전쟁의 발발 가능성도 걷어낼 수 있을 것이다. 이제 새로운 시작이다.[8]

7. 코리아 양국체제와 평창 올림픽

지난 2018년 1월 10일 이일영 교수가 《경향신문》에 칼럼 「양국체제인가, 한반도 체제인가」를 올렸다. 양국체제도 한반도 체제이니 이 제목은 이상하다. 이 교수는 양국체제론과 분단체제론, 두 개의 '이론'을 말하고 그 둘의 병립을 제안하는 듯하다. 그러나 필자는 양국체제와 분단체제, 두 개의 '현실'을 말해왔다. 이 둘은 병립할 수 없다. 선택해야 한다.

　분단체제에서는 한반도 두 국가의 존재, 두 국가의 평화공존이 허락되지 않는다. 분단체제에서 남북은 서로를 부정한다. 모두 자기 중심으로 통일되어야 한다고 주장한다. 그래서 남은 '북진통일(흡수통일)'을, 북은 '조국통일(적화통일)'을 부르짖어왔다. 상대가 자신을 부정하는 이상, 그러한 상대와는 생사를 걸고 싸울 수밖에 없다. 그것이 한국전쟁(Korean War)이었다. 분단체제는 한국전쟁의 연장체제다.

평창 동계올림픽 폐회식

2018년 2월 25일 평창 올림픽 폐회식에서
남북 선수단이 각각 태극기와 인공기, 그리고 한반도기를 들고 입장하고 있다.
남북 양국의 국기를 각자 들면서 또한 서로 동의하는 경우에는
한반도기를 함께 드는 것이다. 이 모습은 코리아 양국체제의 성격을 잘 보여준다.

그러나 1991년 이래 유엔은 한반도 남쪽에 '대한민국(ROK)' 그리고 북쪽에 '조선(DPRK)'이라는 두 개의 국가가 존재함을 인정하고 있다. 유엔헌장은 가입국 모두가 상호 영토와 주권을 인정함을 명시하고 있다. 또한 세계 157개국이 남과 북 두 나라와 동시 수교하고 있다.' 유엔에서도 세계 대다수 나라에서도 태극기와 인공기가 동시에 걸려 있다. 이제 세계인들의 눈에는 너무나 익숙한 모습이기도 하다. 분단체제 신봉자들은 이 엄연한 현실을 외면하고 부정한다.

평창 올림픽이 좋은 예를 보여주고 있다. 평화제전인 평창 올림픽에서 북측(DPRK) 선수단과 응원단이 자신의 국기인 인공기를 들고 나오는 것에 극도의 거부감을 보이고 있는 쪽이 어디인가? 연초 벽두부터 어린이가 그린 '통일나무' 그림에 인공기가 (태극기와 함께) 등장했다고, 그래서 대한민국이 부정되었다고, 황당한 히스테리를 부린 이들은 또 과연 누구였던가?

이미 노태우 대통령 시기인 1991년 탁구와 청소년 축구에서 남북단일팀이 성사되었다. 이후 남북이 한반도기를 들고 공동 입장한 대회는 아홉 차례에 이른다. 이 열한 차례의 국제대회에서 남북은 각자의 국기인 태극기와 인공기를 들고 각자의 팀을 열심히 응원했다. 남에서는 북이 다른 국가와 경기하면 북을 응원했고, 북에서는 남이 다른 국가와 경기하면 남을 응원했다. 이것이 한반도기를 함께 든 취지였다. '한반도 두 국가 간의 특수한 관계', 이것이 코리아 양국체제의 국제법적 성격을 집약한다. 남북 양국의 국기를 각자 들면서 또한 서로 동의하는 경우에는 한반도기를 함께 드는 것이다.

2002년 부산 아시안게임과 2003년 대구 하계 유니버시아드 대회에서도 꼭 마찬가지였다. 태극기와 인공기가 대한민국 하늘 아래 자연스럽게 같이 걸렸다. 대한민국의 부정? 거꾸로 그때 남북 간의 긴장과 위기는 코리아전쟁 이래 가장 약해졌고, 세계 여론에서 대한민국의 국격은 가장 높아졌다. 양국체제란 이렇듯 남북 두 나라의 평화적 공존 상태를 안정적인 체제로 만들자는 것이다.

분단체제 신봉자들은 이 모든 사실들을 없었던 일로 부정하고 싶어한다. 이들은 1991년 남북 유엔 동시가입 이전, 더 나아가 1987 민주화 이전으로 돌아가자고 외치는 역사의 퇴행 세력이다. 영화 〈1987년〉에 등장했던 남영동의 그 가공할 실존 인물, 박처원과 꼭 같은 사고를 여전히 품고 있는 자들이다.

이들은 이명박·박근혜 두 정부 시기, 점증하는 북핵 위기라는 엄중한 현실은 손 놓고 외면하면서 '통일 대박'이 난다고 국민을 속였다. 이윽고 촛불혁명으로 국민의 단죄를 받은 이후에도 달라진 것이 없다. 북미 간 전쟁 위기가 극도로 고조되었던 작년 하반기 내내 트럼프보다 더 강경하게 북을 몰아치자고만 외쳐댔다. 전쟁 위기를 감소시키는 데 힘을 합치기는커녕 위기의 불길이 더 붙으라고 부채질만 했다. 그렇듯 남북 간, 북미 간 긴장이 높아질수록 자신들의 권력이 더 공고해진다고, 그래야 권력을 다시 찾아올 수 있다고 믿고 있기 때문이다. 그러나 촛불 이후 사람들은 이제 더 이상 속지 않는다. 그 길이 한반도 남북의 공멸, 더 나아가 세계의 파국으로 가는 길임을 잘 안다.

세계 여론은 3차 세계대전의 발화점이 될지도 모를 한반도 전쟁의 가능성을 진정으로 우려했다. 누가 김정은-트럼프 간의 막가는 치킨 게임을 일시적이나마 중단시켜 대화의 물꼬를 텄는가? 주변 어느 국가도 하지 못했다. 분단체제 신봉자들은 물론 언급의 대상이 못 된다. 결국은 성숙한 대한민국 촛불시민들의 힘이다. 일 점의 폭력도 없이, 다시 1987 이전을 꿈꾸던 박근혜 신유신 세력을 단번에 끌어내린 힘이다. 외신들이 그렇게 말하고 있다. 이번 평창 올림픽에서 나타난 대화 기조는 평화를 바라는 대한민국 민의의 승리라고.

대한민국의 촛불민의는 평창 올림픽에서의 한반도기 그리고 태극기와 인공기의 동시 등장을 따뜻하게 환영한다. 이로써 남북 간 대화와 화해의 물꼬가 트이고, 더 나아가 북이 바라는 북미 수교, 북일 수교에 대한민국이 적극적인 역할을 하는 계기가 마련되기 바란다. 우리가 이미 중국, 러시아와 수교하고 있는 것처럼, 미국과 일본이 북을 인정하고 수교하게 되면, 코리아 양국체제는 안정 궤도에 접어든다. 그럴 때 북의 비핵화도 현실화될 수 있다. 이것이 한반도 평화만이 아니라 세계 평화를 위한 대한민국의 역할이다.[10]

8. 남북·북미 정상회담과 '팍스 코레아나'

"이렇게 잘 나가도 되는 거예요?" 요즘 전화나 SNS를 통해 받는 질문이다. 남북 정상회담을 곧 한다더니(2018년 3월 6일 평양 발 뉴스), 이제 북미 정상회담도 목전에 왔다(3월 9일 워싱턴 발 뉴스). 질문에 붙는 말이 있다. "갑자기 너무 잘 풀리니까 어쩐지 불안하네요 ……" 뒤에 붙은 무언, 침묵이 꽤 심각하게 들렸다.

믿기지가 않아서였겠다. 작년 하반기(2018년 2017년) 내내 북미 간에 오간 그 험악하고 아슬아슬했던 막말들이 여전히 생생하다. 그뿐인가. 평화의 물꼬가 트이는가 싶었던 평창 올림픽 기간에도 펜스 부통령 등 미국 정부 관계자들은 북 대표단에 대해 '투명인간' 취급과 '코피 (bloody nose) 전략' 으름장으로 일관했다. 그런데 어떻게 하루아침에 이렇게 바뀔 수 있나. 그렇다 보니 왠지, 뭔가 불안하다는 것이다.

난 웃으며 "좋은 게 좋은 거 아닙니까. 자신을 가집시다"라고 답한다. 분명히 기분 좋게 웃을 일이다. 왜 그렇게 생각하는지는 이따 밝히기로 하고, 우선 놀랄 일 하나를 더 들어보자. 지난 토요일(2018년 3월 10일)《조선일보》는 "트럼프는 북한과 수교하고 김정은은 핵 폐기하라"는 제목의 사설을 올렸다. 특히 마지막 문단은 인용할 만하다.

가장 바람직한 것은 북한과 미국 · 일본의 수교로 북이 국제사회의 정상적 일원으로 나서고 북한 체제 안전은 유엔과 한 · 미 · 북 · 중 · 러 등 동북아 관련국이 모두 참여하는 안전보장 체제로 푸는 것이다. 북이 핵만 버리면 이 세계에 북을 공격할 나라는 하나도 없다. 이 경우 대북 제재 해제와 국제사회의 경제 지원으로 북한의 경제적 어려움은 단기간에 크게 개선될 수 있다. 김정은이 핵을 버리고 미 · 북 수교와 제재 해제를 얻는 것이 살길이

트럼프는 북한과 수교하고 김정은은 核 폐기하라

《조선일보》 2018년 3월 10일 자 사설

라는 전략적 판단을 내리길 바랄 뿐이다.

그동안 모든 문제에 대해 북에 가장 적대적이었던 《조선일보》고, 그 사설이다. 그 《조선일보》가 "북한과 미국·일본의 수교"를 주장하고 "동북아 관련국이 모두 참여하는 북한 체제 안전보장"을 말하다니! 상전벽해로다! 가히 '역사적인 사설'이라 치하해주고 싶다.

물론 북이 궁극적으로 핵폐기를 결단할 정도의 확실한 체제 보장이 이뤄져야 한다. 이를 위해 두 가지가 분명해야 한다. 하나는 북미, 미중 관계의 장기적 안정이다. 그런데 무엇이 이를 가능하게 할까? 남북 양국 간 두터운 신뢰에 기초한 평화공존체제, 즉 코리아 양국체제의 정착이다. 그것이 핵심이다. 그 길로 가는 첫 고리가 대한민국이 주도하여 성사시키는 북미·북일 수교다.

'다른백년'이 출범 이후 줄곧 주장해온 바다. 이제 《조선일보》조차 '다른백년'의 합리적 주장에 공감하게 된 것이라고 즐겁게 받아들이고 싶다. 부디 일회성 주장으로 그치지 말고, 《조선일보》의 사시(社是)로 확정해주기 바란다.

《조선일보》의 이 입장이 평지돌출은 아니라고 본다. 우리는 그동안 '코리아 양국체제'는 이미 1991년 남북한 유엔 동시가입에서부터 싹이 트기 시작했음을 밝혀왔다. 그때 한국이 러시아, 중국과 수교한 것처럼 북도 미국, 일본과 수교하도록 해야 한다고 하였다. 〈남북기본합의서〉도 그런 취지에서 채택되었고, 그 정신에서 92년에는 〈한반도비핵화(남북)공동선언〉도 나왔다. 합리적 보수라면 당연히 이 취지를 이어 받아야 한다.

이제 《조선일보》까지 남북·북미 정상회담을 환영하는 대열에 나섰으니 "지금 세계에 (이를) 반대하는 사람은 아베와 홍준표 딱 두 사람뿐"이라는 모 정치인의 재치있는 코멘트는 정곡을 찌른 말이다. 여러 나라가 북미 정상회담 장소로 자기 나라를 제공하겠다고 나서고 있다. 단지 북미 간, 남북한 간의 문제가 아니라 세계평화의 문제임을 온 세계가 알고 있기 때문이다. 그래서 그러한 세계적 경사에 진심으로 일익을 맡고 싶은 것이다. 이제 마지막 남은 아베 씨와 홍 씨도 속 보이는 쪼잔한 짓을 그만하고 세계적 경사를 환영하는 세계인의 대열에 합류하기를 간곡히 바란다.

남북 · 북미 정상회담이 성사된 큰 흐름을 읽어야 한다. 너무 잘 풀리는 것 같아 불안한 이유는 사태의 흐름을 짧은 시각, 짧은 기억 속에서만 보기 때문이다. 생각해보자.

작년 북에서 수폭 규모의 6차 핵실험을 하고, 그 전후로 연이어 ICBM 실험을 감행했을 때, 그리고 미국에서는 정말 금방이라도 전쟁이 벌어질 것처럼 위협했을 때, 그럼에도 불구하고 한국 정부가 북 · 미를 향해 대화와 평화를 내세우면서 우직하도록 요지부동 밀고나갈 수 있었던 힘, 그 지속성, 일관성은 어디에서 왔을까?

거꾸로, 문재인 정부가 아니라 박근혜 정부가 여전히 존속하고 있다고 생각해보자. 작년과 같은 일들이 벌어졌다면 대대적인 반북 · 종북 소동이 정말이지 요란하게 벌어졌을 것이고, 그 결과 박근혜가 그토록 꿈꾸었던 제2의 유신이 진짜 현실이 될 수 있었다. 지금과 같은 남북 · 북미 정상회담은커녕 평창 올림픽의 북한 참가도 상상할 수 없었을 것이다. 아니 평창 올림픽의 정상적 개최조차 불투명했을 것이다. 이미 그때 한반도는 부분적이든, 전체적이든 전화(戰禍)에 말려들었을 가능성이 매우 크다.

지난 1년여 대한민국 외교는 바른 방향으로 잘 왔다. 길이 멀고 험하더라도 갈 방향을 정확히 알고 있으면 된다. 좀 돌아가더라도 찾아갈 수 있기 때문이다. 한국 정부가 왜 어떻게 그렇듯 '물가에 선 나무처럼' 흔들림 없을 수 있었던가? 믿는 구석이 있었기 때문이다. 그렇듯 옳다고 믿는 방향으로 밀어주는 거대한 힘이 있었기 때문이다. 2016~2017년 촛불혁명의 위대한 힘이다.

큰 문제일수록 큰 변화를 못 읽을 수 있다. 구조적 색맹이랄까? 익숙해져 있는 상황 탓에 새로움을 못 보는 것이다. 이럴 때 거시적 비교가 필요하다. 촛불혁명의 실체적 존재감은 시종 지지부진하다 실패로 끝난 6자회담 5년과 지금 상황을 비교해보면 잘 드러난다. 국제관계상 당시와 지금은 여러 기본 변수들에서 그다지 큰 차이가 없다. 결정적인 차이는 단 하나, 대한민국 촛불혁명의 동력이라는 새 변수다. 북의 핵과 발사체 수준이 높아졌다는 점 그리고 미국의 새 정부가 기존의 미국 대외정책 패턴을 어떤 식으로든 바꿔보려고 한다는 점도 물론 달라진 점이다. 그러나 그 변화들은 그동안 트럼프 – 김정은 충돌에서 보아왔듯 긍정적이기보다는 오히려 부정적인 방향으로 작용할 수 있는 것이었다. 오직 대한민국 민의의 가히 혁명적 변화, 그리고 그러한 민의를 충실히 받드는 새 정부의 출범만이 이러한 변화를 새로운 국면으로 전환시킬 힘으로 작용했다.

정상회담은 준비도 중요하지만 그 이후가 더욱 중요할 것이다. 정상회담은 상징적 큰 합의 정도가 나오면 된다. 북이 한미동맹 해체와 주한미군 철수 등을 요구할 것이라는, '미리 재 뿌리기' 식의 추측 보도들이 나오고 있는데, 그럴 일은 없을 것이다. 이미 94년 북핵 위기 시 김일성과 지미 카터(Jimmy Carter)가 만났을 때, 김일성 자신이 그런 주장을 하지 않겠다고 하였다. 북에서 김일성 – 김정일의 유훈(遺訓)이란 신성한 것이다. 북미든 남북이든 상호 불신과 의혹을 남길 요구를 들고 나올 이유가 없다. 그보다는 남북·북미 관계가 정상화됨으로써 생기는 장기적 이점에 당사자 모두가 집중할 것이다.

한국 정부가 그중에서 특히 집중해야 할 점은 남북 평화관계를 장기적 체제(system)로 굳혀야 한다는 사실이다. 남북 간의 깊고 두터운 신뢰의 형성이 반드시 필요하다. 남북 간 신뢰에 균열이 가면 북미·북일 수교는 물 건너간다. 그렇다면 '남북 간의 깊고 두터운 신뢰'의 핵심은 무엇일까? 남북 상호 주권과 존재를 확실히 인정해주는 데 있다. 이 점을 서로 확실히, 명백하게 보여줄 수 있어야 한다. 바로 양국체제다. 양국체제만이 남과 북 주권의 존립을 장기적·안정적으로 보장해준다. 실은 미국의 북 체제 보장보다 더 실질적인 요점이다. 양국체제가 확실히 굳혀지고 있다는 믿음이 생길 때 북도 북미·북일 대화에 보다 큰 자신감과 믿음을 가지고 나설 것이다.

한동안 존재하지 않았던, 아니 90년대 초반 노태우 정부 북방정책 시 잠깐 반짝했을 때를 빼곤 도대체 제대로 존재했던 적이 없었던, 한국 외교가 갑자기 세계적 각광을 받고 있다. 이어질 남북·북미 정상회담이 성공적으로 치러진다면, 세 나라 정상이 올 노벨 평화상의 공동수상자가 될 가능성이 매우 크다. 지난 1년간 숱한 어려움 속에서도 줄곧 올바른 방향을 제시하고 견지했던 쪽은 오직 대한민국 정부였다. 세계가 인정하고 있다.

이러한 즐거운 변화 속에서 필자는 '팍스 코레아나(Pax Coreana)'를 생각해본다. 필경 이 말에 물음표를 다는 분들이 없지 않을 것 같다. 팍스(Pax)라니? 그건 힘에 의한 평화, 초강대국, 제국들이나 하는 폭력적

평화 아닌가? 우리 코리아가 그런 식의 팍스와 무슨 관계가 있는가?

맞다. 팍스 아메리카나(Pax Americana)부터가 그러했다. 그 계열의 팍스 브리타니카, 팍스 로마나(Pax Romana)가 다 그러했다. 모두 힘과 정복을 전제한 평화였다. 제국에겐 평화였으되 약소국엔 지극히 괴로운 세월을 감내해야 했던 팍스였기도 하였다.

동양에도 팍스가 있었다. 세계사상 가장 영토가 넓었던 팍스는 바로 몽골 대제국 시대, 즉 팍스 몽골리카(Pax Mongolica)였다. 동양에 몽골 제국만 있었던 게 아니다. 진시황의 통일 이후의 중화제국, 팍스 시니카(Pax Sinica) 역시 그렇다. 한때 일본도 제국을 꿈꾸었으니 팍스 야포니카(Pax Japoinca)였다 부를 수도 있다. 그런 동쪽의 팍스 역시 힘과 정복을 전제한 평화였다는 점에서 동일하다.

그럼에도 팍스의 주체가 되었던 나라들, 그리고 그 후예들은 하나 같이 자신들이 인류 문명에 큰 기여를 했다고 자부한다. 그러나 주변에서 복속해야 했던 나라들에서는 사정이 결코 그렇게 간단하지 않았다.

그러나 바로 그렇기 때문에 '팍스 코레아나'가 더욱 특별하다. 우선 기존의 모든 팍스가 그랬던 것처럼 '팍스 코레아나'도 분명 세계평화를 만들어낸다. 지금 남북 · 북미 정상회담부터 세계평화에 기여하는 바가 명백하지 않은가. 그러나 여기에 그치지 않고, 한반도 양국이 평화공존체제를 이루어, 미중 · 중일 간의 긴장과 갈등을 풀어간다면, 이것이 바로 팍스 코레아나의 진면목일 것이다. 한반도 발 동아시아 데탕트, 한반도가 주도하여 이룩해가는 세계평화다. 더구나 폭력의 절대적 반대명제인 촛불혁명, 즉 순수한 평화의 힘, 위력으로 말이다.

또 하나 '팍스 코레아나'가 특별한 것은, 그 '팍스'는 코리아 내부의 깊은 폭력적 분열과 적대의 상처를 성숙하게 이겨낸 팍스일 것이기 때문이다. '팍스 코레아나'의 시작은 코리아 양국체제다. 코리아 양국체제란 서로를 부정하고 적대하면서 처절한 전쟁을 벌였던 남과 북이 서로 인정하고 공존하자는 것이다. 한반도 내부의 고난 속에서 싹튼 성숙한 평화와 공존의 힘이 세계평화의 밑알이 된다.

한국전쟁(Korean War)은 힘 대 힘의 극한 상황, 극도의 시련의 시간이었다. 그 시간은 2차대전 이후 3차 세계대전에 가장 가까이 접근했던 순간이기도 하였다. 다시금 우리는 기로에 서 있다. 과연 힘 대 힘을 신봉하다 또다시 세계 3차대전의 불쏘시개로 전락할 것인가? 아니면 오직 평화의 위력으로 세계평화의 선도자가 될 것인가.

기존의 제국 중심의 팍스(Pax)의 세계사에 질적으로 전혀 새로운, 진정으로 평화로운 팍스의 시대가 가능한가. 다른 어느 곳이 아닌 바로 이곳, 코리아에서 열어갈 길이 바로 그것 아닌가. 이 길을 필자는 '팍스 코레아나'라 부르고 싶다."

9. 4·27 남북 정상회담과 코리아 양국체제

역사적인 남북 정상회담이 이틀 앞으로 다가왔다. 세계의 이목이 집중되고 있다. 이 회담의 핵심 합의 내용에 대해서는 이미 답이 나와 있다. 한미 양국 대통령이 만천하에 공개한 '종전선언'이다. 북 역시 반대할 이유가 없다. 1953년 7월 체결된 코리아전쟁의 정전(停戰)협정을, 종전(終戰)협정으로 전환할 것에 남북이 합의하는 정도가 될 것이다. 물론 국제법상 완결은 남북미중 간의 종전·평화협정 체결이 될 것이다. 그러나 핵심 당사자인 남북 간의 종전 합의는 무엇보다 우선적이고 특별하다. 모든 것이 여기서부터 시작된다.

　이번 남북 간 종전 합의는 북미 정상 간 핵폐기-북미 수교 협상과 바로 연결된다는 점에서 그 이전의 남북 간 평화 합의들과 크게 다르다. 1991년 〈남북기본합의서〉 역시 획기적인 남북의 평화 조항을 담고 있지만 미국에 의한 북의 체제 보장이 담보되지 않았다. 이번 북

4·27 남북 정상회담

2018년 4월 27일, 두 정상은 역사적인 회담을 통해,
이 글에서 예상했던 바와 같이, 한(조선)반도에서
"정전 상태를 종식시키고 …… 정전협정을 평화협정으로 전환하며 ……
확고한 평화체제를 수립"하기 위해 적극 협력한다는
'판문점 선언'을 발표했다.

미 정상회담은 북핵 폐기와 북 체제 보장을 상호 CVID, 즉 "완전하고 (complete), 검증 가능하고(verifiable), 불가역적인(irreversible)" 방식으로 맞교환(deal)하는 여정의 출발이다. 원래 CVID는 미국 네오콘이 북핵의 무조건적 선제 폐기(disarmament 또는 destruction)를 주문할 때 쓰던 말이었지만, 이를 네오콘 식으로만 써야 한다는 법은 어디에도 없다. 결코 단기간에 끝나지도, 순탄하지만도 않을 이 북미 협상을 목표 지점까지 끝까지 지탱해줄 핵심 축, 척추가 남북 간의 단단한 신뢰다. 그 기초가 이번 남북 정상회담에서 다져지기를 기대한다.

남북 간 신뢰의 요점은 대한민국(ROK)과 조선(DPRK) 두 국가가 서로의 주권, 영토, 정통성을 확실하게 인정하는 데 있다. 그것이 남북 양국체제의 핵심이다. "완전하고, 검증 가능하고, 불가역적인 상호 인정"이라 해도 좋겠다. 이러한 수준의 상호 인정은 정상회담 한 번으로 결코 담보되지 않는다. 남북 정상은 이후로도 자주 접촉할 것이다. 형식적으로는 서울과 평양에 남북 대표부가 설치되고 북미 수교가 이뤄지는 정도가 "완전하고, 검증 가능하고, 불가역적인 상호 인정"의 최소 요건이 될 것이다. 내용적으로는 남북 양국의 법과 제도에서 상대를 부정하고 적대하는 내용을 삭제하고 바꿔가는 과정이 필요하다. 이번 남북 정상회담이 특별한 이유는 현실을 그 방향으로 변화시키는 힘이 과거 어느 때보다 크고 강하기 때문이다.

그 힘 중 가장 중요한 것이 대한민국의 촛불민의다. 촛불민의는 이 나라에 '기울어진 운동장'을 소멸시켰다. 기울어진 운동장 탓에 과거 김대중, 노무현 대통령의 대북 포용정책 역시 뚜렷한 한계를 가질 수밖에 없었다. 촛불민의는 북에 대한 어떠한 환상도 없다. 어떤 식의 통일 지상주의와도 무관하다. 남과 북이 서로 위협하지 않고 평화롭게 공존하면서 상호 번영하면 된다고 본다. 촛불 행동으로 박근혜 전대통령 탄핵 – 파면이 완료된 작년 3월 말~4월 초 실시된 통일연구원의 「2017년 남북통합에 대한 국민의식 조사」에 뚜렷이 나타난 흐름이다.

이러한 생각을 문재인 대통령이 직접 표명한 바 있다. "남북이 함께 살든 따로 살든 서로 간섭하지 않고 서로 피해주지 않고 함께 번영하며 평화롭게 살 수 있게 만들어야 한다"고 했다. 2018년 3월 21일 남북 정상회담 준비위 2차 회의에서의 발언이었다. 《조선일보》가 여기에 트집을 잡고 나섰다. "통일을 지향해야 하는 대통령의 의무와 반하는 것 아니냐 …… 어떤 경우에도 통일을 지향해야 한다 …… 통일이 돼야만 진정한 평화가 온다. '평화통일'이 아니라 '통일평화'다"라고. 평소 북의 체제 인정에 가장 강한 거부감을 표방해온 이 신문의 '통일지향'과 '통일평화'가 무슨 뜻이겠는가. 《조선일보》의 본심이 '통일지상주의'였다는 것, 그리고 '통일'이 얼마나 위험한 언어가 될 수 있는지를 잘 보여주었다. 철저한 적대주의, 대결주의고, 바로 기울어진 운동장 심리의 핵심 증상이다. 촛불로 소멸되었음에도 여전히 집착한다. '반복강박증(repetitive compulsion)'이라 한다. 이 정도면 중증(重症)이다. 이 증상에서 벗어나지 못하면 《조선일보》의 미래는 어둡다.

양국체제를 간단히 말하면 지금의 한중 관계 정도의 현실이 남북 간에도 실현되는 상황을 말한다. 한중이 서로 인정해서 상호 번영하는 길을 선택한 것처럼, 남북 역시 그렇게 살자는 것이다. 북 역시 그 길을 갈구하고 있다. 소련 해체 이후 북은 크게 변했다. 일례로 2000년 6월 14일 김정일 위원장이 김대중 대통령과 대면한 자리에서 했던 발언을 들어본다. "(김대중) 대통령께서는 완전통일은 10년 내지 20년은 걸릴 거라고 하신 것으로 알고 있습니다. 그런데 나는 완전 통일까지는 앞으로 40년, 50년이 걸릴 것으로 생각합니다."[12]

동구권 붕괴 이후 북의 목표는 통일이 아니라 생존보장이었다. 절박했다. 그러나 미국도 중국도 촛불 이전의 한국도 이를 보장해주지 않았다. 북은 이제 ICBM과 핵 개발로 이를 보장받았다고 주장한다. 그러나 촛불이 만든 새로운 촛불 한국, 그리고 새로 들어선 촛불정부가 없었다면 북의 ICBM - 핵 개발과 트럼프의 만남은 이미 진즉 대파국으로 종결되었을 것이다. 코리아 남북의 주요 지점들이 잿더미가 되고 수백만이 사망하는 끔찍한 사태다. 군 복무 중 전쟁 시뮬레이션에 참가해보았던 이들은 모두 잘 알고 있는 사실이다. 대한민국의 촛불과 촛불정부가 그 대파국을 지금껏 막아왔다. 그래서 양국체제 성립의 가장 주요한 힘이 촛불민의라고 하는 것이다.

이처럼 절체절명의 순간에 대한민국에 촛불혁명이 일어났다는 것은 진정 기적 같은 일이다. 필자가 코리아 양국체제를 구체적으로 고민하기 시작한 것은 2015년부터다. 가장 어두웠던 순간이었다. 도대체 왜 1987년 민주화의 큰 희망이 이렇듯 어두운 독재의 시간으로 뒤바뀌고 말았는지 여러 번 고통스럽게 복기해보았다. 생각해보면 1960년의 4·19혁명도 결국 독재로 환원되고 말았다. 한국 사회에 '독재가 민주를 회수하는 마(魔)의 순환고리'가 작동하고 있음을 알게 되었다. 4·19 이후 30년, 87년 6월 이후 30년이 그러했다.

고심 끝에 그 '마의 순환고리'를 끊는 유일한 방법이 '양국체제'의 정착에 있다는 결론을 내렸다. 2016년 1월 6일 나의 일기를 보면 "이것이 가능하기 위해서는 또 한 번의 87년이 있어야 한다……"고 썼다. 그러나 과연 가능할까? 어두웠다. 실낱같은 희망이라도 찾고 싶었다. 그러다 기적처럼 '또 한 번의 87년'이 찾아왔다. 촛불혁명이었다.

7·12 북미 정상회담

2018년 4월의 판문점 남북 정상회담에 이어
7월 12에는 싱가포르에서 북미 정상회담이 성공적으로 개최되었다.
70년의 북미 적대에 전환점을 찍는 획기적인 사건이었다.

양국체제는 한반도의 평화와 번영을 담보하고 대한민국에서 '독재가 민주를 회수하는 마의 순환고리'를 영원히 끊는다. 한국에서 민주주의의 확고한 정착은 북의 인권상황 개선에도 분명 선순환의 효과를 낼 것이다. 이미 양국체제의 상황은 시작되고 있다. 며칠 후 열릴 남북 정상회담이 양국체제로 가는 큰 길을 활짝 열어줄 것을 기대한다.[13]

3부 │ 양국체제 – 분단체제 논쟁

1948년 이후 코리아 남북에는 서로 적대하는 두 개의 국가가 존재해왔다. 두 코리아에 대한, 그리고 두 코리아 간의 관계에 대한 인식은 아래와 같은 네 개의 범주로 나누어볼 수 있다. Ⅰ유형은 남과 북 모두를 인정한다. Ⅱ유형은 남만을 인정하고 북을 부정한다. Ⅳ유형은 북만을 인정하고 남을 부정한다. Ⅲ유형은 남과 북 모두를 부정한다.(이 책 1부 2장, 127~128쪽 참조)

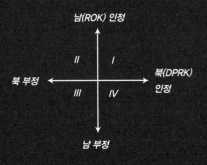

입장이다. 이 입장은 1970년대 한국의 민주화 운동권에서 최초로 공개적으로 표명되었다. 끝으로 코리아 남북을 모두 인정하자는 Ⅰ의 입장은 그러한 현실에서 존재하기 어려웠다. 그러나 2017년 이후 촛불혁명과 북핵 완성, 그리고 북미 대화라는 3박자가 맞아떨어지면서 그동안 존재하기 어려웠던 Ⅰ의 유형, 즉 남북 두 국가를 모두 인정하는 입장이 비로소 힘을 얻게 되었다.

'코리아 양국체제론'은 바로 이 Ⅰ유형의 입장을 말한다. 이 책 3부 논쟁의 대상인 '한반도 분단체제론'은 1990년대 이래 Ⅲ유형의 입장을 변형하여 계승하고 있다. 이제 Ⅱ, Ⅲ, Ⅳ유형의 입장은 폐기되고 Ⅰ유형의 입장으로 모아져야 한다. 그 길만이 통일로 가는 유일한 경로이기 때문이다.

남북이 적대적 분단체제에 갇혀 있는 한 현실에서 그동안 지배적이었던 입장은 우선 Ⅱ와 Ⅳ유형과 같이 어느 한쪽만을 인정하는 입장이었다. 이는 남북 두 국가에서 지배적인 '공식 입장'이기도 하였다. 이러한 상황에서 존재했던 또 다른 입장이 서로 적대하며 싸우는 남북 모두를 부정하고 비판하는 Ⅲ유형의

1. 양국체제와 남북연합은 만난다

냉전 해체 이후 근대 세계사는 새로운 단계인 후기근대(late modern age)에 접어들었다. 세계인이 이를 점차 실감하고 있는데, 촛불 이후 남북 코리아는 더욱 그러하다. 새로운 시간의 실감 속에서 최원식 교수가 《프레시안》 창간 17주년 기념 심포지엄에서 발표한 글 「남북연합 그리고 동아시아 평화공동체」는 동아시아 공동체를 강조하고 코리아 남북연합이 그 촉진자가 되어주기를 기대한다. 후기근대의 세계 상황이 두 코리아의 공존체제·평화체제를 가능하게 하고 있으니 이를 위한 내적 준비가 필요하다고 주장해온 평자로서는 동의하고 환영한다.

이제 촛불혁명과 판문점, 싱가포르 선언으로 그 가능성은 바로 코앞의 현실로 다가왔다. 촛불 직전인 2016년 5월 《프레시안》과 '다른백년'이 주관했던 4회 강연에서부터 평자는 공존체제, 평화체제보다 '양국체제'라는 개념을 강조하기 시작했다. 공존체제나 평화체제는 '그냥 맞는 말'로 들릴 수 있다. '좋아. 그런데 그렇게 하려면 어떻게 해야 하는데?' 이 질문에 답해야 한다. 공존과 평화를 이뤄낼 실제적 방법, 핵심고리가 중요한데, 이것이 '코리아 남북 양국의 주권국가(sovereign state)로서의 상호 인정'에 있다는 것이다. 결국 양국체제가 돼야 공존과 평화가 가능하다. 양국체제란 양국 공존체제, 양국 평화체제의 줄임말이다. 공존과 평화를 실현할 양국체제가 남북연합의 바탕이 될 것도 자명하다.

발제자는 어떻게 생각할까. 우선 발제문은 '國際(inter-national)'보다 '民際(inter-civic)'를 중시하기에 통상 쓰는 '(남북)국가연합'이 아니라 국가를 빼고 '남북연합'이라 하는 듯하다. 국제(International)에 민간관계가 빠지는 게 아니니 민제라는 말이 군이 따로 필요한지는 모르겠지만, 어쨌거나 국제와 민제가 따로는 아니겠다. 발제문이 언급한 한중일 관계만 하더라도 국제가 안 풀리면 민제도 어려워진다. 극적 사례는 1992년 한중 수교였다. 국제를 트니 민제가 크게 열렸다. 남북관계는 국제(이 경우는 inter-national이 아니고 inter-state가 된다)가 막혀 민제는 제대로 시작도 못하고 있다 할 형국이니 더더욱 그렇다. 따라서 남북연합 논의에서도 국가(state) 대 국가(state)로서 남북의 관계를 어떻게 풀어갈 것인가가 문제의 핵심이 될 수밖에 없다. 그런데 발제문은 그와전혀 다르게 본다. 아래 문단은 관련 주장이 집약된 것으로 보이는데, 의외로 '양국론'에 대한 '경계 긋기'로 시작한다.

최근 세를 얻고 있는 양국론에 대해서도 경계를 그을 필요가 없지 않다. 양국체제론자들의 논의를 자세히 들여다보지 못한 탓에 단정하긴 어렵지만 남북은 일국도 아니지만 양국도 아니다.

분단으로 두 쪽이 난듯이 보여도 남과 북은 분단체제의 드러남으로 연계된바, 분단체제를 상정하지 않은 양국론과는 애초에 무관하다. 그렇다고 그냥 일국론도 물론 아니다. 정말로 하나도 아니고 둘도 아니다[不一不二]. 요컨대 분단체제를 상정한 남북연합론을 설령 통일의 최종형태로 삼는다고 해도 그 연합이 두 나라의 단순 병치가 되기는 애시당초 그른 것이매 남북연합론은 주변 4강의 의심을 풀고 내부의 대국주의를 절약할 요체가 아닐 수 없다. 요컨대 남북연합론은 일국적 통일론과 양국적 반통일론을 가로지르는 중형국가적 분단해소론이다.

국가 대 국가의 문제를 시종 비켜가고 있다. 일국도 아니고 양국도 아니라 한다. 과연 그런가? 현실은 일 민족, 이 국가(one nation two states)이다. 둘이되 하나요, 하나이되 둘[一而二, 二而一]이다. 엄연한 사실이 그러함에도, 즉 이 두 개의 국가가 국제적으로는 모두가 널리 공인된 국가이면서, 막상 양국은 아직 서로를 국가로 인정하지 않고 있다는 사실, 이것이 문제요, 비정상 아닌가? 그러나 「발제문」은 거꾸로 본다. 이런 상태를 오히려 적극적으로 인정하고 여기에 높은 가치를 두고 있다. '불일불이(不一不二)'라 한다. 불일불이란 불가(佛家)의 진리관[中論]을 표현하는 높고 찬란한 언어다. 진리적 불일불이가 '분단체제'라는 개념에도 적용되고 있다. "분단으로 두 쪽이 난듯이 보여도 남과 북은 분단체제의 드러남으로 연계된바 …… "라고 하였다. 분단체제를 이렇듯 고도로 긍정적인 개념으로 보기 때문에, 발제자의 '남북연합'이 "분단체제를 상정한 남북연합론"이라 하였다. 그동안 '분단체제'란 말은 압도적으로 부정적인 의미로 사용되어왔기 때문에 이를 이렇듯 고도로 긍정적인 의미로 사용하는 용법이 일반인에게는 매우 낯설다. 분단체제는 남북이 적대하는 체제이고, 그렇기 때문에 서로 국가로서 인정하지 못해왔던 체제 아닌가?

거듭 말하여, 현실은 일 민족 이 국가 상태다. 체제 보장은 북미 간에만 아니라 남북 간에도 이뤄져야 한다. 그것이 양국체제다. 과연 무엇이 분단과 분단체제를 영구화시켜왔는지 생각해볼 필요가 있다. 둘임을 부정했기 때문에, 둘을 부정한 채로 결코 하나이자고 했기 때문 아닌가? 둘이 서로 인정하는 것이 이 함정을 벗어나는 제1보다. 돌아가는 것 같지만 그것만이 바른 길이다. 『노자(老子)』 22장에서 "곡즉전 왕즉직(曲則全 枉則直)"이라 했던 게 양국체제의 취지와 닿아 있다.

양국체제 없이 남북연합이 제대로 될까? 국(state) 간의 際가 안 열렸는데 民 간의 際가 활짝 열릴까? 그렇듯 국제가 닫힌 채로 가능한 남북연합이란 어떤 것일까? 양국체제가 성립하고 안정돼야 비로소 그 두 국가(state) 간의 남북연합이든 국가연합이든, 낮은 단계든 높은 단계든, 비로소 현실화되는 것 아닌가? 촛불혁명, 그리고 판문점 선언과 싱가포르 선언으로 이제 양국체제는 목전의 현실문제가 되었다. 판문점, 싱가포르 회담 한참 이전부터 줄곧 강조해온 것처럼 종전과 북미 수교는 양국체제의 입구요 일부다.

양국체제란 1973년 〈동서독기본조약〉 이후의 동서독 관계로 보면 이해하기 쉽다. 〈동서독기본조약〉에서 양독(兩獨)은 서로를 국가로서 분명히 인정했고, 기본조약 이후 미국은 동독과 수교했다. 그 두 고리가 풀리면서 양독 관계는 안정됐다. 반면 1991년 〈남북기본합의서〉는 이 둘 다 이루지 못했다. 유엔 동시가입으로 코리아 양국체제의 외적 모양새는 일단 시작되었지만 완성되지 못했다. 불완전하고 불균형했다. 그랬기에 그 경로는 금방 닫혔다. 반면 동서독의 양국체제는 안정적으로 지속됐다. 정권이 바뀌어도 존속했다. 이런 사실을 분명하게 인식하고 있으면 문제가 없다. 그러나 당시 남북이 처해 있던 여러 한계 때문에 어쩔 수 없이 낮은 수준에서 합의할 수밖에 없었던 것을 거꾸로 뒤집어서 그것이 마치 아주 높은 수준의 결과였던 것처럼 생각한다면 문제가 된다.

「발제문」의 '불일불이' 구절을 읽으면서 연상을 금하기 어려운 대목이 있다. 1991년 〈남북기본합의서〉 서문의 유명한 "(남북관계는) 나라와 나라 사이의 관계가 아닌 통일을 지향하는 과정에서 잠정적으로 형성되는 특수관계"라는 구절이다. 이 표현은 매우 외교적인 것인데, 이를 액면가보다 낮추어 읽는 것이 아니라(외교문서를 읽는 기본이다), 오히려 액면가보다 훨씬 높게 읽는 경향이 있었다. 마치 '남북은 국가 대 국가로 서로를 (아직 외적 조건과 내적 능력이 부족하여) 인정하지 못하는 것이 아니라 오히려 (뜻이 높기 때문에) 하지 않는 것이다. 그 이유는 남북은 애당초 두 국가가 아니라 통일을 지향하는 특수관계이기 때문이다'라는 식이다. 그렇게 읽으면 이 구절은 마치 '우리가 지금 하나는 아니지만 결코 둘일 수 없다(불일불이)'라는 높은 이상에 남북 대표가 의기투합하여 '우리는 결코 두 국가가 될 수 없으니 이러한 불일불이의 상태에서 곧바로 국가연합이나 연방제 통일로 직행하자'라는 뜨거운 마음을 이심전심으로 표현한 것이 된다. 실제로 그런 오독들이 꽤 있었다. 서로 국가로 인정하지도 않는데 연합이든 연방이든, 어떻게 가능할까? 여기에 대한 답은 여태껏 듣지 못했다.

끝으로 '말이 아닌 말'을 일부러 만들어낼 필요는 없겠다. 위 인용문에서 "양국적 반통일론"이 그렇다. 앞서 설명한 대로 양국체제 없이는 공존체제도, 평화체제도, 남북연합도 담보되지 않는다. 양국체제 자체가 통일은 아니지만, 어떠한 경로보다 통일 촉진적이다. 양국체제를 통하지 않고서는 어떤 바람직한 통일도 가능하지 않을 것이다. 그런데 왜 '반통일'일까? 또 이 말과 짝을 걸어놓은 "일국적 통일론"이란 뭘까? 진보진영에는 실체가 없는 것으로 안다. 북(DPRK) 역시 이 입장을 폐기한 지 오래됐다. 그럼 뭘까? 발제자의 뜻을 모르지만 어쨌거나 그런 게 있다면 우스꽝스런 무엇일 듯하다. '말이 아닌 말'을 만든 것으로 부족하여 실체 없는 허깨비와 짝을 붙여놓은 꼴이다. 왜 이래야 했을까? 양측에 '극단'을 세워놓고 중간에 끼어들어가 자신의 존재를 증명하는 방법은 때로 쓸 만하다. 단, 그 양쪽 입장이 단단하고 분명해야 한다. 그럴수록 자신의 입장이 힘을 받는다. 그렇지 않고 '말이 아닌 말'과 '대립 아닌 대립'을 세워놓고 그 사이를 가로지르는 식이라면 별다른 의미나 성과가 없을 듯하다. 또 그렇듯 가로지르는 게 '중형국가적 분단 해소론'이라 하였는데, 여기서 '국가'는 어떤 국가이고(일 국가? 이 국가?), 여기서 '분단 해소'는 어떤 해소인지(분단체제의 해소? 분단의 해소?)도 궁금하다. 어쨌거나 지금 필요한 것은 존재하지도 않는 것들 사이의 '경계 긋기'가 아니라 존재하고 있는 것들의 공통점을 모으는 일이 아니겠나 생각해본다.

2. 양국체제론과 분단체제론 1

상호 이해를 위한 서장

분단체제론의 양국체제론 비판

필자가 '양국체제'라는 개념을 명시해 처음 발표했던 것은 2016년 5월, 정동 프란체스코 회관에서의 대중 강연이었다. 양국체제란 대한민국(ROK)과 조선민주주의인민공화국(DPRK) 두 나라가 주권국가로서 서로 인정하여 공식 수교하고 평화롭게 공존, 교류, 협력하는 일 민족 이국가의 평화공존체제를 말한다. 1987년 이후 30년 그 거대했던 민주적 에너지가 어디로 어떻게 사라져버렸나를 반성해보자는 취지의 강연이었다. 4·19를 삼켜버렸던 '남북 적대의 분단체제'가 87년 6월 역시 삼키고 말았다 했다. 이렇듯 한국 현대사에서 30년 주기로 작동했던 '독재가 민주를 회수하는 마의 순환고리'를 끊기 위해 '남북공존의 양국체제'가 필요하다 했다. 그러다 그해 겨울 마술처럼 촛불혁명이 돌아왔다. 87년을 생생히 기억하고 있는 필자에게는 바로 그 시간이 되돌아온 것으로 보였다. 이번에는 결코 다시 실패해서는 안 되겠다, 다시금 이 에너지가 독재의 힘에 의해 회수당해서는 안 되겠다는 생각이 더욱 분명해졌다. 대선이 순탄하게 마무리된 이후, 대중매체를 통해 칼럼 형식으로 양국체제를 다시 강조하여 알리기 시작했다. 새로운 발상이었지만 아주 흔쾌히 받아들이고 쉽게 이해해주는 이들이 많았다. 젊은 층으로 갈수록 더욱 그러했다. 그러나 새로운 발상에는 늘 오해와 반대가 따르기 마련이다. 2016년의 강연에서부터 예상되는 반대 논리와 그 기반을 이루는 세대와 세력에 대해 '돌다리 두드리듯' 검토해본 바 있고, 이 강연 내용을 정리해서 최초로 발표한 「촛불혁명과 코리아 양국체제」라는 제목의 2017년 8월 22일 자 칼럼에서도 이를 분명히 밝혀두었다.

양국체제론에 대해 예상되는 반대는 두 가지다. 하나는 반통일론, 분단고착화론이 아니냐는 것이다. 이는 앞서 살펴본 분단체제 비판론 중에서도 강경한 입장에서 제기될 수 있다. 다른 하나는 반대편에서의 비판인데 '북한'을 절대로 국가로 인정할 수 없다는 또 다른 강경론이다. 이 입장은 북한 정권 타도를 전제로 한 흡수통일을 주장한다. 이 두 입장은 극과 극의 반대로 보이지만 한반도 두 국가 상태를 인정하지 않는다는 점에서 뒤집어져 있을 뿐 구조적 동형이다. 양국체제가 평화통일의 전망을 실제적으로 열어준다는 점이 잘 설득된다면 이러한 반대들이 어느 정도 완화될 수 있겠지만 결코 사라지지는 않을 것이다. 특히 두 번째 입장은 이번 촛불 정국에서 등장한 '태극기-성조기 집회'

와 중첩되는 것으로 이후 양국체제론에 대한 적극적 반대 집단으로 나설 수 있다. 그러나 이번 촛불 정국에서 보았듯 이 집단의 여론 확장력에는 뚜렷한 한계가 있다. 아울러 이러한 두 입장을 강경하게 견지하는 층은 양적으로 그다지 크지 않고 세대적으로 점차 축소되어가는 추세다. 젊은 층일수록 이러한 입장에 공감하지 못하기 때문이다. 미래는 양국체제의 편에 있다.(이 책 2부 1장, 155~156쪽)

예상이 꼭 들어맞았던 것은 아닌 것 같다. 반대의 한 축이 될 것이라 본 "분단체제 비판론 중에서도 강경한 입장"을 꼭 맞췄던 것은 아닌 듯해서다. 이때 염두에 두었던 쪽은 북의 체제를 옹호하면서 통일운동의 우선성, 선차성을 강조하는 민족주의적 통일론의 입장이었다. 물론 이 편에서의 비판을 읽어보기는 했다. 그러나 대체로 내 주장의 개요를 충실히 이해하려고 노력하면서 제기한 나름대로 진지한 비판이었다.[1] 지금까지 가장 강한 반대를 표명한 쪽은 내 예상과 달랐다. 어느 정도 차이는 있겠지만 기본 방향에서는 공유하는 바 많을 것이라고 생각했던 쪽에서 왔다. 계간《창작과비평》과 백낙청 선생[2]을 중심으로 한 분단체제론 그룹이었다.

비판의 내용과 방법이 모두 특이했다. 올(2018년) 7월 중순경 한 지인의 귀띔을 받고 읽게 된 책이었다. 표지를 보면 『변화의 시대를 공부하다: 분단체제론과 변혁적 중도주의』가 제목이고 저자는 '백낙청 외'로 되어 있는데 여기에 '창비담론 아카데미'라 부기(附記)해놓았다. 책서두를 보면 2017년 11월부터 2018년 1월까지 매월 2회씩 총 7회에 걸쳐 백낙청 선생 외 '다양한 세대의 교사, 교수, 문인, 연구자, 시민운동가, 편집자 등 총 30명'이 참석하여 1990년대 이래 백 선생이 발표해온 분단체제론을 중심으로 학습·토론했던 결과를 책으로 묶은 것이라 한다. 300쪽이 안 되는 크지 않은 책에 필자를 거명한 양국체제론 비판이 4회 모임부터 7회 모임까지 10여 차례 이상 길게 언급된다. 후반부 논의의 거의 절반이 양국체제론 비판에 할애되고 있다는 느낌이다.

진지한 비판은 큰 도움이 된다. 그런데 아쉬움이 있다. 다른 견해를 일단 이해는 제대로 해놓고 비판하겠다는 모습이 별로 안 보인다. "그 양국체제론이 분단체제를 사유하지 않을 좋은 핑계가 되기 때문에 많이 유통될 것 같은 불길한 생각이 들어서(웃음) 어떻게 효과적으로 반박할 수 있을지 궁금합니다"라고 물으면, "양국체제 얘기를 해보면, 체제를 갑자기 어느 날 만들자는 것 같아요. 현실이 어렵고 불편하니까 그냥 갈라서서 서로 독립하자 이런 거죠"라고 답하는 식이다.[3] 미리 '틀린 이야기'라 전제해놓고, 돌아가며 비판해보자는 식이다. 이 책에는 가볍고 무책임한 '비판'들이 너무 많다. 이렇게 해서는 제대로 된 '비판'이라 보기 어렵지 않을까. 백낙청 선생과 매회 모임 사회자를 제외하고는 모든 '발언자'들이 익명으로 되어 있다는 것도 특이했다.

총정리인 마지막 모임에서는 발제에서부터 (역시 익명이다) 양국체제론 비판을 하고 있는데, 그나마 내가 쓴 글의 일부나마 인용을 하고 있기는 하지만, "분단체제에 대한 불감증"의 사례라고 이야기하면서 막상 내 글과 그 글 속의 '분단체제'를 나로서는 전혀 이해할 수 없는 방식으로 풀이하고 있어 놀라지 않을 수 없었다.

(분단체제 불감증의 또 하나의 예는) 지난 모임 때도 얘기했던 김상

준 교수의 '양국체제론'입니다. 마침 어제 《경향신문》에 「코리아 양국체제와 평창 올림픽」(2018. 1. 29)이라는 칼럼이 게재됐는데, 이건 내용이 좀 심각한 것 같습니다. 조금 읽어볼까요? 글의 뒷부분입니다. "분단체제 신봉자들은 이 모든 사실(남과 북이 한반도에서 두 국가 간의 특수한 관계로 지내왔던 사실 — 창비 편집자가 부가한 설명)들을 없었던 일로 부정하고 싶어한다. 이들은 1991년 남북 유엔 동시가입 이전, 더 나아가 1987 민주화 이전으로 돌아가자고 외치는 역사의 퇴행 세력이다. 영화 〈1987〉에 등장했던 남영동의 그 가공할 실존 인물, 박처원과 꼭 같은 사고를 여전히 품고 있는 자들이다." 그런데 참 이상합니다. 분단체제라는 말을 자기 마음대로 쓸 수는 있겠지만, 분단체제 신봉자들이라고 한다면 이건 백낙청 선생이나 그 입장에 동의하는 사람들을 말하는 것 같은데 아주 정반대로 맥락을 틀어버린 것 같아요. 분단체제 신봉자라는 용어로 분단체제론자를 비판하는 건가요?[4]

"분단체제 신봉자들이라고 한다면 이건 백낙청 선생이나 그 입장에 동의하는 사람들을 말하는 것"이라니?[5] '분단체제 신봉자들' 즉 박종철을 고문 살해한 박처원과 같은 인물들과 그러한 세력에 맞서는 주장을 펼쳐왔던 "백낙청 선생이나 그 입장에 동의하는 사람들"은 정반대가 아닌가? 누구나 알고 있는 사실이고, 누구도 이 두 부류를 혼동할 수가 없다. 그럼에도 이렇듯 누구도 상상조차하기 어려운 말을 하게 되는 이유가 뭘까.

너무나 엉뚱했지만 이해해보기 위해 그 책을 다시 읽으면서 그런 생각이 나온 원인을 짐작은 할 수 있게 되었다. 문제는 '분단체제'라는 말이었다. 나에게는 분단체제와 분단체제론이 다르다는 게 흑과 백이 다른 것처럼 너무도 당연한 사실이었다. 백낙청 선생의 분단체제론은 분단체제를 비판하고 분단체제를 극복하자고 주장해온 분단체제 비판론 아닌가? 분단체제라는 말은 일반에서도 이미 널리 사용되고 있다. 그렇듯 일반화된 의미에서의 분단체제라는 말의 뜻 역시 마찬가지다. 누구도 분단체제가 좋다고 하는 사람은 없다. 분단체제는 압도적으로 부정적인 말이다.

백 선생 자신이 분단체제에 대해 내린 여러 정의 중 하나만 골라보면, 분단체제란 "남과 북이 서로 다른 사회를 만들어서 대립하고 있지만 사실 남과 북의 기득권 세력은 다 같이 분단을 유지함으로써 이득을 보는 …… 남과 북의 기득권 세력이 한편에 있고 그 기득권 세력이 유지하는 분단구조에서 손해를 보는 대다수 남쪽의 국민과 북쪽의 인민들이 다른 한편에 있는, 이런 이해관계의 상충이 더 기본적인 사회구조"[6]다. 내가 칼럼에서 말한 '분단체제 신봉자'란 바로 백 선생이 말한 '분단체제에서 이득을 보고 있는 사람들' 그리고 '그 기득권을 잃지 않으려고 하는 사람들'과 전혀 다르지 않은 말이다. 물론 이런 사람들은 자신들의 입으로 '나는 분단체제가 좋다, 나는 분단체제 지지자다'라고 결코 말하지 않는다. 그렇기 때문에 '분단체제 지지자'란 존재하지 않는 것일까? 정반대다. 타조가 머리를 모래에 묻는 것은 (그래서 자신이 숨었다고 생각하는 것은) 자신이 타조가 아니어서가 아니라, 자신이 정말 타조이기 때문이다. 분단체제 신봉자들이 분단체제라는 말을 쓰지 않는 이유는 그 말이 부정적인 말, 비판적 용어임을 그들 자신이 너무나 잘 알고 있기 때문이다. 이 사실이야말로 분단체제가 누구에게나 부정적인 의미로 쓰이고 있는 말이라는 사실을 분명히 거꾸로 증명하는 것이다.

그런데 놀랍게도 이 발제자와 그 해당 대목에 동조했던 여러 참석자들에게는 그렇지가 않는 듯하다. '분단체제'란 말과 '분단체제론'이란 말이 그다지 구분되지 않는 것으로 보인다. 5회차 토론에서 한 토론자는 "보통 우리 지식인 사회에서 '분단체제'라는 말을 쓰는 경우와 우리가 공부하는 '분단체제'는 거리가 있는 경우가 많다 …… 분단체제극복은 …… 통일을 넘어선 평화를 장기적인 기획으로 말하게도 된다"라고 말한다.[7] 분단체제극복은 통일 이후에도 장기 기획으로 남는다 하니 이 발언자가 생각하는 분단체제는 통일 이후에도 여전히 존재하는 무엇이다. 이렇듯 분단체제론자 내부에서는 '분단체제'라는 말 자체가 그 바깥의 사람들은 좀처럼 이해할 수 없는 모종의 특별한 말, '분단체제론' 자체와 뒤엉켜 하나로 융합되어버린 아주 심오한 개념이 되어 있다. 그렇다 보니 '분단체제 신봉자'를 '분단체제론 신봉자'로 읽는 기상천외한 독법도 나올 수 있는 것이고, '분단체제'를 자신들과 다르게 생각하는 나와 같은 사람은 "분단체제 불감증"의 사례라고 스스럼없이 거론하게 되는 것이다.[8] '분단체제'라는 말 자체가 신성화되고 있지 않는가라는 느낌을 저버릴 수 없었다.

이를 더욱 분명히 깨닫게 된 또 하나의 계기가 있었다. 이 책을 읽고 난 후인 9월 13일,《프레시안》창간 17주년 기념 토론회가 있었는데 여기서 최원식 교수의「남북연합 그리고 동아시아 평화공동체」라는 발표문에 대한 토론을 부탁받았다. 이 분 역시 창비에서 오래 활동하셨던 분이다. 분단체제 입장에서 양국체제론을 비판하는 그 발표문의 대목은 앞 장에서 인용한 바 있다.(이 책, 222~223쪽)

그래도 최 교수는 최소한 양국체제론을 잘 알지 못한다고 솔직히 밝혔다. 그러면서도 '양국론=반통일론'이라는 등식을 당연하다는 듯 쓰고 있다. 가까운 주변에서 그렇게들 이야기하기 때문일 것이다. 양국체제가 현 상황에서 통일로 갈 수 있는 최선의 길이라는 판단에 대한 인식이 여기에는 전혀 존재하지 않는다.[9] 또 양국체제가 최 교수가 강조하는 남북연합과 그렇듯 무관한 것인가는 다음 장에서 검토해볼 것이다. 다만 그 대목이 흥미로웠던 것은 '분단체제'라는 말이 단순히 긍정적인 정도가 아니라 매우 심오하면서도 고상한 어떤 높은 상태를 뜻하는 것으로 되어 있다는 사실이다. "분단으로 두 쪽이 난듯이 보여도 남과 북은 분단체제의 드러남으로 연계된 바"라고 하여 "분단체제의 드러남"이 분단된 남북을 이어주고 있는 생명줄과 같은 것으로 표현된다. 이런 상태가 '하나도 아니고 둘도 아닌 불일불이(不—不二)'라 하였는데, '불일불이'란 불교의 진리관을 집약하는 높고 찬란한 용어다('不—不異'라고도 한다). 이렇듯 매우 높은 종교적 진리관을 뜻하는 언어로 '분단체제'를 해석하고 있다는 데 놀랐다. "분단체제를 상정한 남북연합론"이란 말, 그리고 이것이 "통일의 최종형태"가 될 수 있다는 말도 이어진다. 좀 혼란스런 문장이지만, 통일로 가는 데 필수적이라고 보는 '남북연합'은 오직 '불일불이의 분단체제'를 상정해야 가능하다는 뜻이겠다. 쉽게 말하면, 분단체제여야 남북연합이 가능하고 남북연합을 통해서만 통일로 갈 수 있다는 것이다.

어쨌거나 이로써 창비그룹 내에서 분단체제 자체를 적극적, 긍정적으로 보는 흐름이 분명히 존재하고 있으며, 그에 따라 분단체제와 분단체제론이 별로 구분되지 않는다는 것, 그래서 분단체제에 대한 비판을 분단체제론에 대한 비판과 혼동하는 데 이르고 있다는 사실을 확인할 수 있었다. 분단체제와 분단체제론이 혼동되고 있는 이 상태는 분명 문제적이다. 어떻게 분단체제 비판론이 분단체제를 긍정할 수 있겠는가. 그렇다면 자기모순, 자기부정 아닌가. 그럼에도 분단체제론 내부에서 그런 흐름이 분명히 존재하고 있다는 것을 확인하게 되었다. 그리고 이 퍼즐을 풀어야 함을 깨달았다.

그동안 나는 내 나름대로 백 선생의 분단체제론을 알고 있다고 생각했지만, 그게 아닐 수도 있다. 너무 쉽게, 너무 빠르게 읽어버렸는지도 모른다. 중요한 글을 빠뜨렸을 수도 있다. 30년 동안 아주 많은 글을 통해 주장해온 내용이기 때문에 내 머릿속에 무질서하게 흩어져 정리되지 않은 상태로 있을 수도 있다. 내 자신 여러 글을 통해 분단체제에 대해 여러 차례 논해왔음에도 불구하고 (그 사실을 아는지 모르는지는 모르겠지만) 나를 "분단체제 불감증"이라고 자신있게 딱지 붙일 정도라면, 그 '분단체제론의 분단체제'는 '내가 생각해온 분단체제'와는 전혀 다른 무엇일 수가 있음을 인정해야 한다. 그리고 분단체제론 자체가 '내가 생각해온 분단체제론'과는 전혀 다른 무엇일 수 있음도 인정해야 한다.

그리하여 이 일을 계기로 나는 백 선생의 분단체제론을 다시 한번 살펴보게 되었다. 과연 새롭게 다시 읽히는 부분들이 있었다. 분단체제론이 나오게 된 전후 맥락에 대해서도 다시금 생각하게 되었다. 이러한 과정을 통해 분단체제론을 더욱 깊게 이해하고, 내 나름의 의문점들도 그런 대로 해소할 수 있었다. 이제 그 결과를 보고 형식으로 제시해보고자 한다. 그 과정에서 분단체제론과 양국체제론의 핵심적인 차이 역시 더 분명히 드러날 것이다. 그러나 동시에 창비 분단체제론과는 "차이는 있겠지만 기본 방향에서는 공유하는 바 많을 것"이라 보았던 근거 역시 새로운 이해 위에서 보다 구체적으로 밝힐 수 있기를 기대해본다.

분단체제론의 곤경과 역설

그 단서를 앞서 최원식 교수의 "분단체제를 상정한 남북연합"이라는 구절에서부터 풀어가 보기로 하자. 남북연합이란 분단체제론에서 제기해온, 분단체제 극복과 변혁을 위한 핵심적인 방법론이다. 그런데 그 남북연합은 분단체제를 "상정"해야 한다고 말한다. 분단체제론은 분단체제 부정론, 극복론, 변혁론이지만, 그 부정, 극복, 변혁을 위해서는 분단체제의 존재와 존속이 상정되어야 한다. 이러다 '분단체제'가 '분단체제 극복'의 과업 안에 포함돼 어느덧 그 일부가 되어버린다. 그러다 보니 분단체제론과 분단체제를 혼동하는 현상도 생겨난다. 결국 부정했던 대상을 인정하고 공존하게 되는 딜레마가 분단체제론 내부에 존재하고 있었다. 이를 '분단체제론의 곤경(딜레마)'이라 부르자.

그런데 최원식 교수가 보여주었듯 여기서 한 발 더 나아가 분단체제는 '분단된 남북을 연계시키는 불일불이의 상태', 즉 그 자체가 "통일의 최종형태"가 될 수도 있는 상태로 격상되는 단계로 나갈 수도 있다. 부정의 대상이었던 분단체제가 소극적인 인정을 넘어 이제 적극적인 긍정의 대상으로 완전히 탈바꿈해버린다. 이것을 분단체제론의 역설(패러독스)이라 부르기로 하자. 이 분단체제론의 역설은 최 교수의 언급을 통해 그 순수한 형태를 드러냈지만, 그 역시 분단체제론의 이론 구조 안에 잠재해 있었다.

그렇게 된 이유는 애초부터 백 선생의 분단체제 개념 자체에 부정과 긍정의 2중 계기가 내포되어 있었기 때문이다. 분단체제의 부정적 현상을 강조해왔지만 이는 오히려 부차적인 것이었고, 이론적으로 핵심적인 지점은 분단체제란 '둘이 아닌 하나의 체제'라는 발상인 것으로 보인다. 이러한 '하나의 체제'라는 발상 속에는 '분단의식' 또는 '반쪽 국가의식'의 강렬한 '분단부정의 정언명령'이 '무의식적 금압'으로 깊이 깔려 있었던 것이고,(이 책, 37~46쪽) 그렇기 때문에 '한 민족이 이룬 두 개의 국가', '두 개의 코리아'가 존재하고 있다는 사실을 인정하자는 양국체제론에 대해 그토록 강한 거부감을 보이게 된 것이다.

분단체제론에서 '분단체제'란 '하나'의 체제이기 때문에 '하나(분단체제)에서 하나(통일)로' 갈 수 있게 한다. 여기서 양국체제에 대한 반발의 근원이 있다. 양국체제론은 한반도 상태를 '하나'의 체제가 아니라 두 국가 상태라 하니, 이것은 애초부터 통일을 하지 말자는 것 아니냐고 단정해버린다. 너무나 단순한 이해가 아닐 수 없다. 하나가 되자면 우선 둘이 서로 인정을 해야 할 것 아닌가. 그것이 양국체제다. 그런데 그렇게 둘임을 서로 인정하지 않으면서 하나가 되자고 하면 '먹느냐 먹히느냐'의 문제가 생길 수밖에 없다. 그렇게 남북이 경쟁적으로 적대와 불신을 고조시켜왔던 체제가 분단체제였고, 그 분단체제가 통일을 가로막아왔던 것 아니냐고 묻는다. 그 장애물을 치우고 양국체제가 정착되어야만 통일로 가는 길이 열린다고 했다.

분단체제론은 비원(悲願)의 언어인 '분단'을 동시에 희원(希願)의 언어로도 사용하고 있다. 분단체제론에서 분단체제는 고통이자 동시에 희망이다. 그렇다 보니 분단체제론의 서술 속에서는 이렇게 한쪽으로는 비원과 고통 그리고 다른 쪽으로는 희원과 희망이라는 정반대의 가치와 정서가 '분단체제'라는 하나의 개념을 통해, 이때와 이 장소에서는 이 얼굴로, 저때와 저 장소에서는 저 얼굴로, 번갈아가며 널뛰기 하듯 나타난다. 분단체제론 측에서야 그것이야말로 '분단체제'의 양면성과 복합성의 전체상을 잘 드러내고 있는 것이라 자부할지 모르겠지만,

일반 독자의 입장에서는 분단체제가 도대체 이것인지 저것인지 자꾸만 헷갈리게 만드는 식자들의 악취미이거나 고질적인 병통이 아니냐고 항의할지도 모를 일이다. 그러나 순전히 이론적으로만 보자면 무슨 악의나 악취미와는 전혀 무관한 것이고, 분단체제론에 내재한 곤경과 역설이 필연적으로 드러나기 때문일 뿐이다.

시간적으로 보면, 분단체제론을 처음 제기했던 90년대 초반에는 분단체제의 부정성에 대한 비판과 민중주도 분단극복의 운동성에 대한 강조가 논의의 표면을 압도하여 '하나의 체제로서의 분단체제'라는 이론적 핵심이 갖는 함의를 덮고 있었다. 그러다 1997년 「분단체제극복 운동의 일상화를 위해」라는 글에서부터 분단체제의 부정적 파생 현상보다 '둘이 아닌 하나의 체제'로서 갖는 분단체제의 적극적 의미에 대한 인정이 강조되기 시작한다. 이는 1999년에 쓴 「한반도 평화통일을 위한 새 발상」에서 '과정으로서의 통일'과 '국가연합'[10]에 대한 적극적 강조로 이어진다. 분단체제 상태에서 연합을 하다 어느 순간 문득 통일이 된다는 발상이다. 2005년에 쓴 「6·15 시대의 한반도와 동북아평화」에서도 둘이 아닌 하나의 체제로서의 남북 상태가 연방·연합제의 조건이 되고 있음을 강조하고 있다. 이런 기조는 이후 출간된 저서들에서 일관되게 유지되어 2012년의 「'포용정책 2.0을 향하여」에서 종합된다. 그러다 2018년에 이르면 백 선생은 '과정으로서의 통일'이라는 말에 "과정으로서의 남북연합 건설"이라는 말까지 더하고 있다.[11] 앞서 살펴본 최 교수의 표현대로 '남북연합이 분단체제를 상정'하는 것이라면, '과정으로서의 남북연합 건설'이라는 말을 새로 도입하여 '불일불이의 분단체제 상태의 장기화'에 대한 적극적 인식을 한 단계 더 높이고 있는 것이다.

이로써 분단체제론 30년 궤적 속에서 분단체제는 그 30년간 흔들리고, 허물어지고, 해체되어도 결코 사라지지 않는 불사의 존재가 되었다. 분단체제에 대한 백 선생 자신의 기왕의 표현을 통해서 그러하다. 먼저 2006년 출간된 『한반도식 통일, 현재진행형』의 머리말이다.

벌써 8년 전의 일이 되었지만, '흔들리는 분단체제'라는 책 제목을 달면서 당시로서는 약간의 모험심을 발휘했다. 분단체제가 안 흔들리면 어쩔 거냐는 주위의 은근한 귀띔도 없지 않았다 …… 지금 돌이켜 보면 — 이것이 이번 책의 주장 가운데 하나이기도 한데 — 한반도의 분단체제는 남북에서 그것을 받쳐주던 군사독재가 결정적인 타격을 입은 1987년 6월부터 이미 동요하기 시작했었다. 따라서 1997~1998년께 가서야 '흔들리는 분단체제'라는 제목을 생각해낸 나는 현실에 뒷북이나 치며 따라가는 지식인의 한 표본이 아니었나 싶다. 하지만 그런 지식인들의 세계에서는 2000년 6월의 남북공동선언으로 '6·15 시대'가 열리기 이전에 분단체제의 흔들림을 공언했다는 점에서 얼마간 앞서간 형국이 되었다 …… 6·15 공동선언 이후의 세월 동안, 애초의 부푼 기대가 갖가지 난관으로 좌절을 겪는 가운데서도 남북관계가 꾸준히 진전하는 것을 지켜보면서 나는 진작에 흔들리던 분단체제가 드디어 허물어지기 시작했으며 '6·15 시대'가 곧 분단체제의 해체기에 해당한다는 믿음을 굳히게 되었다.[12]

그러나 분단체제는 이렇듯 흔들려도 흔들리지 않고, 허물어져도 허물어지지 않고, 해체되어도 해체되지 않았다. 이렇게 글을 쓴 지 12년

이 흘러 이제 촛불혁명이 진행되고 있는 2018년에도 백 선생에게 분단체제는 여전히 마찬가지다.

세월호 때나 탄핵행동 때 무작정 '가만있으라'던 권력자들은 몰락했고 그들의 노골적인 '좌파·종북' 몰이는 자유한국당 내에서조차 신용을 잃었다. 그러나 분단체제는 반공수구세력보다 훨씬 뿌리가 깊고 신축자재한 것이어서 일반민중더러 '가만있으라'는 기득권층의 논리는 얼마든지 다른 형태로 재생될 수 있다.[13]

과연 그토록 신축자재한 분단체제에 대응해야 하는 분단체제론 역시 최소한 그만큼은 신축자재해야 마땅할 것이다. 그래야 분단체제를 극복·변혁할 수 있을 것이기 때문이다. 그런데 그렇게 신축자재한 분단체제론이 본 2018년의 분단체제는 단순히 "일반민중더러 '가만있으라'는 기득권층의 논리"에 그치는 것만이 아니다. "무조건 나쁜 것만은 아닌" 무엇이 되었다.

통일 못한 것은 아쉽지만 그러나 전쟁을 또 한번 하는 것보다는 지금 상황이 차라리 낫다 하는 게 거의 국민적인 합의사항이 돼버렸어요. 그게 분단체제의 한 기반이죠. 그러니까 분단체제라는 게 무조건 나쁜 것만은 아닙니다. 어쨌든 1953년부터 지금까지 전쟁이 다시 안 일어나고 살아왔으니까 세계의 다른 분쟁지역과 비교해보면 굉장히 행복한 편입니다. 아주 행복한 것은 아니고 그래도 상대적으로 다행스러운, 중동의 여러 지역이나 발

칸반도 어디하고 비교하더라도요.[14]

아무리 불만족한 현실이더라도 그래도 거기서 만족할 구석을 찾아내야만 하는 것이 인간이고 인간의 삶일 것이다. 현상 인정의 심리적 장치가 없다면 삶 자체가 불가능할 수 있으니까. 그러나 그렇듯 어쩔 수 없이 받아들여야 하는 현상에 '분단체제'라는 이름을 내거는 것은 또 다른 문제다. '분단체제'가 마치 '삶의 조건', '인간 조건' 수준으로 범박화되기도 하고, 동시에 초월화되기도 한다. '분단체제'란 민족 간의 참혹한 전쟁을 일으키고야 말았던 체제다. 전쟁 후의 평화도, '경제 성장'도 항상 조마조마한 전쟁 위기의 칼끝에서 이뤄져야만 했던 체제였다. 분단체제란 바로 그러한 남과 북의 항상적 위기와 비정상 상태, 즉 영구적 비상 상태(permanent state of emergency)의 구조를 지칭하는 말이다. 그런데 바로 그 체제가 "굉장히 행복한 편"이고, "상대적으로 다행스러운" 것이었다니. 도대체 분단체제라는 말이 무엇을 뜻하는 것인지 혼란스럽지 않을 수 없다. 어떤 개념이 초점을 잃으면 모든 것이 될 수 있고, 모든 것이 되는 순간 무의미해진다.

결국 백 선생의 분단체제론에는 분단체제의 지속을 수동적으로 인정할 수밖에 없게 되고, 더 나아가 분단체제의 성격 자체에 긍정이 포함되기에 이르는 곤경과 역설의 싹이 내재되어 있었다. 이 곤경과 역설은 분단체제론에서 분단체제라는 개념이 2중의 모습을 띠는 것으로 나타났다. 한편으로 부정의 대상이며, 다른 한편으로 긍정의 대상이 된다. 후자, 즉 긍정의 대상으로서의 분단체제는 '남북연합을 허용하게 해주는 조건으로서의 둘이 아닌 하나의 체제'라는 우회적인 표현으로 나타나기 때문에 백 선생의 글 속에서는 그것이 직접적으로는 잘 드러나지 않는다. 그것을 드러내기 위해서는 보다 심층적인 분석이 필요하다.

분석에 들어가기에 앞서 백 선생의 분단체제론의 이론사적 위상을 먼저 짚어둘 필요가 있다. 이론에도 장강의 앞 물결 뒷 물결이 있고, 생애 주기가 있기 때문이다. 그걸 보아야 이론의 전체 풍경을 볼 수 있다. 백 선생이 분단체제에 대한 단편적인 발상을 내놓기 시작한 것은 1980년대 중반이라 하지만, 이론적인 구성을 갖춘 체계적 입론으로서 '분단체제론'을 처음 내놓은 것은 1992년《창작과비평》78호(겨울호)에 발표한 「분단체제의 인식을 위하여」였다. 이 시점은 묘하다. 소련·동구권의 붕괴로 동서 냉전이 종식된 이후이며, 그 여파로 한반도에서 분단 이래 최초로 열렸던 양국체제의 가능성이 내외의 '북한붕괴론-흡수통일론' 유포 세력의 반격을 받아 급격하게 닫혀가는 시점이었다. 다시 말해, 당시는 분단체제가 그 절정을 지나 크게 흔들리던 위기의 시기였고, 그 위기는 분단체제가 붕괴하고 양국체제가 열리는 첫 계기로까지 발전했다. 그러나 분단체제에서 양국체제로의 전환을 완수해낼 내적 역량의 부족(주로 민주진영의 분열로 야기된 것)과 외적 조건의 한계(주로 미국의 대북정책이 강경일변도였던 점)로 인해, 그 가능성이 급격히 닫히고 있던 시점이었다. 아울러 이 시기는 동구권 붕괴와 87년 대선 패배 이후 야권과 운동권이 분열하고 약화되면서 80년대의 '사회구성체' 논쟁을 비롯한 여러 혁명 이론들이 급속히 쇠퇴해가던 때이기도 했다.

위기와 혼란은 새로운 이론을 요청한다. 그러나 분단체제가 크게 흔들리고 있는 상황에서 분단체제론이 등장했다는 아이러니가 있다. 더구나 이렇게 등장한 분단체제론은 뜻밖에도 분단체제란 자본주의 세계체제의 하위체제로서, 자본주의 세계체제가 그러한 것처럼, 장기지속의 존재임을 설파했다. 80년대 '사구체 논쟁'이 러시아 혁명 이후 자본주의 - 사회주의 양대 진영의 대결논리와 그 연장인 반제국주의 - 민족해방투쟁의 혁명이론인 NLPDR(민족해방 민중민주주의 혁명)의 양 측면(NL과 PD) 사이의 논쟁이었던 만큼, 자본주의 - 사회주의의 진영 대립이 붕괴된 새로운 상황에서 미래를 조망하기 위해서는 진정으로 새로운 시각이 요청되던 때였다. 그런데 왜 다시 '장기 자본주의'이고 더구나 '장기 분단체제'인가?

자본주의 - 사회주의 양 진영의 대립, 즉 냉전의 붕괴는 단순히 사회주의(현실에 존재했던 사회주의 체제)에 대한 자본주의의 승리를 알리는 신호가 아니었다. 그보다 훨씬 깊은 수준에서 세계사적 격변이 진행되고 있었다. 그것은 소위 '아메리카 발견'으로부터 시작된 서구 자본주의적 근대의 긴 여정과 그 격발점이 된 '긴 유럽내전', 그리고 그 유럽내전을 배경으로 한 유럽 - 서구의 세계지배의 역사가 비로소 종식되어가고 있음을 알리는 신호였다.[15] 이러한 사실이 이제 서서히 학계를 중심으로 인정되고 확산되고 있지만, 분단체제론이 처음 모습을 보인 1990년대 초반에 이러한 인식은 아직 존재하지 않았다. 백 선생의 분단체제론이 크게 의지한 세계체제론자 이매뉴얼 월러스틴(Immanuel Wallerstein)도 2001년의 가히 묵시론적인 9 · 11 이후에야 (그가 500년 되었다고 본) 자본주의 세계체제가 막장에 이르렀다는 것, 세계사는 미지의 새로운 단계(가지치기, bifurcation)로 접어들고 있다는 생각을 굳힐 수 있었다. 그러나 그 새로운 단계가 자신의 입론인 근대 자본주의 세계체제론 자체에 대한 상당한 수정을 요구한다는 사실에는 여전히 인식이 미치지 못했다.[16]

나는 백 선생의 분단체제론에 대한 비판에 앞서, 나를 포함한 그 누구도 분단체제론이 처음 제기되었을 당시인 80년대 말~90년대 초반에 그토록 크게 변화했던 현실에 대한 완전한 조망을 가질 수 없었다는 사실을 겸허하게 인정해야 된다고 본다. '사구체 논쟁'의 주도자들 대부분이 이론적인 혼란과 좌절 속에서 물러나 앉는 상황에서 백 선생이 새로운 종합의 무거운 짐을 지려 했던 용기는 높이 평가되어야 마땅하다. 아울러 그 이후 거의 30년 동안 담론의 확산을 넘어 '6·15 민족공동위' 등 현실의 통일촉진운동의 주요 행위자의 하나로 적극적 역할을 해온 것 역시 그렇다. 이 글은 이러한 인식을 전제한다.

다만 공적과 함께 그러한 시대상황에서 나왔던 이론의 한계 역시 짚어야 하지 않을까. 오늘날(2018년)은 또 하나의 새로운 시대적 전환기다. 그런 작업 없이 미래는 정확히 포착되지 않는다. 분단체제론이 처음 제기된 1990년대 초반은 오늘날보다 더 큰 변화가 진행 중이었고, 당시의 현실과 미래는 오늘날보다 훨씬 더 불투명하고 불확실했다. 당시 살아 있는 모든 사람이 처음 겪는, 어느 역사책에도 전례가 없는 새로운 상황이었다고 할 것이다.

이러한 상황에서 분단체제론은 '길'을 제시해야 했는데, 이때 현실과 미래에 대한 탐색은 '인간의 조건' 속에서 필연적으로 과거의 의상과 언어를 빌려 행해질 수밖에는 없었다. 이 또한 백 선생이 제기했던 분단체제론의 운명이었다고 생각한다. '과거의 의상과 언어를 빌린다'는 말은 카를 마르크스(Karl Marx)의 유명한 풍자적 언어이지만, 나는 결코 단순히 풍자적인 뜻으로 이 말을 생각하지 않는다. 그 말을 했던 때의 마르크스는 아직 젊었다. '빌린다'보다는 강물처럼 '잇는다'가 더 사실에 가까울 것이다. 그것은 자연의 일부로서의 인간 누구나 피할 수 없는 자연적 질서와 같다. 반드시 빌리고 이어갈 수밖에 없되, 또한 그것을 넘어서 가야 하는 것이 무거운 사명이다.

백 선생이 이었던 흐름의 하나는 월러스틴의 세계체제론이었다. 이 이론은 소련을 중심으로 한 사회주의체제가 자본주의 세계체제의 일부를 이루고 있으며 (붕괴 이전부터) 이 체제는 심각한 위기에 봉착해 있다고 예견하고 있었다. 소련·동구권 붕괴 직후 이러한 세계체제론에 근거한 분단체제론이 나름의 설득력을 갖게 된 것은 자연스러운 일이었다. 소련 해체 이후 미국 중심의 일극주의적 세계질서는 세계체제론이 설파해온 자본주의 세계체제의 전일성(專一性)을 입증해주는 것처럼 보였다. 그러나 9·11 이후 이라크 전쟁의 실패, 그리고 연이은 금융 위기로 미국 일극주의는 급격히 막을 내렸다. 이후 세계는 명백하게 다극화로 가고 있으며, 자본주의적 전일성 대신 국가, 시장, 호혜 공동체가 다양하게 조합되는 '혼합체제'에 대한 관심이 커지고 있다.[17]

이어받을 수밖에 없었던 또 하나의 앞 물결은 백 선생 자신이 그 가운데 있기도 했던 70년대 재야 민주화운동의 '분단시대론'과 '분단체제론'이었다.[18] 엄혹한 냉전, 유신시대의 절정기에 제기된 이 견해들은 외세에 의해 강요된 분단이 안으로부터 이에 '상응하는' 세력이 생기면서 '분단체제'로 발전했다고 보았다. 70년대 분단시대/체제론의 주요한 특징의 하나는 남과 북 모두의 정부·체제·국가에 대한 강한 불신을 공유하고 있었다는 점이다. 그 주도자들은 박정희 유신체제에 대한 반대투쟁을 이끌면서 투쟁의 궁극적 목표를 통일에 두고 있었는데, 그 통일이란 남과 북의 현존 체제, 국가를 부정하면서 이루어지는 것으로 보았다. 이러한 입장은 1972년 〈7·4 남북공동성명〉이 남과 북의 기왕의 독재체제를 더욱 강화시키기 위한 공모(共謀)에 불과하다는 인식에서 비롯되었다.

냉전의 절정기에 남과 북 모두를 정당성 없는 '반쪽국가'(1971년 함석헌 선생의 표현으로는 "둘 다 가짜")로 보는 것[19]은 그 시대에는 그 나름의 근거가 있었다. '두 개의 가짜'를 걷어내고 '민중의 힘'으로 하나의 진짜를 찾아내자는 것이 당시 재야운동권 분단체제 극복론의 논리요 정서였다. 70년대 재야 민주화론, 통일론이 한국 민주화운동에 커다란 기여를 한 것은 분명하다. 그 논리와 정서는 모든 코리안에게 '무의식적 금압'으로 깊이 깔려 있던 '분단부정의 정언명령'의 강렬한 표현이었고, 백낙청 선생의 분단체제론은 그 흐름을 이었다. 그러나 '둘 다 가짜'라는 논리와 정서는 동서 냉전이 종식되고 남북 유엔 동시가입이 이뤄졌으며 〈남북기본합의서〉가 채택되어 분단체제가 크게 흔들리기 시작한 이후에는 더 이상 자명한 명제일 수가 없었다.

필자가 양국체제론을 제기하게 된 것은 87년 이후 30년에 대한 뼈아픈 반성, 복기(復碁)의 결과였다. 그때는 촛불혁명 전이었고 상황은 암담했다. 우선 어찌하여 87년의 희망이 이렇게까지 어두운 지경으로 곤두박질쳤는지 그 이유를, 그 뿌리를 정확히 알고 싶었다. 그래서 결국 도달한 것이 한국 현대사에 '독재가 민주를 회수하는 마의 순환고리'가 30년 주기로 작동해왔다는 생각이었고, 그 '마의 순환고리'를 깨기 위해서는 반드시 '분단체제를 끝장내고 양국체제로 전환해야 한다'는 결론이었다. 그리고 얼마 지나지 않아 아무도 예견하지 못했던 촛불혁명이 일어났다. 이제 그 촛불혁명의 힘으로 '분단체제에서 양국체제로의 전환'은 막연한 희망을 넘어 현실의 발판을 갖게 되었다. 그러한 '체제전환'이 이루어져야 촛불은 진정 혁명이 될 수 있을 것이다.

이렇게 제기된 양국체제론에 대해 뜻밖에 창비 분단체제론 그룹이 그렇듯 강하게 반발해온 이유가 무엇일까? 문제제기의 전후 맥락에 대한 고려 없이, 다만 양국체제론을 제기한 목적이 단지 창비 분단체제론을 비판하는 데 있다고 보았기 때문이 아닐까 짐작해본다. 필자가 '잃어버린 30년'을 복기하면서 분단체제 – 분단체제극복의 논리가 '분단체제의 반복강박'의 일부가 되었다고 이야기했던 것은 맞다. 그러나 그 비판은 창비 분단체제론을 특정한 것이 아니라 87세대 운동권 일반, 아니 60~80년대에 형성된 민주화 운동권 일반의 분단극복 논리에 내재된 모순을 지적한 것이었다. 그런 논리로는 '마의 순환고리'를 깰 수 없었고, 그 결과 87년은 결국 다시 독재로 회수되고 말았다고 했다. 그러나 이런 문제의식에 대해서는 일절 언급 없이, 다만 창비 분단체제론을 비판했다는 사실 자체에 반발하고 있었다. 그 반발의 내용도 들여다보면 '분단체제' 비판을 '분단체제론' 비판과 등치하는 것이었다. 나로서는 애초부터 양국체제론 구상의 동기가 무슨 '창비 비판'에 있지도 않았고 분단체제와 분단체제론은 분명히 다르다고 생각하고 있었던 만큼, 처음에는 그렇게 특이할 정도로 강하게 반발하는 것은 분명히 내가 이야기하려고 했던 본지(本旨)를 충분히 이해하지 못하고 있기 때문이라고, 단순한 오해일 것이라고 생각했다.

그러나 그런 반발의 배경에 필자와 창비 그룹 사이에 '분단체제' 개념에 대해 매우 큰 이해의 차이가 존재하고 있었음을 서서히 그리고 이제 분명히 알게 되었다. 양국체제론은 분단체제론과 마찬가지로 분단체제를 비판하며 이를 극복하자고 한다. 그런데도 양국체제론에 그렇듯 반발하는 이유는 실제로 '내가 생각하는 분단체제'와 '분단체제론이 생각하는 분단체제'가 실제로 너무나 다르기 때문이다. 다시 읽어보니 분단체제와 분단체제론은 분명 서로 구분이 안 되는 바 있다. 분단체제를 비판하고 극복하자고 시작한 분단체제론이 어느덧 분단체제와 동반(同伴)하자는 이론이 되어버린 것 아닌가. 양국체제론의 핵심은 마의 순환고리를 끊자는 것이고, 마의 순환고리의 핵심에 분단체제가 있다. 따라서 양국체제론의 입장에서는 분단체제를 확실히 끝장내는 것이 매우 중요한 과제다. 그러나 분단체제론은 어느덧 분단체제와 적당히 공생하자는 주장이 되어버린 것인가. 분단체제론은 어느덧 '분단체제 현상유지론'이 되어버린 것인가. 그렇다면 정말 문제는 단순한 오해에서 비롯된 것이 아니게 된다. 중대한 차이가 존재한다. 이를 차근차근 밝혀보기로 한다.

분단체제 개념의 과잉이론화 1

백 선생의 분단체제론은 시간적으로 크게 두 개의 단계로 나눠볼 수 있다. 먼저 입론 단계로서 1992년 발표한 「분단체제의 인식을 위하여」와 1994년 손호철 교수의 비판에 답하여 쓴 「김일성 주석 사망 직후의 한반도 정세와 분단체제론: 손호철 교수의 비판에 답하여」라는 두 글이 첫 단계의 출발점과 중심을 이룬다. 이어 1997년 발표한 「분단체제극복운동의 일상화를 위해」는 1단계에서 변화된 초점을 정리한 글로 이론이 다음 단계로 확장 이동했음을 보여준다. 이 기조는 이후 〈6·15 남북공동선언〉과 〈10·4 남북정상선언〉 등 참여정부의 남북관계를 경험하면서 더욱 자신을 갖게 되어 오늘날까지 변함없이 유지되어왔다. 다만 올해(2018년) 《창작과비평》 가을호에 발표된 「어떤 남북연합을 만들 것인가: 촛불혁명 시대의 한반도」는 양국체제론과의 논쟁이 어느 정도 반영된 글로서, 분단체제론과 양국체제론의 관계 설정이 앞으로 어떤 방식으로 이뤄질 것인가에 따라 분단체제론이 새로운 (세 번째) 단계로 변화해갈 수 있을지를 묻게 한다.

첫 번째 입론 단계에서 백 선생의 관심은 주로 기존의 '중산층적 시각의 자유주의혁명론(BDR, bourgeois democratic revolution), 민족모순 위주의 민족해방혁명론(NLR), 계급모순 위주의 민중민주주의혁명론(PDR)'을 "새로운 종합"을 통해 하나의 이론 체계로 세우는 데 있었다.[20] 앞서 말했듯 그 종합의 사회과학적 이론 틀은 월러스틴의 세계체제론(world system theory)을 원용했고, 한국의 운동사적 맥락의 논리와 정서는 70년대 재야운동권에서 기원한 분단시대/체제론에서 이어받았다. 이 시기 백 선생의 분단체제론 30년을 관통하는 '분단체제는 (한반도 남과 북을 아우르는) 하나의 체제다'라는 명제에서 강조점은 '하나의'가 아니라 '체제'에 주어져 있었다. 이 점은 손호철 교수와의 논쟁에서 집중적으로 드러났지만, 이미 1992년 첫 번째 글에서부터 강정구, 김세균, 이종오, 정대화 교수 등에 대해 분단체제를 하나의 사회과학적 '체제(system) 개념'으로 이해하지 못한다고 비판한 바 있다. 지구적으로 하나의 세계체제(modern capitalist world system)가 있고 그 아래 하위체제로서 남북을 아우르는 분단체제가 있으며, 분단체제 아래 남한체제와 북한체제가 있는데, 세계체제 속에서 남북의 체제가 작동하는 방식은 분단체제를 매개로 한다고 했다. 이렇듯 "'세계체제/분단체제/남북한 각각의 체제'라는 세 가지 다른 차원의 '체제'를 구별하는"[21] 개념적 엄밀화 작업에 치중하던 시기였다.

이 분단 '체제' 개념이 기존의 여러 혁명론과 모순론을 통합하려 하였기 때문에 애초부터 개념적 부담이 컸던 것은 사실이다. 더구나 월러스틴의 세계체제론은 근대세계의 사회체제(social-system)는 오직 하나, 바로 세계체제(world-system)일 수밖에 없다는 명제에 기초하고 있음을 고려할 때,[22] 위계적인 세 개의 체제를 설정하고 그 세 체제 간의 관계에 집중하는 분단체제론은 세계체제론의 논리와도 잘 맞아떨어지지 않는다. 세계체제를 최상위로 하고 분단체제를 그 하위체제, 남북한 체제를 분단체제의 하위체제로 구분[23]하여 그 세 체제 간의 서열적 영향과 매개 관계에 집중하는 분단체제론은 월러스틴의 세계체제론보다는 오히려 (백 선생 자신은 의식하지 못했을 수 있지만) 버틀란피(Ludwig von Bertalanffy)의 일반체계이론, 위너(Norbert Wiener)의 사이버네틱스 시스템론, 파슨스(Talcott Parsons) · 루만(Niklas Luhmann)의 사회체제론과 근친성이 있다. 월러스틴의 세계체제론은 자본주의가 어떻게 글로벌한 차원에서 '하나의' 시스템으로 구성되어왔는지를 밝히는 역사적 이론이지, 그 하나의 시스템의 여러 하위체제들로의 분화와 그들 시스템 간의 서열 및 매개 관계[24]는 주 관심사가 아니다. 이렇듯 서로 계통이 다른 이론들이 무반성적으로, 무비판적으로 뒤섞여 있기 때문에 혼란을 준다. 입론 초기부터 주로 여러 사회과학자들이 분단체제론이 체제 이론적 측면에서 과잉이론화의 문제(분단결정론, 분단환원론, 과잉분단론, 분단체제-실체론, 분단체제-환원론)를 지적해왔던 데는 그만한 이유가 있었다.[25]

그러나 백 선생에게는 체제 이론 구성의 논리적 완성도보다 기존의 여러 혁명 이론들을 종합하는 큰 틀을 제시해야 한다는 사명감이 더욱 중요했던 것으로 보이는데, 당시 상황에서 이러한 태도는 높이 살 만하다고 본다. 이론적 문제를 제기했던 측에서도 종합적 시각에서 분단체제론이 기여한 바를 잘 정리해놓기도 하였다.[26] 이러한 체제 이론 측면에서의 논의는 이미 어느 정도 충분히 이루어진 것이어서 여기서 다시 재론할 필요는 없겠다. 더 중요한 문제가 있기 때문이기도 하다. 그것은 분단체제론의 성격 자체에 대한 것이다. 나는 이 글에서 분단체제론이 '분단체제 비판론'에서 '분단체제 동반론'으로 점차 성격 변화, 중심 이동을 해왔지 않느냐고 묻는다. 원래 분단체제론의 분단체제 개념 안에 부정과 긍정의 2중성이 내재되어 있었고, 그 2중성의 틈이 점차 크게 벌어져온 것 아닌가. 나는 이 점에 집중할 것이다. '분단체제론의 체제 이론적 과잉'보다 '분단체제 개념의 과잉이론화'에 주목하겠다는 것이다. 분단체제론과 양국체제론의 차이의 핵심이 여기에 있다고 생각하기 때문이다.

분단체제론은 역사적으로 장구한 시간을 탐구하는 세계체제론을 원용함으로써, 한반도 상황이 자본주의 세계체제의 흐름 안에 엮여 있음을 강조할 수 있게 되었다(물론 이는 꼭 월러스틴의 세계체제론을 통해서만 가능한 것은 아니다). 그러나 그 논리 속에 분단체제를 끼워넣음으로써 분단체제 자체가 세계체제에 버금가는 장기지속(long-duration)적 존재가 될 가능성이 생겨났다. 이는 백 선생의 글에서 일찍이 손호철 교수가 날카롭게 포착했던 "분단 없는 분단체제의 성립"이라는 표현에서도 드러났던 것인데,[27] 분단체제란 단순히 남북의 분단 상태를 지칭하는 것이 아니라, 세계(자본주의)체제의 모순이 작동하는 한, 형태상의 분단이 사라지더라도 계속 존속하는 체제라는 뜻이다. 이 논쟁에서 백 선생은 자신의 취지가 "분단극복과 통일이 분단체제극복과는 별개의 것"이라는 점에 있었다고 변호했는데,[28] 이 변호는 분단체제가 세계체제와 명운을 같이하는 것임을 다시금 확인했을 뿐이다. 분단극복(통일)과 분단체제극복은 다르다는 것이다. 그래서 백 선생에게는 분단체제극복이 단순히 적대적 남북관계 해결, 그리고 통일이라는 구체성을 넘어서 환경문제, 성차별, 지역주의, 인권, 권위주의, 부패구조, 갑질문화 등 모든 문제의 근원적 해결과 연계되는 보편과제가 될 수밖에 없었다.[29]

어떠한 사회과학적, 인문학적 개념과 이론도 이러한 문제들에 관심을 가져야 마땅한 것이기는 하다. 그러한 문제들에 무관심한 사회과학과 인문학이라면, 심지어 자연과학까지도, 그것은 죽은 학문, 무의미한 이론일 것이다. 그러나 어떤 개념과 이론이 이러한 문제들에 대한 관심과 무관하지 않다는 것과 그것(여기서는 '분단체제극복'과 분단체제론)이 그 모든 문제들의 해결의 종결자가 되어야 한다는 것과는 크게 다르다. 백 선생은 분단체제극복의 과제가 이렇듯 크고 깊다는 점을 강조하면서 '희망함이 커야 한다'는 것을 늘 강조해왔는데, 희망함이 커야 한다는 것과 어떤 개념이 그 희망함만큼의 모든 부담과 책임을 다 져야 한다는 것은 완전히 다른 문제다. 이후 백 선생은 분단체제극복은 세계체제 종식 이전의 어느 단계에 이뤄질 것이라고도 하였지만, 그런 방식으로 애매하게 해결될 문제는 아니다. 백 선생이 말하는 '희망함'의 도저(到底)함은 자본주의 세계체제의 종식조차 확실히 보증하지 못할 만큼 깊고 넓은 것으로 보이기 때문이다. 세계체제론이 종교적 교의가 아니라 사회과학적 이론인 것처럼, 분단체제론 역시 그러해야 할 것이다. 세계체제론은 모든 문제가 해결될 것이라는 약속이 아니다. 여러 문제가 발생되고 있는 시스템에 대한 역사적·과학적 분석이고, 그 시스템의 작동 방식 속에서 그 자체의 한계를 드러내고자 하는 이론이다. 이론이 실천과 연계될 때, '희망함'의 정서와 희원은 그 연계고리가 될 수 있다. 그러나 그러한 희망함 자체가 사회과학적 개념 구성의 단위와 몸체가 될 수는 없다.

이렇듯 '분단체제'가 단순히 현상적으로 한반도 남북이 분단된 체제를 넘어서서 성, 계급, 민족, 인종, 지역, 국가, 인간/자연 간의 분단과 차별이 존속하는 체제로 확장됨으로써, '분단체제극복'이란 말은 남북 분단의 극복을 훨씬 넘어서서 인류사가 만들어온 일체의 분단과 차별의 장벽을 극복하는 과제와 구분하기 어렵게 되어버렸다. 그리고 분단체제론에서 '분단'이란 말은 아주 특별한 의미를 갖게 되었다. 단순히 한반도 남북의 분단만이 아니라, 계급 분단, 성 분단, 지역 분단, 민족과 인종 분단, 국가 분단, 인간/자연 분단 등 인류의 질곡으로 작용하고 있는 '모든 일체의 문제적 분단'을 지칭하는 전칭(全稱) 명제, 보편 주제가 되었다.

이렇듯 백 선생의 '분단체제' 개념은 입론의 첫 단계에서부터 너무 크고 심오한 과잉 개념이 되어버릴 싹이 존재했다. 70년대 장준하의 '분단체제'나 강만길의 '분단시대' 개념은 한반도의 남북 분단이라는 구체적 현상에 국한되어 있었다. 이들 70년대 분단시대/체제론자들 역시 남북 분단의 극복이 세계사적으로도 중요한 의미가 있다고 보았지만,[30] '분단 없는 분단체제'가 존재할 수 있으며, '분단체제극복'은 단순히 남북 분단만이 아니라 인류 사회의 모든 근원적 차별과 갈등을 극복하는 과정이기도 하다는 정도로까지 과잉이론화하지는 않았다. 세계체제 개념을 분단체제에 덮어씌움으로써 이론의 발전이라기보다 '과잉이론화'의 부하가 발생한 것이다. '분단'이라는 말을 그렇듯 모든 문제에 대한 궁극적 해결과 연결하면 '분단체제' 개념 자체가 현실의 시간과 공간의 구체적 좌표를 벗어나 극히 모호해질 수밖에 없다. 결국 모든 문제가 '분단체제' 때문이고 모든 문제는 '분단체제'를 극복함으로써 해결된다. 이것은 역사적, 과학적 명제라기보다 신학적, 종교적 명제와 가까운 것이라고 하지 않을 수 없다. 이렇듯 '분단체제'라는 개념에 애초부터 내재된 (분단체제론이 자임한) 신학적, 윤리적 권위의 아우라는 후일 '믿지 않는 자'들에게 늘 '분단체제'에 대한 인식이 부족하다고 책망하고, '후천적 분단인식결핍 증후군(에이즈의 병명을 가지고 패러디 한 말)'이라 딱지 붙일 수 있게 했던 태도의 근거가 되었다.[31]

이렇듯 과도하게 심오한 분단체제론의 '분단체제' 이해는 일반의 상식적 이해와 어법으로부터 너무나 동떨어져 있다. 분단체제에 대한 사회과학적 개념 규정은 일반인의 상식적 이해에서 벗어나지 않되, 그 현상의 핵심을 짚어주는 것이 되어야 한다. 내가 분단체제를 "한반도의 두 국가가 '극단적 적대관계'로 맞물려 있다는 사실"에서 비롯하고, 그 결과 남북 양측 모두에서 "전시적(戰時的) 비상 상태를 유지하려는 관성이 지속"되어 "강력한 독재체제(=비상국가체제)의 심리적 온상이 되고 …… 권력, 부, 기회의 독점이 전시적 비상 상황을 빌미로 지극히 폭력적으로 정당화(되어왔던)" 체제라고 정의했던 것[32] 역시 그러한 취지에 충실하려던 시도의 하나였다. 누구나 익히 잘 알고 있는 바와 같이, 한반도 분단체제는 2차 대전의 승자인 미소(美蘇)가 한반도를 남북으로 분단했던 데서 비롯했고, 그 인위적 분단이 결국 내전과 국제전이 복합된 참혹한 전쟁을 불렀던 것이고, 전쟁 이후에도 미소 냉전의 고조 속에서 날카로운 전시적 긴장이 계속되면서 존속해왔던 체제다. 이것이 구체적인 역사적 사물로서 '코리아 분단체제'의 실체에 대한 인식이며, 일반의 상식에 부합하는 사실이기도 하다.

그렇듯 분단체제를 성립시켰던 바로 그 역사적 조건이 사라지면 분단체제 역시 사라진다. 역사적 지형과 조건이란 구체적인 역사적 실체들에 대응하는 사실적 범주이고, 모든 역사적 실체는 생멸의 주기가 있다. 역사적 지형과 조건이 바뀌면 그 기반 위에 성립되었던 '분단체제' 역시 근거를 잃고 사라진다. 따라서 미소 간의 냉전 대결이 종식되고, 남북 양 국가가 내적 외적 정당성과 안정성을 갖추게 되면 "한반도의 두 국가가 '극단적 적대관계'로 맞물려 있어야"만 했던 판 자체가 바뀌고 분단체제는 소멸해간다. 그런 '판 갈이'를 나는 '분단체제에서 양국체제로의 전환'이라 하였다. 그러한 전환의 기회가 80년대 말~90년대 초에 처음 열렸다. 그러나 당시에는 내외 여건의 부족으로 그 첫 기회를 놓치고 말았다. 이제 거의 30년 후 제2의 87년이라 할 촛불혁명이 일어나 남북미 간 해빙과 상호 인정의 흐름이 형성됐다. '판 갈이'의 가능성이 다시 열린 것이다. 그래서 촛불혁명이 진정한 혁명으로 완성될지의 여부가 '분단체제에서 양국체제로의 성공적 전환' 여부에 달려 있다고 했다.

그러나 백 선생의 분단체제론에서 분단체제 개념은 그러한 구체적인 역사적 지형과 조건, 역사적 실체로서의 생멸의 조건을 넘어서서 어느덧 초역사적 개념이 되어버린 듯하다. 불멸의 존재가 된 것이다. '분단 없는 분단체제'란 말은 비어(非語)이자, 분단체제가 역사적 개념을 벗어나 있음을 단적으로 보여주는 말이기도 하다. 분단체제는 모든 문제를 담고 있으며, 분단체제극복은 그 모든 문제의 근원적 해결을 말한다. 따라서 항상 구체적 형태를 취하는 역사적 문제와 역사적 해결 방식을 넘어선 초월적 고지에 서 있다. 그 결과 분단체제와 분단체제극복의 관계는 지평선에 도달하는 일과 비슷해졌다. 지평선에 도달하기 위해서는 반드시 다가서야 한다. 그러나 지평선이란 늘 저기 눈앞에 보이지만 다가서면 다시 그만큼 멀어지는 영원한 희원의 대상이다. 분단체제극복이 그러한 지평선에 도달하기와 같을 것이고, 그렇듯 지평선으로 이어져 영원히 지속되는 길은 바로 분단체제의 장구한 시간이 될 것이다. 이것이 본의였는지는 모를 일이지만, 이로써 분단체제극복과 분단체제는 역사적 현실을 초월한 영원한 윤리적 목표와 존재가 된다. 지평선에 도달하기 위해서는 영원히 그 길을 걸어야 하는 것처럼, 희원을 향한 각성과 분투 역시 영원한 것이다. 이를 윤리적 태도라 할 수는 있겠지만, 그런 방식으로 구성되어 있는 개념과 이론을 역사적이고 과학적인 것이라 칭하기 어려울 것이다.

그러나 지평선 이론에도 항상 자신이 경험한 현실의 이야기가 있기 마련이다. 지평선에 다가간 만큼의 진행 거리가 분명히 확인된다고 생각하기 때문이다. 보라, 분명히 우리는 100미터, 200미터, 분명히 진보해왔지 않은가. 이렇듯 우리가 주파해온 거리가 분명한 만큼 지평선에 이르는 거리는 분명히 단축되었다, 라고. 자신감을 갖자. 우리는 올바른 방향으로 잘 가고 있다. 이러한 인식과 정조가 분단체제론 2기의 바탕에 깔려 있다.

분단체제 개념의 과잉이론화 2

2기의 시작을 알리는 『흔들리는 분단체제』가 출간된 것은 1998년이다. 앞서 말했듯 이 제목은 역설적이다. 분단체제가 흔들리고 있음을 알리면서 분단체제 개념은 장기화되고 분단체제론은 안정기에 접어들었기 때문이다. 더 나아가 2006년에는 "지금 돌이켜 보면" 분단체제가 1987년 6월부터 이미 "동요하기 시작했었다"고 하였다.[33] 1987년 6월은 양국체제론에서도 매우 중요한 사건이다. '분단체제의 양국체제로의 전환'의 가능성이 이때부터 열리기 시작했기 때문이다. 그러나 분단체제론의 강조점은 다르다. 이렇듯 일찍부터 분단체제가 동요하고 흔들리고, 더 나아가 허물어지고, 해체되고 있다고 하면서, 그럴수록 분단체제는 묘하게 더욱 장기화하고 그에 따라 분단체제론의 역할은 더욱 중요해진다고 하는 이론적 메커니즘이 분단체제론 2기의 특징이다.

이 메커니즘의 숨은 비밀은 1991년 남북 유엔 동시가입과 〈남북기본합의서〉에 대한 매우 높은 평가에서 출발한다. 물론 이 두 사건은 높게 평가되어야 마땅하다. 나 역시 매우 높게 평가한다. 그러나 높게 평가하는 대목이 크게 다르다. 아무튼 '분단체제론적 고평가'는 1997년 발표한 「분단체제극복운동의 일상화를 위해」에서부터 표명되기 시작하는데, 이 글은 1991~1994년 사이에 발표된 글들에서 보인 남북 유엔 동시가입과 〈남북기본합의서〉에 대한 경계와 유보, 그리고 이를 전제로 한 소극적 인정과는 분명한 차이가 있다.

입론의 첫 단계(1991~1994년)에서 분단체제론은 아직 분단체제극복운동과 현실과의 접맥점을 잘 찾지 못하고 있었다. 접맥점이란 그렇듯 높은 목표를 갖는 분단체제극복의 경로와 주체를 구체화하는 것이 될 터인데, 첫 입론 단계에서는 아직 "통일운동이 민중운동이 될 수밖에 없음을 다시 한번 확인"[34]한다거나, "범한반도적 민중운동 …… 남북한 민중연대의 가능성"[35]을 원론적 수준에서 언급하는 정도에 머무르고 있었다. 그러다 보니 그러한 '범한반도적 민중운동'과 '남북한 민중연대' 주장이 "남북한의 현실을 '현실주의적' 시각에서 바라볼 때 …… (현실적 근거가 없는) 당위론적이고 관념론적인 이상론이 아닌가"라는 비판[36]에 대해, "문제의식은 정당한데 아직 때가 무르익지 않아서 구체적인 성과가 미미한 것과 문제의식 자체가 현실로부터 동떨어진 당위론 내지 관념론 · 이상론이라는 것은 마땅히 구별해야 할 터"라고 소극적으로 변명하는 수준에 머무를 수밖에 없었다.[37]

이러한 원론적 시각에서 볼 때 남북 유엔 동시가입이나 〈남북기본합의서〉 채택이 '남북한 민중연대에 기초한 범한반도적 민중운동'의 기준에서 한참 못 미침은 자명했을 것이고, 그래서 백 선생은 1991년 "유엔 가입을 포함한 한국 정부의 '북방정책'의 성과"가 "반민주적 분단체제의 부분적 개량에 불과함이 명백하다"고 썼다. 그렇지만 동시에 "그것은 문자 그대로 개량이요 개선이지 개악은 아니며, **분단체제의 장기화에 이바지할 가능성**과 더불어 분단체제극복운동에도 새로운 공간을 열어주는 것"이라는 흥미로운 표현을 덧붙였다.[38] 소극적인 인정의 표현이기는 하지만, "분단체제 장기화에 이바지"라고 하는, '분단체제의 장기화'가 긍정되는 묘한 표현과, 그 분단체제의 장기화가 "분단체제극복운동에도 새로운 공간을 열어"준다고 하는, 분단체제론의 독특한 개념적 함수관계가 처음으로 명료하게 드러난 대목이기도 하다.

우선 유엔 동시가입 등 북방정책의 성과가 '분단체제의 장기화에 이바지했다'는 말은 명백하게 틀렸다. 사태를 정반대로 말하고 있다. 유엔 동시가입 등 북방정책의 성과들은 분단체제를 분명히 균열내고 흔들었다. 그 균열과 동요를 틀어막았던 것, 즉 진정 "분단체제 장기화에 이바지"했던 쪽은, 그 유엔 동시가입이나 〈남북기본합의서〉의 효과가 북미 · 북일 수교로, '남북 양국(평화공존)체제'의 성립으로 이어지는 것을 필사적으로 막았던 내외의 냉전대결 세력들이었다. 어쨌거나 이 말에서 드러난 분단체제론의 독특한 개념적 함수관계를 정리해본다면,

'분단체제론은 분단체제의 장기화에 의거하여 분단체제극복운동을 지속적으로 벌여가기 위한 이론'이 될 것이다. 이 독특한 함수관계는 몇 년의 숙고를 거친 후인 1997년, 보다 구체적이고 적극적인 표현을 얻게 된다.

> 통일을 향한 획기적인 한 걸음을 뜻하면서도 분단체제의 급격한 붕괴를 피하는 국가체제라면 비교적 느슨한 형태의 복합국가인 국가연합(confederation)이 아닐 수 없다고 본다 …… 북의 '연방 공화국' 제안이 영어로는 'confederal republic'(즉 국가연합 공화국)으로 표현되었고 1991년 남한 정부의 '한민족공동체' 통일안에 국가연합 단계가 포함되었다는 사실들을 떠나서라도, 남북간에는 국가연합을 향한 더욱 실질적인 합의가 이미 이루어진 상태임을 주목할 필요가 있다. 남북한의 UN 동시가입이야말로 국가로서의 상호 인정이라는 면에서 그 어느 공동선언보다 실질적인 조치였으며, 이렇게 상호 인정을 나눈 두 국가 당국은 1991년 12월에 조인되어 92년 2월에 발표한 '남북합의서'에서 남북관계를 "나라와 나라 사이의 관계가 아니라 통일을 지향하는 과정에서 잠정적으로 형성되는 특수한 관계"로 규정함으로써 이미 국가연합 형태의 단초를 열어놓은 형국이다.[39]

"통일을 위한 획기적인 한 걸음"으로서 남북의 "국가로서의 상호 인정"을 강조하고, 남북 유엔 동시가입이 이를 위한 "실질적인 조치"였음을 언급하는 대목은 마치 분단체제론이 아니라 양국체제론의 논거를 펼치는 것으로 보일 정도다. 피상적으로 보면 분명 그렇다. 그러나 조금만 깊이 들어가 보면 그렇지가 못하다. 오히려 중요한 점에서 인식 차이를 선명하게 드러낸다.

이 글을 쓴 1997년은 어떤 시간인가. 유엔 동시가입 이후 상당한 시간이 지났고 한국은 중국, 러시아와 수교한 반면, 북(DPRK)은 결국 미국, 일본과 수교하지 못한 채 매우 위축된 상황에서 고난의 시기를 보내고 있음에도, 이러한 상태를 '국가로서의 상호 인정'이 실질적으로 이루어진 것으로 매우 후하게 평가하고 있는 것은 양국체제론의 시각과 분명히 다르다. 양국체제가 안정되기 위해서는 남북 양국 모두에서 내적 외적으로 안정된 인정구조가 우선 성립되어야 한다. 남북 유엔 동시가입은 외부 세계가 남북 두 국가를 각각 정상적이고 온전한 국가로 인정하는 '양국체제의 외적 인정구조 성립'을 위해 중요한 일보였다. 그러나 그것은 아직 불완전하고 불균등했다. 한국은 소련, 중국 및 동구권 모든 국가와 수교할 수 있었다. 그러나 북은 그러지 못했다. 미국은 냉전 해체 이후 위기에 처한 북을 압박을 통해 붕괴시키려만 했지 인정할 의도가 애초부터 없었다. 그 결과 일본을 비롯하여 미국의 영향력이 강한 많은 국가가 북과 수교하지 않았다. 그리하여 남과 북은 국제적으로 매우 불균등한 상황에 놓이게 되었고, 이런 상태는 남북 간의 긴장의 소지를 오히려 높이고 있었다. 그런데 이렇듯 여전히 위태로운 상황 속의 남과 북 두 나라의 관계가 '국가로서의 상호 인정'이 이미 '실질적으로' 이루어져 마치 안정된 평화적 동반 관계가 이미 달성된 상태인 것처럼 말하는 것은 분명 현실과 한참 동떨어진 인식이었다.

양국체제론의 현실 인식과의 차이는 이어지는 다음 대목에서 더욱 두드러진다. 양국체제론은 〈남북기본합의서〉 서문의 이제는 유명해진 구절인 "(남북 쌍방은) 나라와 나라 사이의 관계가 아니라 통일을 지향하는 과정에서 잠정적으로 형성되는 특수한 관계"라는 표현을 매우 문제적인 것으로 본다. 나는 다른 글에서 그 이유를 아래와 같이 정리해 보았다.

"나라와 나라 사이의 관계가 아닌 통일을 지향하는 과정에서 잠정적으로 형성되는 특수관계"란 앞서 분석한 '반쪽국가의식'에 정확히 상응하는 표현이다. 흔히 〈남북기본합의서〉는 1972년 체결된 〈동서독기본조약〉을 준용한 것이라 한다. 그것은 사실이지만, 상호 인정의 수준에서 〈남북기본합의서〉가 〈동서독기본조약〉에 크게 못 미친다는 사실은 분명히 인식해야 한다. 〈동서독기본조약〉은 서문, 10개조, 그리고 2개조의 추가조항 전체에서 조약 쌍방을 정식국호인 '독일연방공화국'과 '독일민주공화국'라 분명히 칭하고, 두 국가가 주권과 영토를 상호 인정한다는 것을 전제하고 있다.

"나라와 나라 사이의 관계가 아닌 통일을 지향하는 과정에서 잠정적으로 형성되는 특수관계"라는 구절은 〈동서독기본조약〉에서 전혀 찾아볼 수 없다. 필자가 독일의 동방정책과 관련해서 이와 그나마 가까워 보이는 표현을 조사해본 바로는, 1969년 10월 28일 서독 수상 빌리 브란트의 연방정부 성명 중에 "독일에 두 개의 국가가 존재하더라도 그 국가는 상호 외국이 아니며, 그 상호관계는 특수한 종류인 것"이라 했던 것이 처음이었다. 그 성명의 핵심은 독일에 독일연방공화국과 독일민주공화국이라는 두 개의 나라가 존재하고 있다는 사실을 인정하자는 것이었다. 다만 그 두 국가는 서로 외국이 아닌 특수관계라는 뜻이었다. 먼저 국가로서 인정하면서, 그다음에 그 두 국가 간의 관계는 특수하다 한 것이다. 하나의 민족이 이룬 두 개의 국가(one nation, two states) 간의 관계이니 특수하다 하는 것은 당연하다. 그래서 동서독은 기본조약 이후 정식 외교관계를 맺고 일반 수교국 대사보다 격이 높은 장관급 대표를 상호 파견했다. 그런데 〈남북기본합의서〉는 그와 전혀 다르다. 국가로서 인정하지도 않았고, 나라와 나라 사이의 관계가 아니라고 거듭 확인까지 하고 있다.(이 책 1부 1장, 52~53쪽)

따라서 〈남북기본합의서〉 서문의 문제의 그 구절은 '국가로서의 상호 인정'을 표현하고 있다고 결코 볼 수 없는 것이다. 아직 그 상태에 이르지 못한 남북 양 당국의 곤혹스러운 상황을 외교적 언어로 봉합하거나 절충하는 표현에 불과한 것이었다.

당시 상황을 냉정하게 보면 비록 냉전이 종식이 되었다 하더라도 미국이 북을 인정할 의도가 없는 상태에서 남북 양측만으로 종전(終戰)을 이루기 어려웠다. 아직 전쟁도 공식적으로 끝마치지 못한 상대를 국가로 인정한다는 것은 앞뒤가 바뀐 일이기도 하다. 당시 노태우 정부는 미국과 별개로 독자적으로 북과 종전 처리를 하고 상호 국가 인정까지 밀고 나갈 만큼의 의지와 역량을 가지고 있지 못했다. 북 역시 '남조선'을 곧바로 국가로서 인정할 만한 준비가 아직 되어 있지 못했다. 위기에 처한 당시의 상황을 우선 모면하는 데 급급했지 장기적인 비전을 차분히 재정립할 여유가 없었던 것이다. 그렇듯 남북 모두 외적으로나 내적으로나 제약된 상황에 있었기 때문에 낮은 수준의 합의를 할 수밖에 없었다.

이러한 이유로 〈남북기본합의서〉가 〈동서독기본조약〉에 비해 상호 인정의 수준이 크게 떨어지는 불완전한 합의에 그칠 수밖에 없었다는 사실을 분명하게 인식하고 있으면 문제가 없다. 한계를 정확히 알고 있으면 그것을 극복해갈 방향도 정확해지기 때문이다. 그러나 여러 한계 때문에 어쩔 수 없이 낮은 수준에서 합의할 수밖에 없었던 것을 거꾸로 뒤집어 그것이 마치 오히려 더욱 높은 수준의 심오한 합의의 결과였던 것처럼 생각한다면 문제가 된다.

실제로 "나라와 나라 사이의 관계가 아닌 통일을 지향하는 과정에서 잠정적으로 형성되는 특수관계"라는 표현은 그러한 혼란을 유발할 여지가 없지 않다. '남북은 국가 대 국가로 서로를 (아직 능력이 부족하여) 인정하지 못하는 것이 아니라 오히려 (뜻이 높기 때문에) 하지 않는 것이다. 그 이유는 남북은 애당초 두 국가가 아니라 통일을 지향하는 특수관계이기 때문이다.'라는 식으로 읽힐 수 있기 때문이다. 그렇게 읽으면 이 구절은 마치 '우리가 지금 하나는 아니지만 결코 둘일 수 없다'라는 높은 민족적 이상에 남북 대표가 의기투합한 결과, 곧바로 국가연합이나 연방제 통일로 직행하려는 속마음이 이심전심으로 표현되었던 것처럼 과잉 해석될 수도 있다.(이 책, 53~54쪽)

앞서 인용했던 1997년도의 백 선생의 글이 바로 그런 과잉 해석의 두드러진 일례다. 〈남북기본합의서〉 서문의 바로 그 문제의 구절을

"국가연합 형태의 단초를 열어놓은 형국"이라거나, "연방제 통일로의 길도 열어놓았"고 "이미 형성되기 시작한 일종의 연합관계를 추인"하는 것이라고 극히 높게 평가하고 있다. 이런 고평가는 이후 글에서 거듭 되풀이된다.[40]

한쪽(DPRK)은 '고난의 행군'에다 '핵사찰'의 압박 속에서 생사존망의 위기에 빠져 있고, 휴전선의 삼엄한 대치와 긴장은 여전한데, 그러한 상황에서 '연방제 통일의 길'이 이미 열려 있고 남북 간 '연합관계'가 이미 형성되기 시작했다고 강조한다? 실제 1991년은 그러한 '양국 평화공존 체제'의 가능성이 조금이나마 열렸던 순간이기는 했다. 그러나 그 가능성은 한국 민주화운동 세력이 분열되고, 내외 냉전대결 세력의 힘이 압도하면서 금방 닫히고 말았다. 사정이 그러했기 때문에 1991년의 유엔 동시가입과 〈남북기본합의서〉를 1997년에 돌아보면서 쓰는 글이라면, 그 가능성이 어떻게 열릴 수 있었으며, 어찌하여 그렇게도 빨리 닫히고 말았는지, 그 속에서 우리는 무엇을 배워야 하는지를 지적하는 글이 되었어야 하지 않을까? 그랬더라면 훨씬 더 시의적절했을 것이다. 아쉬운 대목이다.

1997년 쓴 백 선생의 이 글이 왜 그렇게까지 낙관적인 글이 되었는지 그 이유를 정확히 알 수는 없다. 분단체제론을 초기 입론한 1994년의 「김일성 주석 사망 직후의 한반도 정세와 분단체제론」에는 유엔 동시가입과 기본합의서에 대한 언급조차 없다. 1992년의 「분단체제의 인식을 위하여」에는 지나가는 말로 "남북 양쪽에서 제기된 국가연합을 전제한 민족공동체라든가 연방제, 연합성 연방제 등"이라고 딱 한 번 언급하고 있을 뿐이다.[41] 이 단계에서는 두 사건이 분단체제론의 입론에서 별 의미가 없었던 것이다. 그러나 1997년에는 이 두 사건에 대한 매우 높은 사후 평가가 분단체제론의 새로운 입론의 근거가 되고 있다. 그렇게 변화한 사정을 잘 알 수는 없지만, 시기상 남북 화해와 통일정책에 적극적이었던 김대중 씨[42]의 집권 가능성이 생겼다는 상황과 연관이 있지 않았을까 짐작해본다. 당시 미국의 클린턴 정부가 북에 대해 상대적으로 유화적인 태도를 취하고 있었다는 사정도 관련이 있을 수 있다. 어느 것이든 짐작일 뿐이다. 그렇지만 순전히 이론적 차원에서만 본다면, 백 선생의 분단체제론이 남북 유엔 동시가입과 〈남북기본합의서〉를 적극적으로 해석할 가능성이 입론의 초기 단계에서부터 존재하지 않았던 것은 아니다. 앞서 살펴본 대로 이미 1991년 남북 유엔 동시가입 직후에 이 속에서 "분단체제의 장기화에 이바지할 가능성", 그와 더불어 "분단체제극복운동에도 새로운 공간을 열어"줄 가능성을 언급하고 있었던 것이다.

이로써 분단체제론 2기에는 '국가연합(또는 남북연합)'이 분단체제론의 키워드로 부상한다. 이 점이 1기와의 큰 차이다. 그런데 어떤 국가연합이든, 구 소련연방 국가들의 '국가연합(CIS)'이나 유럽연합(EU) 등 어떤 사례를 보더라도, 국가의 연합이라 하면 먼저 국가 간 국가로서의 완전한 상호 인정과 정식 수교를 전제로 한다. 그래서 국가연합을 이룬 나라들은 국가연합 이전에 당연히 정식 외교관계를 맺고 대사를 교환한다. 우리와 같이 한 민족이 두 나라를 이루고 있는 경우에 이 두 나라(ROK와 DPRK)의 수교관계란 마땅히 일반 외국 사이의 수교관계보다 더 높은 것이 된다. 그래서 동서독도 기본조약 이후 정식 외교관계를 맺고 양국에 대표부를 설치했고, 일반 대사보다 급이 높은 장관급의 대표를 교환했다. 그것이 양국체제고, 그것이 전제되어 있지 못한 국가연합, 즉 '국가 간 정식 수교관계 없는 국가연합'이란 도대체 성립될 수 없는 말이다. 국가연합을 하자면 먼저 국가 간 수교가 당연히 선행해야 되지 않겠는가? 먼저 밥을 지어놓아야 그것으로 비빔밥이든 볶음밥이든 만들 것 아닌가. 밥도 해놓지 않고 비빔밥 나와라 볶음밥 나와라 해봐야 무슨 의미가 있겠는가.

애당초 불충분하고 불완전했던 것이 1991년의 유엔 동시가입과 기본합의서였다. 이것이 양국체제론의 시각이다. 그러나 백 선생은 그 유엔 동시가입과 기본합의서의 취지조차 그 후 북핵문제와 전쟁소동으로 빛이 바래버린 1997년에 이르러, 1991년에 남북은 이미 국가로서의 상호 인정이 이뤄졌고, 더 나아가 기본합의서를 통해 "국가연합을 향한 더욱 실질적인 합의가 이미 이루어진 상태"라고 쓰고 있다. 그렇다면 이미 조건이 무르익은 국가연합의 완성을 위해 이제 일로매진만 하면 된다.[43] 이로써 분단체제론은 현실과의 실천의 접면을 비로소 발견한 것이다. 국가연합의 완성을 위해 일로매진할 때, 앞서 1991년의 글에서 예고하였듯, '분단체제극복운동에 새로운 공간이 열릴 것'이기 때문이다. 그러나 그와 동시에 그 새로운 공간이란 '분단체제 장기화'의 공간이기도 하다.

그리하여 분단체제론은 이제 말할 수 있게 되었다. 이미 마련되어 있는 이곳, 국가연합(남북연합)의 터가 바로 분단체제론의 로두스다! 여기서 뛰어라! Hic Rhodus, hic salta! 동시에 바로 이곳이 '지평선 도달하기 운동'의 출발점이다. 이곳에 출발선을 그은 이상, 이제 여기서부터의 한 발짝은 모두 지평선을 향한 한 발짝이다. 우리가 발걸음을 떼는 만큼 우리는 지평선에 가까워진다. 분명하지 않은가! 지평선 도달하기 운동의 실체성, 실천성은 이로써 명확해진다.

백 선생이 "나라 대 나라 사이의 관계가 아니고 통일을 지향하는 과정에서 잠정적으로 형성되는 특수관계"라는 기본합의서 서문의 구절을 1997년에 이르러 그토록 높게 평가했던 이유를 이제는 어느 정도 이해할 수 있다. '분단체제는 하나의 체제다'라는 분단체제론의 명제에서의 강조점이, 이론 1기에는 '체제' 쪽에 있었다면, 2기에는 '하나의'로 쪽으로 이동했다. 분단체제란 결코 둘일 수 없는, 둘이어서는 안되는 '하나의' 체제다. 그렇다면 **남북관계를 "나라 대 나라 사이의 관계가 아니고 통일을 지향하는 과정에서 잠정적으로 형성되는 특수관계"라고 했던 〈남북기본합의서〉 서문의 표현은, 이렇듯 (나라 대 나라 사이의) 둘의 관계가 아닌, '하나의' 체제 안에서 이루어지는 "특수한 관계"라고 하는 '분단체제'의 성격을 지극히 절묘하게 표현해준 것으**로 읽힌다. 그리고 바로 이러한 상태를 "국가연합을 향한 더욱 실질적인 합의가 이미 이루어진 상태"와 등치하게 된다.

앞서 최원식 교수가 "분단체제를 상정한 남북연합론"이라 했던 표현의 근원이 어디였는지 이제 이해할 수 있다. 남북연합(국가연합)은 '하나의' 체제인 분단체제를 상정하고 전제해야만 가능하다는 것이다. 그리고 그렇기에 '하나의' 체제인 분단체제를 상정하지 않고 '두 개의 나라'를 전제하는 양국체제론에 대해 강한 거부감을 갖는다. 이런 사고법에서는 양국체제가 안정되어야 비로소 정책연합이든 국가연합이든 통일로 가는 다음 단계가 가능해진다는 생각은 자리 잡을 데가 없어진다. 분단체제론이 국가연합과 함께 강조해온 남북 민중연대(또는 시민연대)도 양국 수교를 통한 안정된 민간 교류 속에서 훨씬 대대적으로 현실화될 수 있다는 생각은 애초에 가로막혀 있다. 다만 양국체제는 '국가연합과 연방제를 통해 통일로 직행하는 길'을 가로막는 커다란 장애물로 간주될 뿐이다.

분단체제론 1기에서 분단체제 개념의 '과잉이론화'는 분단체제의 장기화와 분단체제극복 과제의 초역사적 보편화라는 형태로 진행되었다. 2기에서의 과잉이론화는 분단체제가 국가연합(남북연합)의 전제조건으로 상정되는 방식으로 이뤄진다. 이로써 분단체제 자체가 국가연합이라는 적극적인 실천목표와 어느덧 엉켜버린다. 국가연합의 목표 실현을 위해서는 분단체제의 존속이 상정되어야 하기 때문이다. 이후 국가연합(남북연합)은 분단체제론의 '분단체제극복운동'의 초점이 된다. 이로써 분단체제론은 분단체제의 존속을 상정해야만 하게 되었다. 앞서 이를 '분단체제론의 곤경(딜레마)'이라 했다. 그리고 더 나아가 분단체제론의 출발에서 비판과 극복의 대상이었던 분단체제가 이제 '남북연합'이라는 분단체제극복운동의 목표와 뒤엉키면서, 어느덧 분단체제 자체가 적극적인 긍정의 대상으로, 처음과는 정반대의 존재로 환골탈태하고 만다. 앞서 이를 '분단체제론의 역설(패러독스)'이라 했다. 이 분단체제의 곤경과 역설은 이론 2기에 이르러 이제 그 전모를 완연히 드러내게 되었다.

3. 양국체제론과 분단체제론 2
현상유지인가, 현상타파인가

분단체제의 순환고리를 어떻게 끊을 것인가

백낙청 선생은 1997년 쓴 「분단체제극복운동의 일상화를 위해」를 통해, '국가연합(남북연합)'을 자신이 1990년대 초반 이래 제기해온 '분단체제론'의 새로운 맥점으로 제시했다.[1] 이 제시는 시기적으로 절묘했다. 1997년 대선에서 김대중 후보가 당선됨으로써 '민주정부 10년'이 시작되었다. 통일문제에 경륜이 깊은 김대중 대통령과 미국 민주당 클린턴 정부와의 궁합이 맞아떨어져 1999년에는 '페리 프로세스'에 남북미가 합의할 수 있게 되었고(1994년의 제네바 합의는 북미 간의 합의였다), 2000년에는 역사적인 남북 정상회담이 이루어져 6·15 공동선언을 내놓을 수 있었다. 더욱이 공동선언의 제2조는 "남과 북은 나라의 통일을 위한 남측의 연합 제안과 북측의 낮은 단계의 연방제 안이 서로 공통성이 있다고 인정하고 앞으로 이 방향에서 통일을 지향시켜 나가기로 하였다"라고 하여 분단체제론이 1997년 이래 새롭게 강조했던 (국가 또는 남북) '연합' 통일 방안에 대해 드디어 남북이 모두 합의하게 되었다. 그렇기에 6·15 선언 직후 백 선생은 이 조항의 합의가 "획기적"이라 썼고,[2] 더 후일인 2012년에 쓴 「포용정책 2.0을 향하여」에서는 이 조항이 "6·15 공동선언의 가장 빛나는 성취에 해당"한다고 극찬할 수 있게 되었던 것이다.[3]

이어 들어선 노무현 정부에서는 우선 2005년 백 선생 자신이 "남·북·해외가 함께 만든 '6·15 공동선언실천 민족공동위원회'의 남측 대표라는 중책"을 맡아 "3월과 6월 및 8월에 금강산과 평양, 서울에서 각기 공동행사를 치르는 등 '6·15 시대'가 크게 활력을 되찾는 현실을 체험"하였다고 하였다.[4] 그리고 2007년의 10·4 정상선언으로 "남북연합의 건설은 …… 이미 시작되었"다고 후일 회고한다.[5] 당시 고위급회담에 총리가 나가고, 그 총리 회담의 정례화가 언급되고, 정상회담도 수시로 열자는 언급이 오갔던 것 등이 바로 "(남북)연합기구에 해당하는 조치들이 많이 마련된" 것이었다고 풀이하고 있다.[6]

이상 백낙청 선생의 여러 회고를 종합해보면, '남북연합'은 1989년 노태우 정부의 〈한민족공동체통일방안〉에서 처음 등장하여, 6·15 선언에서 버전 1.0을 완성하고, 2007년 10·4 선언에서 1.5가 이뤄지며 (2012년 대선 때 백 선생이 제안한 '2013년 만들기'에서의 버전 2.0 기획은 박근혜 대통령의 당선으로 무산되었지만)[7] 이제 촛불 이후에 2012년 대선 실패로 유실되었던 그 버전 2.0의 완성을 기다리고 있는, 시간의 축을 따른 직선적, 선형적 성장도면이 그려진다. 간단히 도식하면 아래와 같을 것이다.

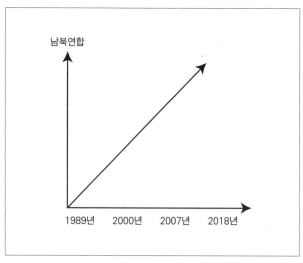

남북연합

1989년   2000년   2007년   2018년

〈그림 3〉 남북연합 완성의 직선도

　그러나 위 〈그림 3〉은 내가 겪어왔고, 생각해왔던 '87년 이후 지난 30년', 1987년 6월에서 2016년 촛불 직전까지의 상(像)과 크게 다르다. 내 실감 속에서 그 30년은 '분단체제의 마의 순환고리'가 87년의 거대했던 민주 동력을 서서히, 그리고 완전히 삼켜버린 시간이었다. 그 느낌을 실감 그대로 전하기 위해서 촛불혁명 이전인 지난 2015년 12월 17일, 필자가 정동 프란치스코 교육회관에서 했던 강연을 강연문 그대로 인용하면서 시작하는 것이 좋을 것 같다.

　2015년이 채 보름도 남지 않았다. 새해가 되면 87년 이후 29년째다. 87년 태어난 아기가 우리 나이로 서른이 된다. 한 세대가 지났다. 벌써 그런가. 87년의 벅찼던 희망과 기대가 어제 일 같은데, 벌써 그렇다. 그 30년 동안 무슨 일이 벌어졌던가? 세상은 어떻게 변했는가? 시간이 거꾸로 흐르고 있다는 이상한 느낌을 지울 수 없다. 누구는 지금이 1972년의 유신 전후의 상황과 비슷하다고 말하고, 누구는 더 거슬러가 1894년 청일전쟁 전야의 상황과 비슷하다고까지 말한다.

민주화운동 세력은 87년 6월 항쟁 이후 이제 대한민국은 결코 되돌아갈 수 없는 민주주의의 다리를 건넜다고 확신했다. 4·19 때처럼 역사가, 민주주의가 거꾸로 다시 돌아가는 일은 결코 없다고. 60-70-80년대 30년 동안, 4·19 때와는 비교도 할 수 없는 큰 힘이 자라났고, 그랬기에 그 철벽같았던 전두환 군사독재를 밀어뜨릴 수 있었다고. 이제 한국은 제대로 된 민주국가, 정상국가가 되었다고. 어둠의 임계점을 넘어 광명의 땅으로 들어섰다고. 세계도 환호하며 우리를 맞이하고 있다고. 역사발전의 곧고 탄탄한 정상궤도로 확실히 진입했다고. 다소의 저항이 있겠지만 시대의 대세는 돌이킬 수 없다고. 그런데 시간이 꼬여버린 듯하다. 다 지나왔다고 생각해왔던 시간 안으로 거꾸로 다시 떠밀려가고 있다는 느낌이니 말이다.

지난(2016년) 10월 '백년포럼'에서 이부영 전 의원은 87 민주화운동 성취 이후, 주도 세력에게 '그림', '로드맵'이 없었다고 했다. 아니, 정확하게 말하면 그림이 없었던 것은 아니다. 오히려 그림이 분명했다. 그 그림은 4·19 이후 30년의 민주화운동이 산출한 것이다. 이 그림은 직선 몇 개로 요약할 수 있을 것이다.(〈그림 4〉)

문제는 이 그림에 있었다. 87년의 주도 세력은 이 그림처럼 앞에 열린 길이 탄탄한 평지 위의 직선 길이라고 생각했다. 87년을 통

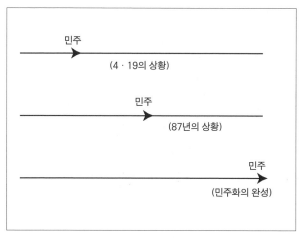

<그림 4> 민주화 완성의 직선도

해 획득한 '형식적 · 절차적 민주주의'를 열심히 하면, '경제사회적 · 실질적 민주주의'가 자연스럽게 따라 이뤄질 거라고 생각했다. 잔잔한 호수 위에 돌을 하나 첨벙 던지면 차츰차츰 퍼져가는 가는 동심원처럼.

그런데 그 후 30년의 실제는 어떠했는가. 87년 10주년에는 'IMF 사태'를 당했다. 20주년에는 '6월 항쟁을 통해 형식적 · 절차적 민주주의 내지 정치적 민주주의는 달성했으나 경제 · 사회 면에서의 실질적 민주주의는 여전히 부실하거나 심지어 후퇴했다'는 식의 진단들이 나왔다. 이제 30년이 코앞인데, 이제는 그 형식적 · 절차적 민주주의, 정치적 민주주의조차 제대로 '달성' 된 것이었는지 의문이 드는 지경이다.

나는 87 주도 세력이 개인 욕심에 빠져 민주화의 대업을 이루는 데 실패했다는 식의 설명에 동의하지 않는다. 이런 식의 진단은 흔히 동기가 의심스럽거나, 혹은 너무 단순하여 그렇듯 의심스러운 동기에 이용될 소지가 다분하다. 그런 이도 있고 그렇지 않은 이도 있을 것이다. 전체적으로 볼 때 정치권으로 들어간 민주화운동 인사들이 열심히 하지 않았다고 할 이유도 없는 것 같다. 중요한 점은 나름 열심히 한다고들 했는데 엉뚱한 곳에 와 있는 원인이 뭐냐다. 직선을 따라 30년 열심히 해왔다고 생각했는데 정신을 차리고 다시 둘러보니 왠지 출발한 지점으로 다시 돌아와 있다는 느낌, 기분 좋지 않은 데자뷔, 기시감이다.

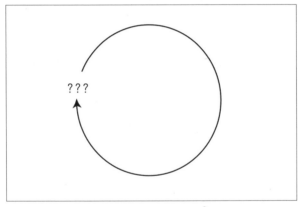

〈그림 5〉 마의 순환고리[8]

이 강연 당시(2015년 12월)는 박근혜 정부의 전성기였다. 그때의 사회 분위기를 기억하는 분이라면 모든 게 막힌 듯 얼마나 암담했는지 긴 설명이 필요 없을 것이다. 87년의 에너지는 완전히 실종된 것으로 보였다. 민주주의는 철저히 재갈 물리고 총체적 블랙리스트가 정치, 사회, 학술, 문화 전방위를 지배했다. 남북관계는 뿌리까지 얼어붙어서 오히려 87년 이전인 전두환 정부 시기보다 대화가 더 막혀 있다고 느낄 지경이었다. 이제는 수십 년이 갈 '제2의 10월 유신'이 목전에 왔다는 흉흉한 소문이 돌고 있었다. 그러다 이 강연 4개월 후, 4·13 총선이라는 최초의 반전이 왔다. 그러나 그 후에도 박근혜 정부의 질주는 멈추지 않았다. 그리고 끝내 아무도 예상할 수 없었던 촛불혁명이 왔다. 87년 역시 그러했다. 당시 누구도 87년 6월과 같은 거대한 '판 갈이'를 예상하지 못했다. 4·19 역시 마찬가지였다. 이를 회고하여 '어둠이 아무리 짙어도 새벽은 결국 온다'거나 '민주주의는 역시 반드시 승리한다'라고 낭만적으로 칭송하는 데 그친다면, 좋게 말해 순진하다. 엄격히 반성해봐야 할 일이다. 도대체 한국 사회에는 어떤 마(魔)가 씌워 있기에 세계를 놀라게 한 그토록 대단한 민주혁명이 연이어 벌어졌음에도 그것이 모두 번번이 독재로 회귀하고 말았는가? 촛불혁명이 또다시 같은 운명을 겪지 않게 되리라고 누가 장담할 수 있을까?

2018년 촛불 이후 백 선생의 지난 시간의 회고를 보면 그런 긴박감, 절박감, 위기의식, 그 30년의 진행 상황에 대한 회오나 반성이 별로 느껴지지 않는다.[9] 그동안 남북연합 잘 해왔고, 이명박·박근혜 정부 때 잠시 정체가 있었지만, 이제 다시 해온 대로 남은 길 그대로 마저 밀고 나가면 된다는 식이다. 〈그림 3〉의 남북연합 완성의 직선도와 〈그림 4〉의 민주화 완성의 직선도는 그래서 판박이처럼 닮아 있다.

〈6·15 남북공동선언〉은 역사적 이정표를 세웠고, 2005년 9·19 합의와 2007년 2·13 합의는 북핵문제 해결의 경로를 예시했으며, 같은 해 〈10·4 남북정상선언〉은 종전과 평화체제문제를 화두에 올렸다. 분명한 사실이다. 그러나 우리는 동시에 물어야 한다. 그럼에도 왜 6·15 선언 이후 채 몇 개월이 안 되어서부터 강한 '퍼주기' 후폭풍에 시달려야 했고, 6자회담의 중요한 합의들은 왜 금방 휴지 조각이 되어야 했으며, 10·4 선언의 성과는 오히려 왜 이명박 박근혜 정부의 총체적 종북몰이의 단골 먹거리 메뉴로 역용당해왔던 것일까. 과연 그 성과들은 '포용정책 버전 1.0, 1.5, 2.0'에 이르는, 그리고 이르게 되고야 말, 순탄한 직선적 상승 코스였던 것일까. 오히려 이 과정은 그 상승만큼의, 아니, 그 상승 폭을 오히려 능가했던 후폭풍과 역풍을 수반하여 그 직선의 방향을 하향으로 짓누르고 구부려 뜨려 결국 앞으로 나간다고 생각했는데 결국은 원주(圓周)를 따라가 역방향으로 돌아갔던 것 아닌가? 즉 분단체제가 다시금 강화되고 있었고, 그에 따라 그 가공할 '마의 순환고리'가 굉음을 일으키며 다시금 작동하기 시작했던 것 아닌가? 〈그림 5〉처럼 말이다.

이명박 정부 출범 이후 많은 이들이 '분단체제의 역풍'이 다시 부는 것 아니냐는 우려를 쏟아내고 있을 때, 백 선생은 상황이 좋지 않음을 인정하면서도, 결론적으로는 "결코 그렇게만 볼 수 없다는 것이 나의 여전한 신념이다 …… 회복 불능은 아니다. 심지어 정지 상태도 아니다. 한반도식 통일은 여전히 진행 중이며 궁극적으로는 시민참여 통일과정으로 될 가능성이 오히려 커지고 있다"[10]라고 썼다. 이미 시작된 남북연합이 돌이킬 수 없는 추세가 되었기 때문에 분단체제는 점차 약화될 수밖에 없다는 그의 신념 때문이었다.

이러한 분단체제론의 사고법에는 분단체제가 시대를 역진하여 민주혁명 이전의 상태로 완전히 되돌아갈 수 있다는 것, 그것이 반복적 일 수 있다는 것, 그래서 그 '마의 순환고리'를 끊기 위해서는 과거와는 전혀 다른 '절적 단절'이 필요하다는 사고가 존재하지 않는다. 오직 양적 변화의 사고법만 존재한다. 이는 〈그림 3〉의 남북연합의 직선도에서 유추할 수 있다. 남북연합의 증가만큼 분단체제는 감소한다. 역시 직선적 관계다. 백 선생이 신념을 가지고 말하듯 남북연합은 이제 돌이킬수 없는 추세로 항상 작동한다. 간혹 정부 간의 길이 막히더라도 백 선생이 제기했던 '시민참여 통일과정'의 길로 더욱 열심히 나가면 된다.그렇게 하여 남북연합의 힘이 커지는 만큼 분단체제의 힘은 계속 약화된다.(〈그림 6〉)

분단체제는 어차피 '흔들리고, 무너지고, 해체되고 있는' 중이기 때문에[11] 그런 분단체제가 다시 강고해질 수가 없다. 그리하여 어느덧 분단체제는 더 이상 그다지 위협적인 존재가 아닌 것으로 인식된다. 이미별다른 힘을 쓸 수 없는, 사멸하고 있는 존재이기 때문이다. 그런데 여기서 궁금한 게 하나 있다. 그 '사멸의 끝'은 어디일까? 과연 〈그림 4〉에서 굵은 직선은 분단체제가 0이 되는 지점에 언제나 도달할까? 과연

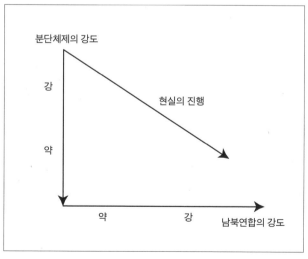

〈그림 6〉 분단체제와 남북연합의 관계

도달할 수 있는 것일까? 혹시 영원한 점근선 아닐까? '지평선 도달하기'와 같은 것 말이다.[12] 그 사멸의 끝은 저 멀리 보이는 지평선에 있다. 자, 그러니 분단체제의 완전한 사멸에 이르기까지 흔들리지 말고 계속 나가자. 그러나 지평선이란 다가가는 만큼, 정확히 그만큼, 더욱 멀어지는 것이기도 하다. 그렇다 보니 저 지평선에 도달할 그 시점(즉 분단체제가 종식될 그 시점)이 남북연합이 완성된 '1단계 통일' 때일지, 아니면 그 이후 더욱 높은 수준에서 이루어질 '2단계 통일' 때일지 전혀 명확하지 않다.

그런데 그러다 보니 어느덧 이 과정에서 '분단체제'가 이제는 별로 유해하지 않은, 잘 길들여진, 순치(馴致)된 존재가 되어버린 듯하다. '남북연합'과 '과정으로서의 남북연합' 그리고 '과정으로서의 통일'은 '분단체제를 상정'한다고 하니,[13] 이제 분단체제는 1단계, 2단계 통일의 전제, 바탕이 된다. 더 나아가 인류의 보편문제의 해결을 지향하는 원대한 분단체제론[14]의 장도(長途)를 동반하는 충직한 종자(從子)가 되어버린 듯 보이기도 한다.

그러나 이 지점에서 진정 고민되는 것은 그렇듯 한가한 '먼 미래문제'가 아니다. 과연 민주혁명의 동력을 (4·19와 87년 6월) 그토록 완벽하게 말아먹고 말았던 '분단체제의 마의 순환고리'를 지금 여기서 (촛불혁명 이후) 어떻게 완전히 끊어야 하느냐라는 절박한 현실의 문제다. 지금껏 해온 대로 '남북연합' 열심히 하고, 혹시 정부가 시원치 않으면 '시민참여 통일과정'을 마찬가지로 열심히 하면, 결국 문제없다는 것이 분단체제론의 해법이었다. 그러는 어느 사이 분단체제론에서 '분단체제'는 이제 별 심각한 문제가 아닌 것으로 되어버린 듯하다. 오래 전부터 '흔들리고' '허물어지고' '해체되어' 왔다고 하였으니, 어느 사이 이제는 무해(無害)한 존재가 되어버린 것일까?

그러나 이런 방식의 사고법으로는 분단체제를 결코 빠져나올 수 없고(빠져나올 생각이 별로 없다), '마의 순환고리'를 끊을 수도 결코 없다(그런 게 반복적으로 작동한다고 보지도 않는다). 분단체제론의 사고법은 양적 점증(漸增), 점변(漸變)론이다. 백 선생이 제시해온 '남북연합'과 '시민참여 통일과정'을 열심히 하면(점증), 분단체제는 서서히 사라지고 통일은 서서히 온다(점변). 결국 현상유지론이다. 반면 양국체제론은 '질적 단절'을 주장한다. 분단체제는 마의 순환고리를 통해 대략 30년을 주기로 완강하고 반복적으로 작동해온 강력한 실체다. 확실한 '질적 단절'을 통해서만 끊어낼 수 있다.[15] 분단체제를 끊어내야, 현상을 타파해야만, 비로소 통일의 길이 열린다. 그러나 분단체제론에는 이러한 '분단체제 현상타파'의 사고법이 없다. 어느덧 '분단체제 현상유지론'이되었기 때문이다. 그래서 통일에 대해 많은 말을 하지만 실제로 통일로가는 길은 "두루뭉수리 …… 어물어물 진행되는 통일" 과정이라고 할 뿐,[16] 그 실체가 묘연하다.

'분단체제의 마의 순환고리'는 이미 4·19 이후 30년 동안에도 한차례 작동했던 바 있다. 박정희-전두환 정권은 일체의 비판과 저항을 용공·좌경·친북으로 몰아치면서 '비상국가체제'의 철옹성을 높이 세웠다. 이 과정에서 4·19 주도 세력은 처절하게 무력화되고 말았다. 과연 그때 통일론이 없고, 통일에 대한 의지와 열망이 없고, 분단체제 극복운동이 없어서, 4·19는 그렇듯 실패해버리고 말았던 것일까? 이어 87년의 거대한 민주적 에너지가 이윽고 그 '비상국가체제'를 종식시킨 것처럼 보였다. 그러나 그 힘조차 동구권 붕괴 이후 '북한붕괴론, 흡수통일론, 북핵위기론'이라는 새로운 교의로 무장한 신(新) '비상국가체제' 세력에 의해 다시금 '종북', '퍼주기 세력'으로 몰려 다시금 '귀 빼고 뭣 뺀 당나귀'처럼 무력한 신세가 되고 말았다. 순치되었던 것은 분단체제가 아니라, 그 분단체제를 끝장내보겠다 했던 저항 세력, 87년의 민주 동력이었다. 그 시간 역시 30년이었다. 87년 6월은 과연 승리한 것인가? 아니다. 4·19가 그랬던 것처럼 실패했다.[17]

암울했던 2015년 겨울의 강연에서 나는 그것을 쓰라리게 자인하지 않을 수 없었다. '쓰라렸다'는 표현을 쓰는 이유는 내 자신 80년대의 대변동에 미미한 일부였을지라도 풍찬노숙해가며 온몸을 던졌던 체험이 있었기 때문이다. 그래서 그렇게까지 몽땅 말아먹은 이유를, 아프지만, 아파도 견디면서, 꼼꼼하게 추적해보았다. 그 결과 악몽 같은 과정이 '반복'된다는 것을 확인하였고, 그 핵심에 '남북의 극단적 적대'를 동력으로 작동하는 '분단체제'가 있음을 알게 되었다. 이것을 '마의 순환고리' '분단체제의 반복강박'이라 불렀다.[18]

절망을 이야기하자는 것이 아니었다. 반대로 절망을 빠져나가는 길을 찾자는 것이었다. 반드시 찾아야 하겠다는 것이었다. 원인을 모르는 게 문제다. 원인을 확실히 알면 해법이 반드시 있다. 그 12월의 강연에서는 평화체제, 공존체제를 이야기했다. '분단체제'가 문제임이 분명했다. 그래서 '분단체제에서 공존체제로' 가야 한다고 했다. 그러나 그때까지는 뭔가 아직 석연치 않았다. 평화체제, 공존체제는 좋다. 누구나좋다고 한다. 그러나 어떻게 해야 그 평화체제, 공존체제를 이룰 수 있는가? '분단체제'를 종식시킬 열쇠, 핵심이 뭔가? 여기에 답하지 못하면 '그냥 좋은 말' '공자님 말씀'하고 끝내는 것과 무엇이 다른가? 과연 그것이 무엇일까? '질적 단절'의 그 고리가 무엇인가?

강연 이후 오래 생각했다. 답은 가까운 데 있었다. 양국체제였다. 그것을 2016년 5~6월의 4회 대중강연에서 밝힐 수 있었다.[19] 그리고 2017년부터 대중적인 매체를 통해 칼럼 형식으로 가능한 널리 알려 나갔다. 양국체제가 현실화될 수 있는 중요한 시기로 보았기 때문이다. 2018년 4·27 판문점 회담 결과를 예견하는 글을 마지막으로 칼럼 활동은 일단 접었다. 이제는 큰 흐름이 잡혀가는 것으로 보였고, 그 상황에서 그런 방식으로 내가 할 수 있는 역할은 일단 다했다는 판단이었다. 그리고 책 출판을 준비했다. 그것이 학자로서 해야 할 남은 숙제라고 생각하기 때문이다. 이제 여기서 양국체제의 발상을 압축하여 정리해보면 다음과 같을 것이다.

'마의 순환고리'는 '분단체제'를 통해 작동한다. 어떤 시스템도 동력이 끊어지면 정지하듯이 어떤 역사적 체제도 그 선행조건이 사라질 때, 같이 사라진다. '분단체제'는 미소 냉전과 남북 적대라는 두 개의 동력(선행조건)으로 작동되어왔다. 90년대 초 미소 냉전이 이윽고 종식되었음에도 분단체제가 존속해온 이유는 남은 동력인 남북 적대가 존속했기 때문이다. 이 적대를 해소해야 분단체제가 씌워놓은 마(魔)와 주술(呪術)에서 풀린다. 우선 남과 북이 서로 상대가 자신을 소멸시키지 않으리라는 믿음을 갖게 돼야 한다. 남과 북처럼 참혹한 전쟁을 한 사이에서 그 믿음이 완전해지기는 어렵다. 그나마 현실적으로 가장 분명한 것은 서로를 국가 대 국가로 완전히 인정하는 공식적·제도적인 조치들이다. 서로의 주권과 영토를 인정한다고 서로 그리고 세계만방에 약속하는 것이다. 그것이 양국체제다. 서로 정식 수교하여 대표부를 교환하고 이를 시발로 교류의 폭을 점차 늘려가는 것이다. 한국(ROK)과 조선(DPRK) 두 나라의 수교는 '한조(韓朝) 수교'다. 한조 수교는 코리아 양국체제가 공식화되는 첫 단추가 된다.

국가 간 수교가 적대관계 해소에 미치는 영향은 한중 수교에서 볼 수 있다. 서로 근처에 얼씬도 하지 못했던 수교 이전과 이제 서로 100만 명씩 서로의 땅에 거주하고 있는 수교 이후의 차이는 너무도 명백하다. 남북 수교가 한중 수교만큼 당장 빠른 효과를 내기는 어렵겠지만, 수교 이전에는 상상도 할 수 없었던 수준의 교류와 협력이 이뤄질 것은 분명하다. 분단체제론이 강조해온 남북 민중연대, 시민연대도 이때 비로소 본격화될 수 있다. 여기서 반드시 빠뜨려서는 안 될 문제가 있다. 양국체제가 성립하기 위해서는 북미 적대 역시 풀어야 한다. 미소 냉전이 종식되었음에도 한반도에서 냉전의 여파가 완전히 해소되지 않은 것은 그 파생물이었던 남북 적대와 함께 북미 적대가 남아 있었기 때문이다. 북미 역시 전쟁을 한 사이다. 그러나 미국은 전쟁을 했던 중국, 베트남과 이미 수교했다. 북미 적대 해소의 가장 현실적인 방법 역시 북미 수교에 있다. 따라서 양국체제는 남북 수교와 북미 수교를 통해 현실화된다. 남북 수교와 북미 수교가 이뤄지면 '분단체제'는 동력을 잃고 해소된다. '마의 순환고리' 역시 따라서 끊긴다.[20]

분단체제론과의 대화

분단체제론은 어떻게 생각할까? 2017년 말~2018년 초 '창비담론 아카데미' 모임은 필자가 제안한 '양국체제론'에 대해 길게 언급하면서 "갑자기 어느 날 만들자는 것" 같아 보인다고 비판한 바 있다.[21] 지금도 그렇게 생각할까? 2017년 겨울까지라면 이런 식으로 말했던 것을 이해는 해줄 수 있을지 모르겠다. 내게는 분명히 그 전망이 보이는 데 전혀 안 보인다고 하면 더 이상 무어라 할 수가 없는 일이다.[22] 그러나 2018년 1월 1일 벽두부터 남북 대화를 제의하고 평창 동계올림픽 대표단 파견을 언급했던 김정은 위원장의 신년사를 듣고 난 이후에도, 그리고 (극우냉전파의 싱거운 패배로 끝났지만) 그 1월 내내 시끄러웠던 곧 열릴 평창 동계올림픽에서의 한반도기·인공기 논란을 지켜보면서도 아무런 생각의 변화가 없었다면 이는 좀 문제가 아닌가 싶다.(이 책 2부 6장과 7장 참조) 현실의 큰 흐름을 놓치고 있는 것으로 보여서다.

'창비담론 아카데미'의 마지막 총화인 7회차 모임에서는 발제자부터 양국체제론 비판을 시작한다. 그 발제가 비판의 재료로 인용했던 것이 (그 책에서 밝힌 모임 일자를 볼 때) 그 모임의 하루 전으로 보이는 2018년 1월 29일 자《경향신문》에 실린 필자의 칼럼「코리아 양국체제와 평창 올림픽」이었다. "우리가 이미 중국, 러시아와 수교하고 있는 것처럼, 미국과 일본이 북을 인정하고 수교하게 되면, 코리아 양국체제는 안정궤도에 접어든다. 그럴 때 북의 비핵화도 현실화될 수 있다. 이것이 한반도 평화만이 아니라 세계평화를 위한 대한민국의 역할이다"이라 쓴 부분인데, 이를 인용하면서 그 발제자는 "정말 너무 간단하고 속편한 발언"이라고 간단하게 무시하고 있다.[23]

그 발제자가 인용해주었던 칼럼의 바로 앞 대목은 이랬다. "세계 여론은 3차 세계대전의 발화점이 될지도 모를 한반도 전쟁의 가능성을 진정으로 우려했다. 누가 김정은 – 트럼프 간의 막가는 치킨게임을 일시적이나마 중단시켜 대화의 물꼬를 텄는가? 주변 어느 국가도 하지 못했다. 분단체제 신봉자들은 물론 언급의 대상이 못 된다. 결국은 성숙한 대한민국 촛불시민들의 힘이다. 일점의 폭력도 없이, 다시 1987 이전을 꿈꾸던 박근혜 신 유신 세력을 단번에 끌어내린 힘이다. 외신들이 그렇게 말하고 있다. 이번 평창 올림픽에서 나타난 대화 기조는 평화를 바라는 대한민국의 민의의 승리라고."(이 책 2부 7장)

그런데 그 발제자는 아쉽게 이 대목에서도 그 칼럼이 무엇을 말하고 있는지, 촛불혁명 이후 현실에서 무슨 일이 진행되었는지를 전혀 읽지 못했던 듯하다. 그렇지만 그 '창비담론' 모임의 종료 이후에 숨 가쁘게 이어졌던 판문점 선언, 싱가포르 선언, 평양 선언과 그에 수반되었던 여러 일들을 직접 목격하고 난 이 시점에서는, 아마 그때 양국체제론을 비판했던 분들의 생각도 조금은 양국체제론을 이해해보는 방향으로 바뀌지 않았을까 조심스럽게 기대해보고 싶다. 이제 북미 수교는 사실상 두 나라의 공식 어젠다에 올랐다고 할 수 있다. 2차 북미 정상회담 후로 평양에 미국의 연락사무소가 진출할 것이라는 예상이 나오고 있다. 《시사인》의 북한전문기자는 2018년 10월 23일 자 기사에서 "(평양) 연락사무소 설치는 수교 전 단계다. 연락사무소 설치는 신뢰 구축 및 북한 체제 인정 면에서 보면 종전선언보다 상위의 단계다"라고 쓰고 있다.[24] 북미 수교가 코앞에 왔다는 뜻이다.

그렇다면 남북 수교는 어떨까? 이미 남북공동연락사무소가 개성에 설치되었다. 남측 초대 소장은 대한민국의 통일부 차관이 임명되었다. 이 공동연락사무소의 다음 단계는 평양과 서울의 상주 연락사무소가 될 것이다. 이 단계만 되어도 공무, 언론, 경제, 학술, 친족방문, 관광 분야에서 상당한 남북 교류가 시작된다. 이 단계가 안정되면 다음 단계는 북미 수교와 마찬가지로 바로 남북 수교 즉 '한조(韓朝) 수교'다. 그러나 이 순서는 상황 진행에 따라 바뀔 수도 있다. 북미 수교 교섭이 지연되면 남북 교섭의 동력을 높여 한조 수교를 먼저 이룰 수 있는 것이다. 이 한조 수교는 국가 간 일반 수교의 보편적 프로토콜을 따르되, '일 민족이 국가로서 상호 주권과 영토를 인정하면서 공동 번영을 추구하는 국가 대 국가의 특수한 관계'의 성격을 반영하는 '특수한 수교'가 될 것이다. '한조 수교'와 함께 서울과 평양에 각 국의 대표부를 둘 것인데, 그 대표부란 이미 상주 연락사무소 단계에서부터 그에 준하는 상당한 활동을 하여온 것이다. 수교와 함께 평양과 서울의 기존의 상주 연락사무소의 간판만 바꾸어도 바로 평양 주재 대한민국 대표부와 서울 주재 조선민주주의인민공화국 대표부가 된다. 한국의 조선 대표부 대표는 당연히 다른 일반 외국 대사보다 격이 높은 장관급이 될 것이고, 조선의 한국 대표부 대표 역시 마찬가지다. 여기까지 이를 길이 고속도로일지 트래킹 길일지는 남아 있는 문제다. 그러나 시대의 큰 방향이 이렇게 잡혀 있다는 것이다. 과연 이런 이야기도 '창비담론 아카데미'의 분단체제론자들에게는 여전히 "너무나 간단하고 속편한" 것이고 아직도 "갑자기 어느 날"일까?

이론가들 사이에는 '비관론이 늘 이긴다'는 농담이 있다. 이를테면 '자본주의 붕괴론'에 대해 마르크스주의 진영 내에서 비관론이 낙관론을 1848년 유럽혁명 이래 올 2018년까지 170년 동안 이겨왔다고 할 수 있다. 역시 비관론이 안전하다. 분단체제론에도 그런 멘털리티가 있는 것일까? 자본주의 세계체제가 존속하는 한 분단체제는 끝나지 않는다? 현재 남북, 북미 간 진행되고 있는 양국체제의 흐름은 결국 그래 봐야 반짝하다 말 것이고, 결국은 분단체제가 또 이기고 말 것이다? 그렇다면 분단체제는 지금으로서는 어떻게 하더라도 결국은 도저히 벗어날 수 없는 숙명인가? 백낙청 선생이 분단체제론을 입론할 때 크게 의지했던 월러스틴의 '근대 자본주의 세계체제(modern capitalist world system)'론도 그 세계체제가 이제 시스템 전환의 분기(bifurcation)에 이르렀다고 말하고 있는데,[25] 백낙청 선생의 분단체제론은 이제 분단체제를 세계체제보다 더 장구할 체제로 보는 것일까? 의심이 들지 않을 수 없다.

필자는 월러스틴의 세계체제론의 성과와 한계에 대해 이미 여러 차례 분석해온 바 있다. 그러한 분석을 통해 지금 중층적 세계체제는 새로운 단계, 즉 '후기근대'로 접어들고 있다고 말해왔다.[26] 또 그러한 후기근대의 상황이 한반도에 '새로운 가능성'을 열어주고 있다고 강조해왔다.[27] 그러나 그런 '세계체제의 대변동'에 관한 큰 이야기 이전에, 도대체 분단체제론은 바로 눈앞의 우리 현실, 즉 촛불혁명이 일으킨 '구조적 단절'의 힘, 그 힘의 역사성을 얼마나 제대로 인식하고 있는 것일까? 필자가 촛불혁명 이전부터 줄곧 강조해왔던 점은 이미 세계사적 지각변동이, 한반도의 경우, 87년 6월 시민항쟁으로부터 시작되었다는 것이다. 그 계기는 소련·동구권 붕괴와 미소 냉전의 해체라는 세계사적 대사건과 맞물리면서 1991년 남북 유엔 동시가입과 〈남북기본합의서〉 채택으로 이어져 분단 이후 최초로 '분단체제에서 양국체제로의 전환'의 첫 움직임이 태동했었다고 했다. 그러나 그 태동은 내외의 역량과 조건의 한계로 짧은 시기에 마감되고 말았다.

촛불혁명 이후 양국체제의 두 번째 기회가 열리고 있다. 이 두 번째 기회는 첫 번째 열림보다 훨씬 큰 가능성을 가지고 있다. 무엇보다 촛불이 분열되지 않고 탄핵과 대선에서 일관된 모습을 보여주었다. 이후 판문점 선언, 싱가포르 선언, 평양 선언에 보내준 압도적 지지도 촛불은 여전히 진행 중임을 말해주고 있다. 그 가공할 '분단체제의 마의 순환고리'를 이윽고 끊어낼 절호의 기회가 이제 우리 앞에 온 것이다. 이런 상황에서 분단체제의 '장구성(long-duration)'을 다시금 강조하는 분단체제론이 실천적으로도 어떤 의미가 있는 것일까? 분단체제를 오히려 지속시키는 데 일조하고 있을 뿐 아닌가?

분단체제는 다른 체제로 '체제전환(system transformation)'됨으로써 사라진다. 분단체제가 어느 날 쾅! 하고 무너져 폐허만 남는 게 아니고, '체제전환'이 이렇듯 아무것도 남지 않은 폐허 위에 웅장한 새 건물을 지어 올리는 일도 아니다. 분단체제 안에서 성장해온 힘이 이 체제의 작동을 정지시키면서 새로운 체제로 전환해가는 것이다.[28] '촛불혁명' 이야말로 바로 이러한 체제전환의 계기, 출발점이 되기에 충분한 사건이었다. 그렇듯 분단체제가 체제전환을 통해 환골탈태해야 한다면, 그렇듯 환골탈태한 새 체제란 과연 무엇일까? 남북의 적대가 해소되어 평화롭게 공존하는 체제 아니겠는가? 그래야 '독재가 민주를 회수하는 마의 순환고리'가 이윽고 끊기지 않겠는가? 그것이 한국과 조선이 서로를 인정하여 수교하는 양국체제, 즉 양국 평화체제, 양국 공존체제 아닌가? 그것이 '분단체제에서 양국체제로의 체제전환'인 것이고, 이것이 촛불을 진정 '혁명'으로 만드는 징표가 되지 않겠는가? 이것이 나의 생각이었다. 과연 분단체제론은 어떻게 생각할까?

이에 대한 답을 직접 들은 바 없지만 짐작할 수 있는 근거는 있다. 백선생이 바로 얼마 전 《창작과비평》 2018년 가을호 권두에 특집으로 실은 「어떤 남북연합을 만들 것인가」라는 글이 그것이다. 여기서 백 선생은 양국체제의 가능성을, 아마도 선생으로서는 최초로, 시간을 들여 검토해보고 있다. "남북이 항구적 분단에 동의한 두 개의 독립국가가 되었다고 가정해보자"라고 한 후, 두 페이지 반을 그 시나리오에 바쳤다. 양국체제가 왜 '항구적 분단에 동의'해야 한다는 것인지 알 수는 없지만 어쨌든 이를 전제로 가정을 진행한다.

조선민주주의인민공화국은 개혁 · 개방을 하더라도 중 · 일 · 러 · 한 등 자신보다 훨씬 부강한 국가들에 둘러싸인 채 자본주의 세계체제 속에서 숨 막히는 경쟁을 감내해야 할 것이다. 수년 내로 물러날 트럼프 대통령의 호의가 큰 버팀목이 될 리도 없으며 한국 또한 다음 정부가 어떻게 나올지 모를 일이다 …… 대한민국은 어찌 되는가? …… 식민지시대와 분단시대를 거치며 입지를 굳혀온 세력들의 특권수호 의지는 여전할 것이며 '빨갱이' 운운하는 색깔론이 사라지지도 않을 것이다 …… 북한 당국이 경쟁국 한국에 얼마만큼 호의적일지 의문이다. 그러나 더 중요한 것은 자본의 북한진출로 이 나라 대중의 생활이 얼마나 향상될 것이냐는 것이다 …… 아무런 범한반도적 조절장치 없이 여타 외국에나 마찬가지로 대북 자본진출이 이뤄진다면 국내의 노동조건은 더욱 악화될 것이 분명하다 ……환경 문제도 …… (한국 개발세력을) 제어하기는 훨씬 힘들어질 것이다 …… 성차별 문제는 어떤가? 여성차별은 …… 공공연한 가부장주의보다 한층 음험하고 비열한 성차별주의로 진화 …… 분단체제 아래 더욱 폭력적이며 대대적인 여성혐오로 번지고 있기조차 하다. 이 문제를 공존하는 두 성차별적 국민국가의 '쎌프개혁'에 맡겨서 얼마나 해결할 수 있을까? 물론 남북연합으로 그 문제가 해결된다는 건 아니다. 그야말로 문명의 대전환을 수반하는 과제라 보아야 옳다 …… 그 밖에 '갑질문화'라든가 신자유주의와 분단체제로 인해 일그러진 인간심성 등 평화공존 속 보통국가가 치유 못할 병폐가 너무나 많다. 다만 (거듭 말하지만) '평화공존 속 보통국가'라는 것 자체가 탁상공론이요 상상해본 가정일 뿐이므로 그

걸 전제로 고민할 필요는 없다. 어떤 남북연합을 만들 것이며 어떻게 촛불혁명에 부응하는 남북연합을 만들까 하는 한층 실질적인 고민으로 돌아오는 것이 우리가 할 일이다.[29]

긴 내용이지만 요점을 잡아 줄여본다면, 양국체제가 되어봐야 여전히 분단체제라는 뜻이겠다. 양국체제가 되어봐야 자본주의 체제의 질곡을 벗어나지도 못하고 계급, 국가, 성, 환경의 근본 문제가 해결되지도 않는다고 한다. 백 선생은 일찍부터 분단체제는 세계체제의 하위체계라 하였으니,[30] 분단체제론의 입장에서 본다면 자본주의 세계체제의 질곡이 끊기지 않았는데, 분단체제가 사라질 리가 없기는 하겠다. 물론 양국체제론은 그 모든 문제들을 다 해결하겠다고 약속하지 않는다. 모든 문제의 해결에는 순서가 있는 법이다. 양국체제론은 지금 꼭 필요한 것, 분명하고 확실한 것만 말한다. 현실적이고, 실용적이며, 중기적이다.[31] 양국체제에서는 분단체제에 비해 남북, 북미 간 적대가 분명히 완화되고, 교류와 협력이 확실히 증대한다. 현재 우리에게 너무나 중요하고 절실한 변화 아닌가?

그러나 백 선생의 위 인용문은 그렇듯 명백한 예상은 굳이 다 외면한다. '평화공존 속 보통국가'에 대한 요구는 비현실적으로 너무나 높게 잡아놓고, 양국체제가 열어줄 상황에 대해서는 상식적 예상보다 훨씬 비관적인 가정만으로 일관한다. 주문은 최상가로 해놓고 물건 평가는 최저가로 매긴 셈이다. 이 글대로라면 중국과 베트남이 세계경제의 일원이 된 후 그곳 사람들이 살아가는 상황이 더 나빠졌다거나 실은 아무것도 달라진 것이 없다고 평가해야 할 것이다. 그러나 그 나라의 평범한 인민들은 전혀 그렇게 생각하지 않는다.[32] 북미 간 북핵문제 공방도 이제는 미국의 다음 정부가 어떻게 되던, 북미 수교와 비핵화를 교환한다는 틀을 바꾸기 어렵게 되어 있다. 한국의 상황은 어떤가? 위 인용은 촛불혁명이 일으킨 '체제전환'의 파급력을 매우 사소하게 보는 듯하다. 촛불이 소멸시킨 '기울어진 운동장'이 금방 내일이라도 멀쩡하게 복구될 것만 같다.

이상한 일이 아닐 수 없다. '분단체제의 역풍'이 정말 심각하게 몰아치기 시작했던 2009년에는 분단체제의 강화가 "흔들리는 분단체제의 안정회복을 꿈꾸는 인사들"의 "일방적인 꿈"일 뿐이라고 가볍게 보더니,[33] 막상 분단체제가 촛불혁명으로 영영 사라질 위기에 처하자 이번에는 분단체제란 "뿌리가 깊고 신축자재한 것"이어서 "얼마든지 다른 형태로 재생될 수 있다"면서 '분단체제 불사론'을 지핀다.[34] 그러면서 양국체제가 된다고 해봐야 분단체제는 끄덕도 없을 것이라는 취지의 비관적 가정으로 일관한다.

위 인용문에 대해 더 이야기하지는 않겠다. 그보다 여기서 내가 강조하고 싶은 바는 따로 있다. '애당초 안 될 이야기니 고민할 필요 없다'로 마감하긴 했지만, 백 선생이 바로 이런 예상을 해보았다는 사실 자체가 정말 새롭게 느껴진다. 무엇이든 미리 배격해놓고 거부할 필요는 없다고 생각한다. 어쨌든 백 선생이 이런 방향의 고민을 해보았다는 사실이 중요하다. 백 선생의 이 고민을 시작으로 분단체제론 측에서도 양국체제의 전망에 대한 공감적 이해가 더 깊어지기를 기대해본다.

부분 인용한 백 선생의 글 전체의 요지는 결국 '남북연합이 정답'이다. "물론 남북연합으로 그 문제가 해결된다는 건 아니다"라고 덧붙이고 있기는 하지만(그야 너무나 당연한 말씀이다), 어쨌거나 양국체제는 실현 가능성이 없으므로 현재 이미 시작되어 있다는 남북연합을 열심히 하자는 말씀이다. 나는 남북연합 자체에 반대하지 않는다. 다만 나로서는 남북연합이든 국가연합이든 양국체제가 전제되지 않는 그 연합이란 게 도대체 무엇인지 구체적으로 잡히지 않아서 의문이었을 뿐이다. 서로 국가로서 정식 인정하고 있지도 못한데 서로 반신반의하면서 회담하고 또 그런 회담을 정례화하면 그것이 바로 국가연합이 되는 것일까? 내가 아는 한 그것은 국가연합이 아니다. 수교 전 단계의 접촉일 뿐이다. 양국체제의 안전장치 없이 남북연합, 남북연대를 한다고 앞서 나가기만 하면 오히려 역공과 역풍을 부르기 쉽다는 우려도 없지 않다. 문자 그대로 '분단체제의 역풍'이 부는 것이다. 실제 그런 역풍에 많이 당해보지 않았던가? 백 선생은 여러 곳에서 국가연합, 남북연합이 위태로운 남북관계를 지켜줄 안전장치라고 했지만, 내가 보기에는 양국체제 없는 국가연합, 남북연합이야말로 위태로운 것이고, 양국체제야말로 그 연합을 지켜줄 안전장치다.

그러나 내 생각이야 어떻든 백 선생은 이미 그 국가연합은 〈남북기본합의서〉 서문에서 바탕을 깔아줬고, 6·15 선언에서 길을 열었으며, 10·4 선언에서 이미 시작된 것이라고 보고 있다.[35] 그러니까 이미 남북 국가연합은 이미 현실에 존재하고 있는 것이고, 그렇듯 이미 있었기 때문에 올 들어 판문점 회담도 가능했다고 할 것이다. 지금 북미 정상회담도 마찬가지로 국가연합의 바탕이 이미 돼 있으니까 가능했던 것이겠다. 물론 그게 아직은 다 된 것은 아니고 조금 덜 되었으니 다 될 때까지 열심히 국가연합 운동을 해야 한다는 것을 꼭 부가하지만 말이다. 이번에는 내가 아무리 보아도 거기에 국가연합 같은 것은 보이지 않는데, 선생은 줄곧 거기 있다고 하니 나로서는 더 드릴 말씀이 없다. 그렇지만 어쨌든 앞서 예상해보았던 대로 북미, 남북 수교가 이루어지게 되면 그것은 선생이 보고 있는 그 국가연합에는 좋은 일일까, 나쁜 일일까. 내 생각에는 굳이 나쁠 게 없는 일일 것 같다.

마침 나는 그 글에서 국가연합을 백 선생이 그동안의 어떤 설명보다 쉽게 풀어준 대목을 찾을 수 있었다. 백 선생이 생각하는 남북연합이란 "미국이 어느 시점에 변심하여 북을 다시 침공하거나 적대정책으로 되돌아갈 태세가 되었을 경우, 이것이 곧바로 대한민국이 가담한 국가연합에 대한 침공 내지 적대가 될 수밖에 없도록 제도화해놓는 일"이라는 구절이다.[36] 결국 북(DPRK)과의 군사적 동맹까지 생각하는 것이고, 이는 외교관계 중 가장 높은 단계인 '포괄적 전략적 동맹관계'가 된다. 이런 관계가 국가 간 수교 없이 가능할 수 없다. 수교관계 중에서도 특별히 높은 관계에 해당한다. 한국과 조선이 수교관계를 맺으면 이는 한민족 두 국가가 맺는 특별한 수교일 것이니, 애초에 특별한 관계가 아닐 수 없다. 그렇듯 특별한 것이지만 수교하자마자 바로 포괄적·전략적 동맹관계로 시작할 수는 없다. 어찌 첫술에 배가 부르겠는가. 그 가장 높은 단계까지 가는 데 많은 노력이 필요하다. 백 선생이 생각하는 국가연합이 그런 가장 높은 단계의 동맹관계를 뜻한다면 그것은 이렇듯 수교를 이룬 후 많은 노력을 통해 도달해야 하는 목표가 되는 것이다. 바로 이것이 내가 생각해왔던 바이기도 하다. 국가연합은 양국체제가 안정되면서 이뤄가야 할 다음 단계의 목표다.[37]

그럼에도 여전히 백 선생이 양국체제는 '탁상공론'이요 '비현실적인 가정'일 뿐이라고 내치시는 이유가 뭘까? 미리 양국체제에 (내가 보기에) 여러 비현실적인 전제 조건을 걸어두고 있기 때문인 것 같다. 양국체제는 아주 황당하고 비현실적인 여러 일들이 벌어질 것을 전제할 때야 (그런 일이 벌어질 리가 없겠지만) 비로소 가능할 것이라는 이야기다. 앞서 양국체제는 "항구적 분단에 동의", "영구분단에 동의"한다는 전제도 그중 하나다.[38] 그러나 정말 너무나 비현실적인 전제일 뿐이다. 수교할 때 상호 국가로서 인정하고 존중한다고 하면 되는 것이지, 왜 '항구적 분단에 동의한다'고 못을 박아야 할까? 상식적으로 말이 안 된다. 양국체제 자체가 바로 통일은 아니지만 '항구적 분단'은커녕 통일을 촉진시키는 가장 효과적이고 현실적인 경로라고 나는 생각한다. 다만 백 선생의 이 글에서는 양국체제 '실명비판'의 대상이 내가 아닌 최장집, 박명림 교수 등이 되고 있는 것으로 보이고, 그 주장을 '항구적 분단에 동의'하는 것으로 해석하는 듯하다.[39] 나로서는 '정말 그럴까? 그건 꼭 아닌 것 같은데?' 하는 의문이 들긴 하지만, 이번에는 내가 당사자가 아닌 바에 거기에 대해 뭐라 확실히 이야기할 수는 없는 노릇이다.

"통일을 원천적으로 배제"해야 양국체제가 가능하다는 전제 자체가 이렇듯 비현실적이고, 더 나아가 이런 가정 위에서 한 발 더 나아가 '한국의 헌법 조항과 북의 노동당규약 및 건국이념을 깡그리 부정하는 대역사(大役事)가 전제되어야 양국체제가 될 수 있다'는 가정[40] 역시 과도하고 순서가 바뀌어 있다. 우선 양국체제가 정착되어가면 헌법을 비롯한 여러 법과 제도의 개편이 뒤따른다는 것은 분명하다. 그러나 꼭 그것이 전제되어야 양국체제가 가능한 것은 아니다. 이 사고법의 차이는 매우 중요하다. 예들 들어 국가보안법은 남북이 연락사무소를 두고 점차 많은 사람들이 공무, 사업, 연구, 관광, 친족방문 등 여러 목적으로 남북을 오가게 되면 자연스럽게 사문화될 수밖에 없다. 수없이 많은 평범한 일반인들을 모두 범죄자로 모는 법이 무슨 법이 될 수 있겠는가? '외계인'처럼 누구에게나 눈치를 받는 이상한 법이 될 수밖에 없다. 국가보안법은 그때 가서 더는 의미가 없으니 폐지하자고 하면 된다. 그게 아니라, 국가보안법을 미리 폐기해놓아야 양국체제가 가능하다는 가정은 실은 양국체제로 가는 길에 불필요한 장애물을 미리 세워두자는 것과 같다.

헌법 문제도 마찬가지다. 지금 상태로도 대한민국헌법 3조의 영토조항("대한민국의 영토는 한반도와 그 부속도서로 한다")은 사실상 사문화되었다. 우리가 남북 정상회담을 도대체 몇 차례나 했는가? 특히나 촛불혁명 이후 남북이 어느 방향으로 가고 있는가? 헌법 3조의 개정은 필연적이다. 시간의 문제일 뿐이다. 그렇다고 이 조항의 폐기를 내일모레하자고 굳이 서두를 필요가 있을까? 그렇지 않아도 없는 빌미를 잡아보겠다고 손톱이 빠지도록 긁어대고 싶은 쪽이 저기 아직 엄연히 있는데 공연히 부스럼을 만들 필요가 어디 있는가? 헌법 개정은 남북, 북미 수교가 이뤄진 후에 해도 아무 문제가 없다. 그게 국제법과 국내법의 연동관계다. 물론 그 전이라도 해당 조항의 개헌이 가능한 상황을 예상해볼 수는 있다. 이미 양국체제로의 진행에 대한 공론화와 여론의 지지가 충분히 형성되고, 평화공존 세력이 국회의 개헌선 이상의 확실한 다수파가 된 상황이 그렇다. 그때라면 '헌법개정 시민의회'를 통한 공론적 사전합의를 거친 후, 그 합의를 국회에서 압도적 지지로 가결하는 방식도 생각해볼 수 있다.[41] 현실이 먼저 가고 법과 제도가 따라간다. 결코 그 반대가 아니다. 이런 순서는 북도 동일할 것이다.

이상의 검토에서도 분명히 알 수 있는 것은 양국체제는 이러한 방식으로 대한민국과 조선민주주의인민공화국의 법과 제도, 생활방식과 사고방식에 분명하고 확실한 변화를 가져온다는 사실이다. 반면 분단체제론은 이러한 변화들이 어떤 방식으로 이루어질 것인지 분명히 제시한 바 없다. 예를 들어 국가보안법 하나만 해도 이것을 어떻게 없애

가겠다는 것인지 방침이나 전망이 불분명하다. 헌법 3조의 개정에 대해서는 엄두조차 내지 못하고 있는 것으로 보인다. 공연히 분란만 부를 일이라고 미리 접어버리고 만다. 그러면서 '양국체제론'이 공연히 그런 분란을 부를 것이라고 거꾸로 비판한다.[42]

왜 그럴까. 분단체제론은 '분단체제극복'을 항상 강조하지만, 막상 분단체제가 어떻게 극복된다는 것인지 애초부터 분명하지 않았기 때문이다. 분단체제가 여전히 계속된다고 보기 때문에 국가보안법 폐지나 헌법 개정이 실은 난망하게만 보이는 것 아닐까? 분단체제론이 상정하는 국가연합 단계도 여전히 분단체제인지, 분단이 극복된 체제인지 불분명하다. 그 애매한 연합 상태가 바로 "두루뭉수리 …… 어물어물 진행되는 통일" 과정이라고 한다.[43] 이것이 분단체제론이 내세운 '과정으로서의 통일론', '과정으로서의 남북연합론'인데,[44] 결국 이 이론에 따르면 이 전 과정에서 분단체제가 계속 존속하는 것으로 보아야할 것이다.

백 선생과 함께 오랫동안 창비에서 활동해온 최원식 교수(2018)는 '분단체제론의 남북연합론은 분단체제를 상정하는 것'이라 하였으니,(이 책 3부 1장) 분단체제가 존속해야만 가능한 것이 그 남북연합일 것이기도 하다. 그런데 이 '과정으로서의 통일론' 그리고 올해 새로 더한 "과정으로서의 남북연합"론에서[45] '분단체제'는 이제 결코 더 이상 부정적이기만 한 상태가 아닌 듯하다. 분단체제란 남북이 분단돼 있기는 하지만 불일불이(不一不二)로 '두루뭉수리하게' '연합'하고 있는 상태를 말하는 것으로 보이는데, 이렇게 되면 '분단체제'라는 개념 자체가 매우 적극적이고 긍정적인 의미로 180도 뒤바뀌고 만다. 더 나아가 그 분단체제를 극복한다는 것은 남북 분단만이 아니라, 계급 분단, 성

분단, 인간/자연의 분단까지 극복하는 "문명의 대전환"을 이루는 것을 뜻한다 하니,[46] 실로 그 '분단체제'는 남북 적대와 통일의 여부를 떠나, 그를 한참 초월하여 앞으로 오랜 시간 존속하지 않을 수 없는 실로 장구한 체제일 것임에 분명하다. 그러나 이쯤 되면 '분단체제'가 한반도 남북의 분단과 적대 때문에 존재하는 것인지, 아니면 '분단체제론'을 위해 존재해주어야만 하는 것인지 의문이 생기지 않을 수 없다.

나는 남북, 북미 수교가 이뤄지고 양국체제가 정착되면 분단체제는 사라진다고 보고 있지만, 그렇다고 해서 '분단체제론'이 사라질 것 같지는 않다. '문명 대전환'의 원대한 기획과 철학으로 존속해가지 않을까 싶다. 여기에 대해 굳이 내가 무슨 예상을 해볼 이유나 자격은 없기도 하다. 다만 이 정도 밝혔으면 분단체제론이 양국체제론을 굳이 그렇게 배격[47]할 이유가 없지 않겠느냐는 생각이 든다. 오랫동안 분단체제론이 주장하고 옹호해온 '한반도의 평화와 공존', '국가연합', 더 나아가 '평화로운 통일을 이룬다'고 하는 큰 목표를 양국체제론 역시 확실하게 같이하고 있으며, 이를 실현하기 위한 나름의 현실적인 경로 역시 분명하게 제시하고 있으니 말이다. 비록 '분단체제'라는 개념에 대한 이해와, 그 '분단체제'의 존속 여부에 대해서는 생각을 분명히 달리하고 있지만, 그런 차이는 차이대로 두고, 같이 나누고 있는 큰 뜻과 목표에 맞추어 협력해가면 되는 것 아닐까?

이제 양국체제론에는 백낙청 선생의 '포용정책 2.0과 같은 방법'과 '남북연합에 대한 사고'가 없다는 분단체제론 측의 비판[48]에 대한 답은 충분히 되었다고 보지만, 그래도 미진한 게 남았을까 싶어 가필해본다. 양국체제의 성립과 안정은 '포용정책 2.0'이 추구하는 목표를 충분히 이루어준다. 그리고 양국체제가 성립될 때 '국가연합'은 비로소 현실적인 발판을 갖게 된다. 분단체제론과 양국체제론은 통일로 가는 길에 일정한 중간단계가 반드시 필요하다는, 매우 중요하고 현실적인 생각을 공유하고 있다. 그 중간단계가 양국체제일 것인가, 국가연합일 것인가. 그 차이일 뿐이다. 양국체제는 국가연합의 전망을 배척하지 않는다. 양국체제가 국가연합의 바탕을 깔아준다고 했다. 그런데 분단체제론은 양국체제가 국가연합의 길을 가로막는다고 보았던 듯하다. 지금껏 밝힌 바와 같이 전혀 그렇지 않다. 그렇다면 이 오해는 이제 풀린 것이 아닌가. 그렇다면 적절하고 현실적인 중간단계를 거쳐 평화통일로 가야 한다는 대명제 아래 두 입장이 협력할 수 있지 않겠는가.

더하여 '창비담론 아카데미' 모임[49]에서 직접 제기했던 것은 아니지만 내용적으로 예상할 수 있는 비판이 있다. 양국체제론에는 민중주도, 시민주도 통일에 대한 생각이 없지 않느냐, 국가만 있고 시민은 없지 않느냐는 것이겠다.[50] 이 역시 이미 언급한 것이지만, 양국체제가 성립되면 정부 간 교류만이 아니라 민간 교류의 물꼬가 크게 트인다. 양국체제론은 대대적인 민간 교류의 현실적 방법론이다. 양국체제가 안정되어 갈수록 민간 교류가 정부 간 교류를 압도할 것이다. 동서독의 사례를 보면 이는 명백하다. 분단체제론이 강조해온 '남북 민중주도', '시민주도 통일'의 길이란 이런 상태에서야 비로소 관념이 아니라 제대로 된 현실의 발판을 찾게 된다. 분단체제가 존속하는 한 민중주도, 시민주도 통일이란 역경과 고난의 좁은 길일 수밖에 없다. 여전히 분단체제의 '마의 순환고리'와 싸우면서 결코 그 고리를 벗어나지 못한 채 헤쳐가야 한다. 같은 뜻을 더 크고 당당하게 펼칠 수 있는 길이 있는데, 왜 '마의 순환고리'로 인해 실패가 예약된 형극의 길을 군이 가야만 할까. 혹시나 고난과 고통의 길만이 정당성과 순수성을 보장해준다는 생각이 있다면, 이는 60~80년대의 '운동권적 사고'에 지나지 않는다. 세계는 너무나 크게 변했고, 앞으로 더욱 크게 변할 것이다. 과거의 관성을 단호하게 탈피해야 한다.

분단체제론에는 근대 국가 자체를 (남이든 북이든, 더 나아가 현 세계체제 속의 모든 국가 체제 자체를, 그리고 그 국가 간의 일체의 관계를) 불신하는 이론적 경향이 깔려 있다. 자본주의 세계체제와 근대 국민국가 체제가 한몸을 이루고 있음을 보는 모든 이론 전통의 공통된 배경이기도 하고, 필자 역시 그 전통 속에 있다고 할 수 있다. 그러나 그 근대 국가 체제를 극복하는 길은 국가와 시민의 2분론으로 결코 열리지 않는다. 이런 생각은 필자가 이미 책으로 정리해 몇 차례 출간한 바 있다.[51] 활발하고 건강한 시민운동은 국가기구를 활용한 국가 자체의 변화를 결코 백안시하거나 회피하지 않는다. 그를 통해서 시민사회 영역과 시민운동이 더욱 활발해지는 것이기도 하다. 양국체제는 이 길을 크게 열어주는 것이기도 하지만, '코리아 양국체제'에는 여기에 더하여 이러한 일반론 이상의 추가적 의미가 있다. 서로 참혹한 전쟁을 하고 70년을 서로 적대해온 '한 민족의 두 국가'가 서로 평화롭게 공존하는 과정 자체가 근본적으로 '외부의 적'의 존재를 자체 존립의 근거로 하고 있는 근대 국가 체제 자체의 존재적·인식적 기반을 흔들고 변화시켜 나갈 것이라는 점이다.[52] 이러한 발본적 변화의 싹이 한반도에'만' 있다고 주장하는 것은 아니다. EU(유럽연합)나 ASEAN(동남아시아국가연합), USAN(남미국가연합) 등에도 그런 요소가 있다.

양국체제는 통일을 분명히 촉진하지만 그 자체가 통일인 것은 물론 아니다. 통일이 어떤 방식으로, 언제쯤 이루어질지 지금 확실하게 말할 수는 없다. 다만 분명한 것은 양국체제가 성립되어 남북의 교류가 점차 활발해지면 통일은 이미 남북의 사람들이 서로 만나는 그 자리, 그 마음들 속에서부터 형성되어가기 시작한다는 사실이다. 70년간 분단되어 적대하며 살아왔으니 여러 작지 않은 차이와 거리가 분명히 존재한다. 그러나 그 이전 천년 넘게 한 나라로 살아오면서 공유해온 언어와 문화와 전통의 공통성은 그보다 훨씬 크고 깊다. 양국체제는 이 차이와 공통을 융화시켜가는 과정이기도 할 것이다. 그 융화가 성공적으로 이루어질 때, 통일 역시 반드시 이루어질 것이다. 백낙청 선생의 신념처럼, 이 역시 나의 신념이다.

4. 하노이 북미 정상회담 이후의
   분단체제 – 양국체제 논쟁

필자가 2019년 《녹색평론》 1~2월호에 실은 「분단체제론과 양국체제론」(이 책 3부 3장)에 대해 서울대 김명환 교수가 같은 책 3~4월호에 「한반도 평화와 분단극복을 위하여 — 김상준 교수의 분단체제론 비판에 대해」라는 글을 올렸다. 분단체제에 대한 백낙청 선생과 필자의 인식('마의 순환고리의 작동')에는 상통하는 점이 많지만, 백낙청 선생의 분단체제론에는 체제전환, 질적전환의 발상이 존재하지 않는다는 필자의 비판은 '적중하지 않는다'고 하였다.[1] 필자가 문제를 제기한 이상, 김명환 교수가 받아들이기 어렵다고 하는 부분에 대해 보완하여 설명할 필요가 있겠다. 논의가 생산적으로 이어지기를 바라는 마음에서 장면과 방식을 좀 바꾸어서 대화를 이어가보기로 한다. 2019년 2월 하노이 북미 정상회담 이후의 교착 상태를 풀어가는 방법으로부터 이야기를 시작하는 것이 좋겠다. 당면한 실제적 문제를 놓고 이야기해야 서로

의 차이도 구체화되고 또 서로가 모아질 수 있는 방향도 선명해질 것
같아서다.

게임의 룰과 차원을 바꿔라

2019년 2월 말 하노이 북미 정상회담 이후 북미 간 비핵화와 체제안
정 보장의 딜(deal)은 한동안의 밀월관계 이후 일단 교착국면에 들어선
것으로 보인다. 애초에 2018년 6월의 싱가포르 북미 정상회담 이후의
북미관계가 밀월로만 계속될 수는 없는 일이었다. 미국이 이제 유명해
진 CVID, 즉 '완전하고(complete), 검증 가능하며(verifiable), 불가역적
인(irreversible) 핵 파괴(destruction)'를 요구한다면, 북측 역시 똑같이
완전하고, 검증 가능하며, 불가역적인 체제안전보장(Guarantee)을 요
구하고 있기 때문이다. 미국이 CVID를 요구한다면 북 역시 마찬가지
로 CVIG를 요구하고 있는 것이다. 남북미 간 비핵화 협상이 진행되면
서 2018년 하반기부터 CVID 대신 FFVD라는 용어도 쓰이고 있다. '최
종적이고 완전히 검증된 비핵화(Final, Fully Verified Denuclearization)'
의 약자다. 파괴(destruction)라는 군사적이고 공격적인 용어 대신 비
핵화(denuclearization)라는 정치적이고 전문적인 용어를 썼으니 CVID
보다는 완곡한 표현이다. 그러나 무어라 쓰던 FFVD 역시 FFVG로, 즉
'최종적이고 완전히 검증된 체제안정보장'으로 바꾸어 대응할 수 있는
용어라는 점에서 마찬가지다. 상호 큰 요구를 맞대놓고 있는 이러한 성
격의 협상은 애당초 단기간에 마무리될 일이 아니었다. CVIG-FFVG
없이, CVID-FFVD만 하라 할 수는 없다. 그런 건 딜이 될 수 없다. 이

딜은 애초부터 서로의 실행 정도를 확인해가면서 단계적으로 이루어질 수밖에 없는 것이었다. 따라서 현재의 교착국면은 주의 깊은 관찰자들에게는 충분히 예측 가능한 시나리오의 일부였다. 그렇다면 이런 상황을 대비하면서 준비해왔어야 할 방침이 무엇일까? 이야기가 생산적이려면 이런 문제를 함께 검토해보아야 한다.

축구사(史)에서는 요한 크루이프(Johan Cruyff)라는 대 선수가 축구를 바꿔놓았다는 이야기를 한다. 요즘 중재자냐 플레이어(선수)냐라는 말도 있는 모양이지만, 이렇게 경기 자체의 차원을 바꾸어놓는 대 선수도 있다. 경기의 개념을 바꾸어놓는 것이다. 이 정도면 대 선수이자, 동시에 대 중재자라고 할 수 있다. 원래 중재란 낮은 수준의 중재가 있고, 높은 수준의 중재가 있다. 낮은 수준의 중재를 브로커(brokerage)라고 하고, 높은 수준의 중재를 arbitrate라 한다. 후자는 기존의 룰이나 패턴을 한 차원 뛰어넘는 높은 수준의 중재행위를 말한다. 따라서 차원 높은 중재자(arbitrator)란 경기의 규칙과 개념 자체를 바꿔놓는 큰 행위자를 말한다.

빌리 브란트의 '동방정책'도 그런 것이었다. 그때 빌리 브란트는 대 선수이자 대 중재자였다. 남북 코리아도 같은 길을 갈 수 있는 기회가 있었다. 1988~1991년 '양국체제'의 첫 기회가 열렸던 순간이었다. 이때 남북이 유엔에 동시가입했고, 〈남북기본합의서〉도 교환되었고 〈한반도비핵화공동선언〉도 가능했다. 그런데 왜 1992년부터 뒤집히기 시작해 1994년에 이르면 완전히 파탄이 나고 말았던가? 아주 엄밀한 분석이 필요한 대목이다. 필자는 이 책 1부 1장에서 그런 작업을 시도해보았다. 이 글의 흐름과 연관된 핵심적인 부분만 인용해본다.

첫째, 양국체제로의 전환을 이끌어간 내부 주도 역량의 한계다. 그 한계의 배경에는 87년 민주항쟁 이후 민주화 역량의 분열이라는 뼈아픈 변수가 있다. 이 분열은 양국체제의 출발을 불안정하게 했고, 이후 체제전환을 지속해 나갈 힘을 크게 약화시켰다. 두 번째는 소련·동구권 붕괴 이후 북이 느끼는 체제 위협이 커짐에 따라 발생한 북핵문제다. 이로 인해 북미, 남북 간 높아진 적대적 긴장은 양국체제의 동력을 크게 떨어뜨렸다. 결국 이 두 가지 원인이 결합되어 양국체제의 첫 시도는 너무도 짧은 시간에 실패로 종결되고 말았다. (이 책, 61~62쪽)

분단 - 전쟁 - 정전 상태의 지난 70년, 남북은 시종 적대적 대결 관계를 해소하지 못했다. 이런 상태에서 양측은 줄곧 통일을 주장해왔으나 그런 상태로 통일이 이루어질 리 없었다. 우선 상대를 인정할 수 있어야 했다. 진정 하나가 되자 하면 먼저 서로 인정하는 둘이 있어야 한다. 그러나 전쟁까지 하면서 적대해왔던 상대를 인정한다는 것은 결코 쉽지 않은 일이다. 우선 자신이, 그리고 서로가, 안팎으로 온전하고 정당하며 안정되게 서야 한다. 이 조건이 무르익는 데 오랜 시간이 걸렸다. 2017~2018년 촛불혁명과 북핵 완성, 그리고 트럼프 대통령의 당선이라는, 각각이 서로 어울리지 않을 것 같은 세 요소가 한 시점에 합류하면서 그 조건이 무르익었다.

한국(ROK)의 촛불혁명은 4·19와 87년 민주항쟁이 미처 이루지 못했던 이 나라의 민주적 정통성의 필요충분조건을 비로소 충족시켰다. 4·19 직후 장면 정부와 87년 이후 노태우 정부는 필요조건은 갖췄으나 충분조건은 갖추지 못했다. 4·19는 세계 냉전의 한가운데서 발생하였으나 냉전의 흐름에 맞서는 민주분출이었다. 그럼에도 민족화해의 봄으로 이어지기에는 시대의 제약이 너무나 컸다. 반면 87년 민주항쟁은 89년 이후 냉전 해체와 중첩되어 있었기에 그 가능성이 실재했다. 그리하여 분단 이후 처음으로 양국체제로의 첫 문이 잠시 열리기도 했다. 그러나 87년 민주화 동력의 분열로 그 가능성은 충분히 현실화될 수 없었다. 이제 2016~2017년의 촛불혁명은 남북 대결과 적대로 '기울어진 운동장'을 해소시켰고 그 힘은 온전히 민주정부로 이어졌다. 반쪽국가가 아닌 온전한 한 국가로서 안정된 정당성과 자신감을 갖춘 것이다. 그렇기에 2017년 북미 간 전쟁 위기에서도 흔들리지 않고 남북 화해, 북미 화해의 길을 추진할 수 있었다. 그 결실이 2018년부터 맺히기 시작했다.

소련·동구권 붕괴 이후 미소 냉전이 해소되었지만 곤경에 빠진 조선(DPRK)을 미국은 결코 인정하려 하지 않았다. 오히려 붕괴를 위한 제재와 압박을 높였다. 그 결과 '북핵문제'가 본격화했다. 북핵 개발과 제재 압박의 벼랑 끝 줄다리기는 1990년초부터 시작되어 2017년까지 계속됐다. 이 30년 위기와 긴장 속에 북미 간만이 아니라 남북 간의 대결과 적대의식도 고조되어왔다. 이 적대와 대결의 고조를 한국의 촛불혁명이 먼저 끊었다. 그리고 조선의 '핵 완성' 선언이 이어졌다. 역설적으로 북핵문제의 해결은 북핵 완성을 통해 실마리를 찾게 되었다. 또 그 역설은 미국 정치의 국외자인 트럼프의 대통령 당선과 만나 현실화의 실마리를 갖게 되었다. 2018년 벽두부터 남북이 화해의 물꼬를 텄다. 핵 완성을 통한 조선의 자신감과 촛불혁명을 통한 한국의 자신감이 서로 당당하게 만날 수 있었다. 이어 한국이 북미 협상을 통한 북핵문제 해결을 성공적으로 중재함으로써 영영 풀리지 않을 것 같았던 남북미 간 화해의 협주가 가능해졌다. 이제 남북미는 종전과 평화협정, 그리고 북미 수교와 한반도 비핵화를 일정에 올려두고 있다.(이 책, 69~71쪽)

그러면 지금은 어떠한가? 하노이 회담 불과 며칠 전에 '자유조선'이라는 해괴한 단체가 스페인의 조선(DPRK) 대사관을 습격해 주요 문서를 탈취해갔다. 데자뷔, 익히 보아왔던 일이다. 2005년, 6자회담에서 〈9·19 공동성명〉을 발표한 지 하루 만에 뱅코델타아시아(BDA)의 북측 거래를 정지시키는 금융제재를 한 일을 생각해보자. 당시 이 일은 미국 재무성 강경파가 주도한 일로 알려졌다. 또 이번 스페인의 조선 대사관 습격은 미국 CIA나 FBI의 지원 없이는 불가능한 '작전'이었다고 보도되고 있다. 국제적 비난이 커지자 미국은 습격에 가담한 일부를 잡아들이는 모양새를 취하고 있다. 미국은 지금 '그런 척'이라도 해야 한다. 국제법상 큰 도발이었으니 빤한 일을 저질러놓고 나 몰라라 하고 있으면 국제적 비난이 커질 수밖에 없다. 이런 일들이 준비된 시나리오에 따라 질서 있게 진행되고 있는 것도 아닐 것이다. 지금 미국 정부 내부도 잘 알려진 것처럼 코드가 뒤섞여 정리가 되지 않는다. 부서끼리 또는 부서 내부에서도 치고받는 암투가 심각할 것이다.

이런 상황에서 '게임의 룰'을, '게임의 차원'을 어떻게 바꾸어갈 것인가? 지금 우리가 목도하고 있는 것처럼, 하노이 회담 이후, 아주 오래된 게임의 옛 선수들이 경칩 맞은 두꺼비들처럼 다시 나와 슬슬 몸을 풀면서 이 상황을 매우 즐기고 있다. 머지않아 '마치 아무 일도 없었던 것처럼' 모든 일이 촛불 이전으로 되돌아가 줄 것을 대망하고 있는 것으로 보인다. 자, 이 게임은 이제 다시 과거로 퇴행하고 말 것인가? 이 상황을 분단체제론은 어떻게 말할까?

분단체제론에는 '게임의 룰', '게임의 차원'을 바꿔 나갈 뜻이 있는 것일까? 안타깝게도 분명치 않아 보인다. 이렇게 될 것을 몰랐느냐고, 바로 그런 것이 바로 '분단체제'라고, '분단체제'란 결코 쉽게 바뀌지 않는 것이라는 말만 되돌아올 것 같다. 물론 빠져나가는 문은 있다. '남북연합', '국가연합'이다. '분단체제'란 미국 중심의 '근대 자본주의 세계체제'의 하위체제로서 그 상위체제가 '변혁'되지 않는 한 결코 바뀔 수 없다. 단 남북연합을 열심히 하면 분단체제는 조금씩 약화될 수 있다. 그러니까 분단체제라는 게임의 룰을 바꿀 수는 없지만, 그 게임의 룰 안에서 '남북연합'이라는 전술을 열심히 구사하면 어느 날에는 분단체제라는 게임도 결국 바꾸어질 수 있다는 것이 되겠다.《녹색평론》 1~2월호의 필자의 글에서 김명환 교수가 아파한 것으로 보이는 분단체제론의 '직선적·선형적 도면'이 바로 그런 것이다.(이 책 3부 3장)

이 〈그림〉들에 대한 설명에서 말했듯 분단체제론에는, "과거와는 전혀 다른 '질적 단절'이 필요하다는 사고가 존재하지 않는다. 오직 양적 변화의 사고법만 존재한다. 이는 〈그림 3〉(이 책, 271쪽)의 남북연합의 직선도에서 유추할 수 있다. 남북연합의 증가만큼 분단체제는 감소한다. 역시 직선적 관계다. 백 선생이 신념을 가지고 말하듯 남북연합은 이제 돌이킬 수 없는 추세로 항상 작동한다. 간혹 정부 간의 길이 막히더라도 백 선생이 제기했던 '시민참여 통일과정'의 길로 더욱 열심히 나가면 된다. 그렇게 하여 〈그림 6〉처럼 남북연합의 힘이 커지는 만큼

분단체제의 힘은 계속 약화된다."(이 책, 276~277쪽)

다시 말하면, 최소한 지금까지의 '분단체제론'에는 '분단체제'라는 게임의 규칙과 차원을 바꿔보겠다는 생각이 없었다. 그러다 보니 계속 분단체제 안에서 뛰자는 이야기를 벗어날 수 없었다. '남북연합'도 '분단체제'라는 게임의 일부가 되었다. '분단체제'를 비판하자고 시작했던 '분단체제론'이 어느덧 분단체제를 받아들이면서 그 안에서 적당히 변화시켜가자는 이론이 되어버린 것이다. 더 나아가 이제 분단체제론자들에게는 분단체제가 단순히 소극적·부정적 상태가 아니다. 남북을 연결시켜주고 있는 상태이기 때문에 '분단체제'는 '남북연합의 전제'가 된다고 한다. 그토록 강조하는 '남북연합'은 '분단체제를 상정해야만 가능하다'고 한다. 이리하여 '분단체제'는 이제 오히려 매우 적극적이고 긍정적인 개념으로 180도 변해버린다. 놀라운 마술과 같은 일이다. 상세한 논의는 필자가 '양국체제론의 곤경과 역설'이라 하여 분석했던 「양국체제론과 분단체제론 — 상호 이해를 위한 서장」(이 책 3부 2장)을 참조해주기 바란다.

'남북연합'은 1989년 노태우 정부의 〈한민족공동체통일방안〉에 처음 포함된 후 한국의 역대 정부가 모두 인정해왔던 용어다. 2001년 6·15 회담에서는 남북 정상이 '남북연합'에 합의하면서 남북 양측이 모두 인정하는 용어가 되었다. 그만큼 공식화된 언어고, 정치적인 표현이다. 그 말은 이제 '남북연합'이라는 말이 '분단체제'라는 기존의 게임의 언어가 되었다는 뜻이기도 하다. '분단체제'와 '남북연합'이 동거하는 방식으로 거의 30년을 그래왔다. 이제는 그런 상태를 벗어날 때가 되었다. 우선 촛불혁명이 있었다. 그리고 이제 북핵문제의 본질도 명확해졌다. 북측도 체제 보장이 되면 비핵화하겠다고 밝히고 나왔다. 미국 역시 과거의 게임을 계속하는 데 한계에 이르고 있다. 이제는 분단체제라는 게임 자체를 바꿀 때가 된 것이다. 그것이 '양국체제론'의 메시지였다.

한국과 조선 간에 '근본적 신뢰'를 확증하는 길

그렇다면 2017년부터 준비되어 2018년 큰 물꼬를 텄고, 최근 하노이 북미회담에서 일시적 교착국면에 빠진 남북미 간 평화체제 정착은 어떻게 수순을 풀어야 할까? 남북관계든 북미관계든 핵심은 '신뢰의 확증'에 있다. 남북과 북미관계가 대화 지속 – 신뢰 축적의 트랙을 이어가면 남북·북미관계 서로를 선(善) 방향으로 추동한다. 그러나 지금 하노이 회담 이후 보듯, 북미관계에서 지체가 생길 수 있다. 그럴 때 남북관계의 주동성, 추동력이 더욱 부각될 수 있다. 남북관계의 게임의 차원을 바꾸는 것이, 북미관계의 게임의 차원을 바꾸는 일보다 우리의 주동력이 발휘될 수 있다. '양국체제론'은 남북관계가 동북아 주변관계에 최대의 주동성, 추동력을 확보할 수 있는 방안으로 구상되었다.

남북관계의 고리를 획기적으로 풀어나가는 방법을 우리가 모르고 있다고 생각하지 않는다. 서로 신뢰의 수준을 획기적으로 높이면 된다. 신뢰에는 '피상적 신뢰'가 있고, '심층적 신뢰'가 있다. 심층적 신뢰란 가장 기본적인, 근본적인 문제에 대한 신뢰를 말한다. 남북 간에 그렇듯 가장 기본적이고 근본적인 신뢰가 무엇이겠는가. 남북이 서로의 존재를, 존립을 위협하지 않는다는 것이다.

김명환 교수의 글에도 이 문제에 대한 언급이 있다. "미국과 일본이 북한과 정식 국교를 맺고 적대정책을 철회하더라도 남한의 존재가 위협이라는 현실은 쉽게 사라지지 않는다"고 하고, "남북 교류가 활성화되고 북한 사회가 개혁·개방에 노출될수록 북의 체제 운영자들은 정치적 위협을 심각하게 느낄 수밖에 없다. …… 북한 당국이 자신의 주민이 친족방문을 위해 남을 왕래하는 일을 허용하는 일은 상당 기간 기대하기 어렵다"[2]는 부분이다. 김명환 교수는 이런 사정 때문에 양국 체제는 어렵고, '남북연합만이 올바른 길'이라 하였지만, 김 교수가 언급한 내용이 필자에게는 오히려 김 교수의 주장을 반증하고 있는 것으로 보인다.

김 교수는 북미 수교, 북일 수교는 가능하더라도 대한민국과 조선민주주의인민공화국의 수교, 즉 '한조(韓朝) 수교'는 오히려 불가능하다고 보는 듯하다. 글쎄 그럴까. 북미 수교와 북일 수교라는 토픽이 미국과 일본의 정책 캐비넷에 올라 있다는 것은 분명한 사실이다. 아베까지도 이 판에 끼어보려 하고 있다. 그러나 북미 수교, 북일 수교는 오히려 한조 수교가 물꼬를 터줌으로써 빠르게 뒤따라올 가능성이 더욱 크다. 왜냐하면 '근본적 신뢰의 확증 순서'가 그렇게 되어 있기 때문이다.

현재 북의 안보조건에서 미국과 일본 쪽에 자신의 존립에 대한 근본적 신뢰를 먼저 확보하려고 할 가능성은 낮다. 반면 한국과는 그 가능성이 더 높다. 촛불 이후의 국면에서는 매우 높다고 할 수 있다. 앞서 김명환 교수가 말한 "남한의 존재가 위협이라는 현실"은 이제 북에게도 더 이상 그렇게 자명하지 않다. 왜냐하면 대한민국 스스로가 북(DPRK)의 존립에 위협이 되지 않으려는 방향으로 변했기 때문이다. 물론 30년간의 '기울어진 운동장'을 단번에 일소한 촛불혁명의 힘, 그리고 그 힘에 의해 들어선 촛불정부의 역할 때문이다. 아니, 30년이 아니라, 코리아전쟁 이후 오늘날까지 한국의 민의가 이만큼 남북의 공존과 평화를 소망하는 방향으로 모아져본 적이 없다. 남의 한국도, 북의 조선도 이 기회를 결코 놓쳐서는 안 될 것이다.

그런데 한국과 조선 간에 그러한 '근본적 신뢰'를 확증하는 가장 현실적인 방법이 무엇일까? 백낙청 선생, 그리고 백 선생을 항상 충실하게 조술(祖述)하는 김명환 교수도, 그 방법이란 '남북연합'이라고, '남북연합밖에 없다'고, 되풀이해왔다. 그런데 지금 이 마당에 그 '남북연합'의 방책이 구체적으로 무엇을 말하는 것인지 분명히 한 것이 없다. 필자가 본 단 하나의 예외라면 백 선생이 2018년《창작과비평》181호에 "미국이 어느 시점에 변심하여 북을 다시 침공하거나 적대정책으로 되돌아갈 태세가 되었을 경우, 이것이 곧바로 대한민국이 가담한 국가연합에 대한 침공 내지 적대가 될 수밖에 없도록 제도화해 놓는 일"이라한 것인데, 이 정도로 높은 수준의 '국가연합'이란 군사동맹을 맺고 있는 국가 간의 관계에서나 가능한 것이다. 누가 읽어도 당연히 그렇게 읽히는 말이다.(이렇게 읽은 것이 '오독'이고 '비약'이라는 김명환 교수의 반론에는 아쉽게도 무엇이, 왜, 어떻게 '오독'이고 '비약'이라는 것인지 설명이 없다. 다만 '기성 사회과학 교과서에 맞춰 재단한 탓'이라 하고 만다.)

현재 이 순간의 남북관계에서 생각해보자. 백 선생과 '분단체제론'에서는 현재 이 순간 역시 당연히 '남북연합', '국가연합' 상태다. 남북연합은 분단체제를 상정·전제하는 것이라 하니 당연한 말이기도 하다. 그런데 현재의 남북관계 또는 남북연합 관계에서 백 선생이 말한 바와 같이 "미국이 어느 시점에 변심하여 북을 다시 침공하거나 적대정책으로 되돌아갈 태세가 되었을 경우, 이것이 곧바로 대한민국이 가담한 국가연합에 대한 침공 내지 적대"가 된다고 어느 누가 생각할 수 있을까?

물론 너무나 현실과 거리가 먼 이야기다. 그렇다면 백 선생이 그리는, 그렇듯 높은 수준의 '국가연합'까지 한참을 올라가야 할 것인데, 중요한 것은, 그렇게 높이 올라가기 위한 첫 계단, 첫 단추가 무엇이냐다. 나는 지금껏 여기에 대한 답을 들어본 바 없다.

그 답이 어려워서 그런 것이냐 하면 전혀 그렇지 않다. 필자가 지난 글들에서 여러 차례 설명해놓았다. 기존의 남북 간의 고통을 아주 기본적인 수준에서 느껴온 사람이라면 누구라도 조금만 깊게 생각해보면 다 알 수 있는 문제다. 남과 북이 서로의 존립을 보장하는 신뢰의 확증이 무엇이겠는가? 그 첫 단추가 무엇이 될까? 상대방을 적으로, 붕괴와 소멸의 대상으로 간주하지 않는다는 확증 장치다. 지금 남과 북의 상태에서 무엇이 그런 확증 장치가 될까? 남은 북을, 북은 남을, 영토와 주권을 가진 정당한 국가 대 국가로서 서로 인정하고 이를 만천하에 공표하고 상호 대표부를 교환하는 것이다. 그것이 한국과 조선 두 나라의 수교, 즉 '한조(韓朝) 수교'다. 이렇게 될 때 '분단체제'라는 과거의 룰은 폐기되고 '양국체제'라는 새로운 차원의 관계가 시작될 수 있다. 이 '한조 수교'의 역사적 파급력은 1972년 '동서독 수교'에 못지않을 것이다. 동서독 수교 이후 상호 교류와 협력이 크게 증가했던 것은, 상호 간의 '근본적 신뢰'의 문제를 일차적으로 해결할 수 있었기 때문이다. 즉 두 국가가 상호의 존립을 위협하지 않겠다는 약속이 지켜질 것임을 서로가 믿을 수 있게 되었기 때문이다.

2018년 세 차례의 남북 정상회담 역시 그러한 근본적 신뢰를 확증해가는 과정이었다. 그 결실이 머지않은 미래에 맺어지기를 바란다. 한국이 북미 대화를 잘 중재하는 것도 중요한 일이지만 더 중요하고 근본적인 일이 있다. 남북이 만나는 모든 자리에서, 남북의 모든 논의와

합의가 어떤 쪽을 향해가고 있는지 방향감각이 무엇보다 우선 분명해야 한다. 그것은 '남북 간의 근본적 신뢰의 확증'이며 '남과 북이 서로를 정당한 국가 대 국가로 인정'하는 일이다. 북미 수교가 한조 수교에 선행하기보다, 한조 수교가 북미 수교를 성사시키는 경로가 더 현실적이다. 소위 '대북제제' 문제도 '한조 수교'라는 역사적 임팩트에 틀 자체가 변용될 가능성이 크다.

그래도 김명환 교수는 여전히 북은 '남한의 존재의 위협'을 벗어날 수 없고, 남 역시 마찬가지로 '북한의 존재의 위협'을 벗어날 수 없을 것이라 할까? 한 발 물러서 생각해보자. 물론 '한조 수교'가 이뤄지자마자 남북이 서로에게 위협이 되는 상태가 당장 100퍼센트 깨끗하게 해소되지는 않을 것이다. 세상사에 그런 일은 없다. 그러나 '한조 수교'가 이뤄지면 역사적 첫 단추가 채워진다. 게임과 트랙이 달라지는 것이다. 코리아의 지난 70년 적대 상태를 생각해보면, 당장 100퍼센트는 언감생심이고, 우선 절반만 해소된다고 하여도 획기적인 변화가 아닐 수 없다. 여기서부터 시작하면 된다. 이런 것이 바로 '질적 변화'다. '위협'은 강박이어서 붙들려 있을수록 커진다. 기존의 '분단체제론'에는 그러한 '위협'을 넘어서고 극복할 담대한 전망이 부족했다.

그렇듯 질적 변화를 이루어내는 작업도 중요하지만, 그 후의 과정 역시, 그만큼, 또는 그보다 더욱 중요할 것이다. 상호 신뢰를 확인하고 쌓아가는 조심스럽고 신중한 배려들이 교환되어야 할 것이다. 지금부터 준비해야 할 일들이 매우 많다. 동서독 간 성공적 교류의 선례도 있다. 나는 '분단체제론'이 이러한 양국체제의 전망을 아주 적극적으로 포용할 수 있기를 바란다. 원래 분단체제론은 분단체제를 비판하고 극복하자는 이론이었다. 분단체제론이 양국체제의 전망을 수용한다는 것은 그러한 원래의 이론적 취지와 포부에도 부합한다.

독일 양국체제의 경험을 다시 생각한다

끝으로 앞서 몇 차례 언급한 만큼, 동서독 사례의 의미에 대해 첨언해
보려 한다. 1970년대 브란트의 동방정책과 동서독 수교(=〈동서독기본조
약〉)의 의미를 다시 새겨볼 때가 되었다. 1990년대 초반 백낙청 선생이
분단체제론을 처음 입론하고 있을 때, 백 선생은 당시 이뤄졌던 독일의
흡수통일 사례를 매우 부정적으로 보았고, 그래서 독일과 한반도의 분
단 원인과 통일 전망은 크게 다르다는 것을 여러 차례 강조했다. 당시
백 선생이 그러한 태도를 취했던 데는 충분히 납득할 만한 이유가 있
었다. 동구권이 붕괴하고 동독이 서독으로 흡수통일 되었던 당시에는
'북한 조기붕괴론'을 펴는 사람들 중에 독일식 통일을 주장하는 이들
이 많았다. '북한'은 어차피 곧 붕괴될 것이니까 한국은 서독처럼 흡수
통일 할 준비를 해야 한다는 식이었다. 그러한 생각은 물론 허황된 것
이었다. 그러나 그렇다고 해서 독일의 사례를 무조건 백안시할 필요는
없었다. 우리가 주목하는 것은 1970년대 동서독 수교와 독일 양국체
제이지, 1990년의 흡수통일이 아니다. 1972년 동서독 수교와 1990년
흡수통일은 전혀 다른 맥락에서 벌어진 전혀 다른 사건이다. 이 둘을
혼동해서는 안 된다.

오히려 이제는 1990년대 초반에 독일 흡수통일의 스펙터클에 눈이
팔려 1970년대의 독일 양국체제 경험의 역사적 중요성을 놓치고 있
지 않았는지 다시 물어야 할 때가 되었다. 백낙청 선생과 김명환 교수

도 다시 주목해주기 바라는 대목이다. 1989~1991년 당시 남북의 '당국자'들은 오히려 지극히 현실적인 시각에서 양국체제의 가능성을 타진하면서 조심스럽게 접근하고 있었다. 그래서 남북이 유엔에 동시가입할 수 있었고, 〈남북기본합의서〉를 도출해낼 수 있었다. 지금 돌아볼 때도 대단한 용단이 없었다면 불가능한 결정들이었다고 생각한다. 여기서 한 걸음만 더 나아가 남북 수교까지 이루었다면 코리아 양국체제는 이미 그때 성립할 수 있었다. 왜 이 길이 막혔던가? 누가 막았었나? 남쪽의 노태우 대통령도, 북쪽의 김일성 주석도 아니었다. 이들은 오히려 더 속도를 내서 이 방향으로 나가려는 의지를 가지고 있었다. 이 길을 막았던 것은, 이 책 1부 1장에서 상세히 분석해둔 바와 같이, 북미수교를 거부하고 북의 조기붕괴를 도모했던 미국과 한국의 냉전대결 세력들이었다.

1970년대의 동서독 수교 – 독일 양국체제와 1990년대 흡수통일이 전혀 성격이 다른 사건이라는 것은, 흡수통일의 문제점을 비판적으로 반추해볼 시각을 1970년대 양국체제의 경험이 제공해주고 있다는 데서도 볼 수 있다. 독일 흡수통일의 최대 문제는 동독을 내부 식민지로, 동독인을 열등국민으로 만들었다는 점이다. 이 문제를 통일독일은 아직도 해결하지 못하고 있다. 동구권 – 소련 붕괴라는 충격 속에서 통일과정이 눈사태와 같은 파국적 양상으로 진행되었기 때문이다. 반면 1972년 〈동서독기본조약〉 체결 이후 1989년 소련·동구권 붕괴 이전까지 독일의 양국체제는 동서독의 차이를 장기적이고 점진적으로 줄여나간다는 분명한 공동 목표를 가지고 있었다. 1970년대와 1980년대의 독일 양국체제의 경험이 우리에게 여전히 귀중한 타산지석이 되는 이유다.

더구나 과거 독일 양국체제를 둘러싼 국제적 상황에 비해 오늘날 코리아 양국체제를 둘러싼 국제정세는 훨씬 더 안정적이다. 1970~1980년대 미소 간의 적대와 대립은 오늘날 미중, 미러, 또는 중일 간의 갈등에 비해 훨씬 날카롭고 높았다. 냉전 이후 세계는 진영 간 이념 적대가 사라지고 국가 간 지역 간 상호 의존이 깊어졌다. 필자는 이러한 새로운 세계상황을 '후기근대'로 정의하면서, 이 새로운 역사 단계의 세계사적 의미에 대해 여러 차례 분석하고 음미해본 바 있다.[3] 후기근대에는 과거 소련·동구권 붕괴와 같은 진영 붕괴가 발생하지 않는다. 과거와 같은 수준의 진영 자체가 형성될 수 없기 때문이다. 앞으로 중국 혹은 미국이 머지않아 과거 소련과 같이 극적으로 붕괴할 것이라고 전망하는 사람이 세계의 그 많은 '전문가' 중에서 단 한 사람도 없는 이유다. 그리고 이는 코리아 양국체제가, 성공적으로 정립되기만 한다면, 과거 독일의 양국체제보다 훨씬 성공적인 결과를 낳을 것이라고 충분한 근거를 가지고 예상해볼 수 있는 이유이기도 하다.

양국체제를 맞이할 준비

2016년 5~6월 필자가 정동 프란치스코 교육관에서 '백년학당' 4회 강연을 하면서 '한반도(코리아) 양국체제'란 말을 처음 썼을 때 청중들은 그런 말을 처음 듣고 낯설어 했다. 3년이 지난 이제는 일반에 상당히 널리 알려지고 통용되는 언어가 되었다. 그간의 현실의 변화가 그만큼 컸다. 촛불의 힘이 결정적이었다.

코리아 양국체제를 말하기 시작했던 것은 세계사의 큰 흐름이 그러한 방향으로 움직여가고 있다는 필자 나름의 확신이 있었기 때문이다. 당시의 한국 정치는 끝없이 퇴행하고 있었지만, 코리아 역시 결국에는 세계사적 흐름의 일부가 될 수밖에 없다는 믿음이 있었다. 그렇지만 이 말을 처음 꺼낸 이후 코리아에서의 변화가 이렇게 빠를 것이라고는 전혀 예상하지 못했다.

그렇기는 하지만 촛불 이후에도 코리아 양국체제의 전망은 여론의 향배 속에서 아직 희비의 롤러코스트를 타고 있는 듯하다. 2018년 4월 판문점 남북 정상회담, 7월 싱가포르 북미 정상회담, 9월 문재인 대통령의 평양 연설이 이어질 때는 코리아 양국의 평화공존이 바로 내일로 다가온 듯 희망에 부풀었다가, 2019년 2월 하노이 북미 정상회담이 '노딜'로 끝나자 다시 낙담하고, 7월에 또 남북미 정상이 판문점에서 회동하자 다시금 희망의 돛을 한껏 올리는 식이다. 그러나 나로서는 그렇게 일희일비할 이유가 없다고 생각해왔다. 날씨(weather)는 변덕을 부리지만 기후(climate)에는 일관되고 안정된 흐름이 있다. 분단체제는 분명히 가고, 양국체제는 분명히 오고 있다.

세계변화의 장기추세에 대한 생각은 코리아 양국체제를 처음 제기했을 때나 지금이나 변한 게 없다. 처음 제기했을 때의 어두움을 생각하면 오늘의 현실은 비교가 전혀 불가능할 만큼 밝다. 그러니 일희일비할 일이 아니고, 명백하게 오고 있는 코리아 양국 평화공존 체제를 위해 미리 준비해두어야 할 일들이 그만큼 많아지고 있음에 유념해야 하겠다.

양국체제는 성큼성큼 다가오고 있는데 우리는 지금 과연 얼마만큼 준비되어 있는 것일까? 머지않아 지난 70년 적대해온 한국과 조선이 정상적 관계를 맺고 평화롭게 공존하게 될 것이다. 그때를 위해 양국의 정치 지도자들은 얼마나 준비되어 있는가? 이러한 전망 속에서 국제관계의 장기 전략은 얼마나 준비되고 있는가? 사회 각계의 법적·제도적, 재정적·경제적 준비는 얼마나 하고 있는가? 사회심리적, 문화예술적, 학술적 준비는 어떤가? 그러한 여러 준비들이 지금부터 제대로 착실히 이뤄지고 있는지 잘 점검해보아야 할 때다.

다행히 유사한 선례는 있다. 동서독 양국체제 20년의 경험이다. 이 기간 동서독은 매우 많은 과제들을 해결해야 했다. 물론 동서독과 남북 코리아는 다르다. 전쟁을 했었다는 부담은 동서독보다 더 어려운 조건 이고, 냉전 종식 이후라는 상황은 보다 유리한 조건이다. 어쨌든 선례 는 선례일 뿐, 코리아 양국체제는 또 하나의 완전히 새로운 역사일 것 이다. 단지 하나의 새로운 역사가 아니라 독일 동방정책의 임팩트를 능 가하는 세계사적 차원의 사건적 역사일 것이다. 코리아 남북의 각계각 층의 눈 밝은 이들은 세계사적 안목과 큰 용기를 가지고 다가오고 있 는 코리아 양국체제를 준비해야 한다.

세계사적 사건으로서의 촛불혁명과 체제전환

양국체제를 처음 제기했을 때 필자는 통일에 조급하지 말자, 양국체제 가 안정되고 30년쯤 잘 운영되면 그때 통일은 자연스럽게 다가올 것이 라고 했다. 이제 같은 말이지만 조금 다르게 말하고 싶다. 다가오고 있 는 양국체제의 현실을 남북의 모든 사람들이 착실하게 준비하고 다져 가는 그 과정이 바로 통일로 한 걸음씩 다가가는 길이 될 것이라고.

이제 우리는 '코리아의 70년 내전체제=분단체제'를 뒤로 하고 '코리 아 양국체제'로 향하는 새 길로 접어들었다. 역사적 대전환이다. 70년 의 관성을 떨쳐낸 촛불혁명은 한국과 코리아만의 역사적 사건에 그치 지 않는다. 진정으로 세계사적인 사건이었다. '코리아의 70년 내전체 제=분단체제'란 미소 양 진영 간의 세계내전의 부산물이었다. 그러나 이미 30년 전, 미소 냉전이 종식되었음에도 유독 동아시아에는 '유사 냉전'이 지속되어왔다. 핵심 원인은 바로 '코리아 내전체제=분단체제'가 종식되지 못하고 연장되었던 데 있다. 이제 그 고리를 한국의 촛불혁명이 완전히 끊어낸다면, '동아시아 유사 냉전'의 고리 역시 따라서 끊기지 않을 수 없다. 또한 동아시아에서 유사 냉전 상태가 완전히 소멸되어 평화가 정착되면, 세계사는 새로운 성숙의 단계로 진입하게 될 것임이 분명하다. 따라서 한국의 촛불혁명과 코리아 체제전환의 성공은 다만 코리아의 성공에 그치지 않는다. 동아시아 더 나아가 세계사 대전환의 회전축이 된다.

촛불혁명으로 이제 우리는 목표와 방향을 갖게 되었다. 촛불혁명이 향해 가는 이 '대전환'은 결코 쉽고 간단한 과정이 아닐 것이다. '70년의 관성'은 결코 가볍지 않다. 발걸음마다 관성의 힘이 들러붙을 것이다. 그러나 그때마다, 힘이 들 때마다, 칠흑 같은 어둠 속에서 목적도 방향도 없이 악몽에 가위눌려야 했던 촛불 이전의 시간을 돌이켜 보기로 하자. 한 발 한 발을 떼어가는 노고가, 때론 더디 가고 때론 돌아가는 그 모든 노력 자체가, 이제는 큰 보람이다. 큰 품과 큰 지혜를 모아가는 깨달음의 과정이 된다. 지난 70년은 너무나 부자연스러웠고 너무나 길었다. 이제 사라져가는 시간이다. 시간은 촛불의 편이다. 시간보다 강한 존재는 없다.

주석

[1부] 1장

1 Two Korean States System. 남북 두 국가를 통칭하는 말로 흔히 쓰는 '한반도' 대신 '코리아'를 쓰는 이유가 있다. '한반도'는 한국(ROK)만의 용어이기 때문이다. 조선(DPRK)에서는 '조선반도'라고 한다. 또 '코리아'라 하면 지리적인 Korean peninsula만 아니라 코리아 사람, 민족(Korean people, nation)을 같이 지칭하니 보다 포괄적이다. 앞으로 양국체제가 정착되어 양국을 통칭하는 언어를 찾아 합의하기까지는 아쉬운 대로 '코리아'를 쓰기로 한다.

2 One Nation, Two States.

3 중국 역시 이 과정에 함께 하기를 원하고 있다.

4 당시의 여러 여론조사와 6 · 13 지방선거의 결과에서 드러난 바다.

5 양국체제적 발상을 최초로 선구적으로 제기한 것은 김낙중의 2000년 6 · 15 선언 직후의 코멘트로 보인다. 그는 6 · 15 선언의 역사적 의미를 인정하면서도 양 정상이 "서로를 국가적 실체로 인정하는 문제에 관해서는 일체 언급을 회피하고 있다"고 하면서 이를 "중요한 문제점"으로 지적하고 있다. 1991년의 〈남북기본합의서〉에 대해서도 마찬가지 비판을 하고 있다.(김낙중, 2013: 113~116) 2006년 최장집의 다음과 같은 구절도 양국체제적 발상의 표현으로 볼 수 있다. "남북한 간의 이상적인 관계는, 얼마라고 예측하기 어려운 장기간에 걸친 남북한의 평화공존과 경제협력 관계가 안정적으로 정착되고, 북한이 국제적으로나 국내적으로 독립된 국가로서의 지위와 안정성을 갖게 되

는 기초 위에서 만들어질 수 있을 것이다. 단일민족 → 분단 → 통일된 국가로의 복원이라는 명제는 자동적으로 성립할 수 없다. '1민족 2국가'의 다음 단계는 완전히 열려 있다고 할 수 있다."(최장집, 2006: 282) 이러한 문제제기는 선구적이었지만 양국체제론이라 할 만한 체계적인 논의를 제기했던 것은 아니다. 2015년 이홍구는 노태우 정부의 〈한민족공동체통일방안〉과 유엔 동시가입, 〈남북기본합의서〉 등의 정책을 회고하면서 이를 "양국체제 해결방안", "일 공동체 양국 체제"라 하였다.(《민족화해》 75호, 권두 인터뷰, 9월 15일 자 《중앙일보》 칼럼) 최근 필자는 양국체제가 현실화될 수 있는 여러 조건에 대해 폭넓게 논의했던 바 있다.(이 책 1부 3장과 2017a)

6 '북한이탈주민'의 경우는 다르겠지만, 그 역시 완전히 예외라 볼 수는 없을 것이다. 그래서 많은 탈북민들이 자신이 탈북민임을 숨긴 채 생활하고 있다.(윤보영, 2015; 전영선, 2014 참조)

7 '내 귀에 도청장치'는 "남북이 벌인 체제경쟁과 그 전선(戰線)의 국내화"가 만든 "무수히 많은 간첩사건"과 "'간첩'에 대한 공포와 불안증"에 대한 재치 있는 분석의 제목이다. 천정환(2012), 178~179쪽 참조.

8 중립을 표방하는 국가들, 그리고 50~60년대 이후 신생 독립국이 된 많은 구 식민지 국가들은 남북과 동시에 수교했다. 그럼에도 세계는 여전히 미소 냉전이 지배하는 상태였고 남북에 대한 국제사회의 인정이 냉전적으로 양분되어 있었다는 기본 사실에는 변함이 없었다.

9 남북 유엔 동시가입은 1971년 한국의 대통령 선거에서 김대중 후보가 처음 제안했다. 이후 1973년 박정희 대통령이 남북문제에 관한 6·23 선언을 발표하면서 이를 포함시켰고, 같은 날 북의 김일성 주석은 〈조국통일 5대 강령〉을 발표하여 남북이 연방제를 이뤄 하나의 국가로 유엔에 가입하자고 주장했다.(신영석, 2008) 김대중의 주장이 당시 미소, 미중 간에 불었던 데탕트 정세를 발 빠르게 반영하는 것이었다면, 박정희와 김일성의 주장은 적대적 체제경쟁의 한 수단이었다. 베트남 전쟁에서 북베트남의 승리가 확고해진 당시 상황에서 북(DPRK)은 남북 체제경쟁에서도 자신이 분명한 우위에 서 있다고 보았다. 그래서 남(ROK)이 유엔 동시가입을 통해 통일주도권에서 자신의 열세를 숨기고 분단을 영구화하려 한다고 비난했다. 당시에 북이 체제경쟁에서 우위에 있었다는 것은 일반적으로 인정되는 사실이지만, 오늘날 현실

이 보여주듯 남북 간 국력의 우열은 시대에 따라 달라질 수 있다.

10　2018년 7월 현재 한국의 수교국은 190개국, 조선의 수교국은 161개국이며, 동시 수교국은 157개국이다. 이 정도면 외교적으로 두 나라 모두 세계로부터 공히 인정받는 정상국가라 부르는 데 문제가 없다. 현재의 남북 수교국 수의 차이는 주로 미국의 강한 영향권 안에 있는 남미(11개국), 아시아(일본과 과거 미국령의 소형 섬나라 11개국), 중동(4개국) 등의 국가들이 북과 수교하지 않은 데 서 비롯한다. 북미 수교가 이루어지면 이들 국가들 역시 북과 수교하게 되고 그때 남북의 수교국 수는 거의 같아진다.

11　정태호(2016), 107쪽.

12　그러한 글의 하나로 박정진(2013) 참조.

13　기본합의서의 그 구절을 "국가연합 형태의 단초를 열어놓은 형국"이라거나, "연방제 통일로의 길도 열어놓았"고 "이미 형성되기 시작한 일종의 연합관 계를 추인"하는 것이라고 높게 평가했던 백낙청의 해석도 그중의 하나다. 백 낙청은 남북 유엔 동시가입을 통해 국가 간 상호 인정이 이미 이루어진 것으로 보고, 기본합의서는 이를 한 걸음 더 진전시킨 것으로 해석했다. 관련 부분 전체 인용은 다음과 같다. "남북한의 UN 동시가입이야말로 국가로서의 상호 인정이라는 면에서 그 어느 공동선언보다 실질적인 조치였으며, 이렇게 상호 인정을 나눈 두 국가 당국은 …… '남북합의서'에서 남북관계를 "나라와 나라 사이의 관계가 아닌 통일을 지향하는 과정에서 잠정적으로 형성되는 특수 관계"로 규정함으로써 이미 국가연합 형태의 단초를 열어놓은 형국이다."(백 낙청, 1998: 28) "(남북기본)합의서는 …… "쌍방 사이의 관계가 나라와 나라 사 이의 관계가 아닌 통일을 지향하는 과정에서 잠정적으로 형성되는 특수관계 라는 것을 인정"하여 연방제 통일로의 길도 열어놓았습니다. 하지만 남북의 유엔 동시가입이 그해 가을(1991. 9)에 실현된 상황에서 이러한 조항은, 이미 형성되기 시작한 일종의 연합관계를 추인하며 각종 부속문서를 통해 강조하 는 의미가 없지 않았던 것입니다."(백낙청, 2006: 18) 유엔 동시가입을 통한 외 적 인정의 불충분함도, 기본합의서에서의 내적 상호 인정의 불완전성도 인식 되고 있지 않다. 아직 양국이 서로를 국가로서 공식 인정하지 못하고 있는 곤 혹스러운 상태를 오히려 양국체제보다 한 단계 높은 국가연합이나 연방제 통 일이 실현될 수 있는 길을 열어놓은 것이라고 높게 평가하고 있다. 백낙청은

이 인용부의 전후에 '두 개의 국가의 인정과 공존'이라는 표현을 자주 쓰지만 그가 암묵적으로 전제하고 있는 '두 개의 국가의 인정과 공존'이란 남북 유엔 동시가입으로 이미 족하고, 문제의 구절인 "나라와 나라 사이의 관계가 아닌 통일을 지향하는 과정에서 잠정적으로 형성되는 특수관계"에 의해 한 단계 더 진전된 것으로 간주되고 있다. 이렇게 보면 양국체제가 안정되어야 비로소 정책연합이든 국가연합이든 통일로 가는 다음 단계가 가능해진다는 생각은 자리 잡을 데가 없어진다. 오히려 양국체제야말로 '국가연합과 연방제를 통해 통일로 직행하는 길'을 가로막는 커다란 장애물로 간주된다. 양국체제론에 대한 백낙청의 비판에 대해서는, 백낙청 외(2018) 참조. 300쪽이 채 못되는 크지 않은 책에 양국체제론 비판이 수십 차례 등장한다. 이러한 비판에 대한 필자의 응답은 이 책 3부 참조.

14 이 당시 긴박했던 상황 전개에 대한 상세한 묘사로는 돈 오버토퍼(2002), 450~491쪽 참조.

15 정세현(2013), 72~73쪽. 이러한 변화는 1990년 독일의 흡수통일 이후 북의 정책에 변화가 생긴 결과로 볼 수 있다. 김용순 방미 1년 전인 1991년 김일성은 신년사에서 남북 두 개의 정부가 보다 많은 권한을 갖는 '느슨한 형태의 연방제'를 제의한 바 있었다. 같은 책, 61쪽.

16 임동원(2015), 135쪽; 이상근(2008) 참조.

17 당시 북한 조기 붕괴론이 허상이었다는 것은 이제 분명해진 사실이다. 그러나 오늘날까지도 여전히 평화적 통일에 반대하면서 '북한붕괴론 – 흡수통일론'을 되풀이하고 있는 일부 세력이 존재하고 있다. 이 '북한 붕괴 – 흡수통일'의 최근 버전이 '급변통일론', '파국통일론'인데, 그 실상에 대해 언급해 둔다. 미국 국방정책 결정라인에 상당한 영향력이 있는 것으로 알려진 그레이엄 엘리슨에 따르면 미 국방부 "전문가들"은 "북한 체제의 붕괴로 시작되어 전쟁에 이르는 길을 열 가지 정도" 그려놓고 있다고 한다. 이 워 게임(war game) 시나리오들에 공통적인 것은 "북한 붕괴"가 미중 간 (또는 여기에 러시아, 일본도 참전 가능) 국제전으로 확산될 수 있다는 것이다. 엘리슨 자신은 이러한 시나리오를 반드시 막아야 하는 것으로 보고 있다.(엘리슨, 2018: 275~278) 결국 북 체제의 파국을 통한 흡수통일을 여전히 신봉하는 사람들은 자신들의 주장이 1950~53년의 코리아전쟁을 다시 한번 하자는 것임을 알아야 한다.

자신들의 실제 의도가 정말 그러한 것인지 명확히 해주기를 바란다.

18 이삼성(2017), 200~204쪽 참조. 1994년 제네바 합의 이후 미국 조사단의 실사에 따른 평가다.

19 임동원(2015), 180쪽.

20 임동원(2015), 198~219쪽.

21 상세한 과정은 임동원(2015), 219~231쪽 참조.

22 북은 1985년 NPT에 가입했다.

23 노태우 정부가 취임 직후부터 북에 대한 '포용과 화해의 의사'를 표명했던 것은 주목할 만하다. 예를 들어 88년의 〈7·7 선언〉부터 6항에서 "한반도의 평화를 정착시킬 여건을 조성하기 위하여 북한이 미국, 일본 등 우리 우방과의 관계를 개선하는 데 협조할 용의가 있으며 또한 우리는 소련, 중국을 비롯한 사회주의 국가들과의 관계개선을 추구한다"는 대목은 그 수행의지의 진실성이 어느 정도였든 양국체제적 전망을 최초로 표현했던 것이라 보아야 할 것이다.

24 1991년의 남북 유엔 동시가입과 〈남북기본합의서〉가 '코리아 양국체제의 첫 번째 싹'이었다는 필자의 주장이 노태우 정부 당시 통일정책의 주요 담당자의 증언에서도 (비록 사후적인 것이기는 하지만) 확인될 수 있다는 사실은 매우 흥미롭지 않을 수 없다. 1998년 당시 통일부 장관으로 노태우 대통령에 의해 국회에서 발표된 〈한민족공동체통일방안〉을 성안한 이홍구는 2015년 《민족화해》 75호(7월 1일 발행) 권두 인터뷰에서 이 방안이 독일통일 과정을 참고했음을 밝히고 "당시 북한도 우리의 통일방안이 남북에 두 개의 정부가 있다는 것을 받아들이겠다고 했기에 무조건 반대하지 않았습니다. 그래서 당시 총리회담을 여섯 번이나 하면서 〈남북기본합의서〉가 채택될 수 있었고 그 바탕 위에서 91년에 유엔 동시가입이 됐습니다. 극단적으로 이야기하면 '일 공동체, 양국 체제'를 받아들인 것입니다"라고 말하고 있다. 이어 같은 해(2015년) 9월 15일 자 《중앙일보》 칼럼에서도 "1989년 9월 민주화의 흥분 속에서 여야 합의로 확정한 민족공동체통일방안은 한반도에서 두 국가체제가 상당 기간 공존·협력하는 제도화를 처방한 것이었다. 이 **한국판 양국체제 해결안** (**two states solution**)에 따라 91년 〈남북기본합의서〉, 유엔 동시가입, 비핵화공동선언이 이뤄졌다"고 했다(강조는 인용자).

25 역사적 가정의 방법에 대한 영향력 있는 저술로는 Geoffrey Hawthorn (1991) 참조. '사고실험'은 이론 물리학에서 자주 쓰는 방법이다. 실험적 상황을 완벽하게 구현하기 어려운 조건에서 이 방법을 쓴다. 따라서 동일한 조건을 반복할 수 있는 실험적 상황을 완벽히 구현하는 것이 원천적으로 불가능한 역사학과 사회과학에서는 유용하게 적용할 수 있는 방법이다. 역사학과 사회과학에서는 이를 '상상실험(imaginary experiment)'이라고도 한다. 역사학과 사회과학에서 '상상실험'에 대한 적극적인 옹호로는 Mark Day(2010) 참조.

26 비슷한 상황이었던 1960년 4·19 직후 북은 최초로 남쪽 정부를 인정하는 공존적 통일방안을 제안했던 바 있다. 같은 해 8월 14일 해방 15주년 기념 연회에서 김일성의 "남북 조선에 현존하는 정치제도를 그대로 두고 양 정부의 독자적인 활동을 보장하는" 통일방안 논의 제안이 그 하나다.(신영석, 2008: 97~99) 이 제안은 남북관계에서 상대의 정부를 인정한 최초의 경우다. 그러나 1980년대에 북은 애초에 노태우 정부를 전두환 군부정권의 연장으로 보아 인정하지 않으려 했고 초기에는 대화 제의에도 일절 응하지 않았다.

27 전두환 정부 시기 결정된 서울 올림픽 개최에 대해 북은 매우 부정적이었다. 그렇지만 서울 개최가 결정된 이후에는 올림픽의 남북 공동개최를 주장하기도 했다. 전두환 정부는 북의 제의에 대한 협상에 임하기는 했지만 애당초 이러한 요구에 응할 의도가 없었다. 전두환 정부 시기 서울 올림픽 조직위원장 박세직은 1987년 올림픽 남북 공동개최 협상이 최종 무산된 후 다음과 같이 말했다. "북한은 완전히 궁지에 몰렸다 …… 우리나라와 IOC는 3년에 걸친 인내심과 상호협조, 신중한 계획으로 북한을 고립시키는 데에 성공했다. 우리가 북한을 설득하기 위해 최선을 다했다는 사실을 국제사회에 보여주었으므로 소련과 동유럽 국가들은 서울 올림픽 참가 여부를 자유롭게 결정할 명분을 얻었다."(돈 오버토퍼, 2002: 283) 87년 6월 항쟁 이후인 11월 10일, 북의 단체들은 성명을 내어, 만일 한국에 민주정권이 성립하고 그 정권 하에서 올림픽이 열린다면 올림픽에 갈 용의가 있다고 발표한 바 있다.(와다, 2014: 213)

28 YS, DJ 어느 정부였다 하더라도 마찬가지였을 것이다. 통합 민주정부 1기가 김영삼 민주정부였다면 정치행태상 집권 초기에 남북 화해에 큰 속도와 성과를 냈을 가능성이 크다. 김대중 민주정부였을 경우라면 좀 더 신중하되 더욱

일관된 화해정책을 폈을 것이다. 어느 경우였든 89년 동구권 붕괴가 북에 미친 충격은 훨씬 경감되었을 것이다.

29 실제 클린턴 정부는 이후 김대중 정부(1998~2002)와 친화적이었고, 클린턴 정부의 재임 말기인 2000년 10월에는 북미 수교를 위한 북미 접촉이 이뤄지기도 했다(조명록 DPRK 국방위 부위원장의 방미). 그러나 한미 양국 민주당 정부가 겹치는 시간은 너무 짧았다. 2001년 1월 대북 강경파인 G. 부시 정부가 들어서면서 북미 수교 논의는 중단된다.

30 미국이 처음 북핵 의혹을 제기한 1991년, 북이 사용할 수 있는 핵무기는 존재하지 않았다. 핵무기를 개발할 수 있는 초보적인 조건이 형성되어 있었을 뿐이다. 1994년 제네바 합의에 따라 미국 조사단이 직접 확인한 사실이다.(이삼성, 2018: 192~200 참조) 제네바 합의 이후에는 그조차 동결되었다. 이후 2002년 G. 부시 정부가 북을 '악의 축'으로 규정하고, 제네바 합의를 파기했으며, 2003년 그 역시 '악의 축'으로 지목한 이라크를 침공함으로써(따라서 북에 대한 침공도 언제든 가능함을 보여준 것이다), 북은 자신의 존립을 위해 핵 개발에 모든 것을 필사적으로 걸지 않을 수 없게 된다. 김대중·노무현 정부도 (가정의 87년 민주정부만큼의) 미국 주도 세계경제질서에 끼어들기 급급했던 당시의 중국도, 북을 도울 힘이 없다고 보았을 것이고, 그런 상황에서 6자회담에 북이 일말의 기대를 걸었을 리도 없었다. 결국 2002년 이후 북은 무슨 일이 있어도 핵능력을 갖춘다는 것을 절대적 목표로 삼게 되었다. 2005년 6자회담을 통한 9·19 선언을 통해 마지막 협상 가능성이 생겼지만, 이때도 북이 핵무장이라는 절대적 목표를 거둘 만큼의 기대를 품어볼 근거는 존재하지 않았다. 실제로 미국은 9·19 직후 북의 국제금융 노드인 방코델타아시아 (BDA)를 막아버림으로써 합의의 근거 자체를 사실상 무효화해버렸고, 다음해인 2006년 10월, 북은 첫 핵실험을 감행한다.

31 1994년 3월 19일 판문점에서 열린 남북 특사교환 실무회담에서 북의 조평통 부국장 박영수의 발언이었다. 전후 맥락은 한미군사훈련이 재개되면서 전쟁 위기가 높아지고 있는 것을 경고하면서 전쟁이 나면 서울도 불바다가 된다는 뜻이었다. 당시 통일부는 해당 발언 부분 테이프를 방송사에 전달했고 그 내용이 〈9시 뉴스〉에 방영되어 큰 파장을 일으켰다.

32 물론 여기에는 '조선족'도, '코리안 아메리칸'도, '자이니치(在日)'도, '카레스

키(코리아 러시아인)'도, 즉 온 세계에 흩어진 여러 국적의 모든 코리안이 다 포함된다. 이들이 두 조국에 자유롭게 오가고, 그 사실이 남북 어느 쪽에서도 더 이상 '범죄'가 되지 않는다.

33 더하여 이러한 양국의 평화와 공존에 수반될 동아시아, 유라시아, 아시아 – 태평양의 여러 긍정적 변화에 대한 여러 언급이 가능하겠지만 이러한 전망들은 이 글이 아니더라도 많이 찾아볼 수 있을 것이기 때문에 줄이기로 한다.

34 김상준(2014); 김상준(2017a).

[1부] 2장

1 《프레시안》2014. 1. 31. 김낙중 인터뷰.

2 "김낙중은 '민주화'와 '민족자주화' 모두 그 사회를 구성하고 있는 사람들이 진정으로 얼마나 자신의 운명을 결정할 수 있는 상태에 있느냐 하는 것을 살펴봐야 한다고 주장했다."(『탐루』, 380쪽)

3 칸트의 sublime을 이 대목에서 '숭고'로 옮기는 것은 딱 맞아떨어지지는 않는다. '초감각' 또는 '초감성'이 적절할 듯하다. 실제 칸트는 '숭고'가 초감성적 이성의 영역에 속한다고 하였다.(Kant, 1991: §23~§29)

4 『탐루』는 김낙중의 딸 김선주가 쓴 김낙중의 전기이자, 김낙중의 부인 김남기 그리고 두 사람 사이의 1남2녀가 이룬 가족의 이야기이기도 하다. 딸이 쓴 전기이니만큼 『탐루』에서 김낙중은 모두 '아버지'로 기술되어 있다. 이하 이 장 『탐루』 인용에서는 '아버지'를 그대로 쓰는 것이 문맥상 맞지 않으므로 '김낙중'으로 대신한다. 여전히 생존해 있는 분이므로 소설의 인물인 이명준과 달리 김낙중 선생이나 김낙중 씨로 호칭하는 것이 자연스러운 대목들이 있겠지만, 글 전체 스타일의 통일을 위해 일관되게 '김낙중'으로 칭하기로 한다.

5 『광장』, 55쪽.

6 『광장』, 168쪽.

7 『광장』, 65~66쪽.

8 『광장』, 71~72쪽.

9 『광장』, 68~69쪽.

10 『광장』, 115, 111쪽.

11 『광장』, 111~113쪽.

12 『광장』, 127~128쪽.

13 『광장』, 117~118쪽.

14 『광장』, 155쪽.

15 『광장』, 161쪽.

16 『광장』, 165쪽.

17 『광장』, 169쪽.

18 『광장』, 174쪽. 1953년 포로석방조치 때 76명(인민군 출신 74명, 한국군 출신 2명)
이 제3국 행을 선택했고 이들은 1954년 2월 선박 편으로 인도에 도착한다.

19 『탐루』, 63쪽.

20 『탐루』, 62쪽.

21 『탐루』, 67쪽.

22 김낙중, 『민족통일을 위한 설계』(1988, 고려서당) 참조. 이 책에는 김낙중이
1955년 작성한 '수립안'을 이후 발전시킨 내용과 함께 그가 '수립안'을 작성
했던 당시의 체험에 대한 육필기록이 담겨 있다.

23 김낙중(1988), 159~160쪽.

24 이후에도 그는 남에서 네 차례 간첩죄로 구속된다. 북에서 한 번, 남에서 네
번, 도합 다섯 번이다.

25 35년 후 북은 김낙중에게 공작원을 보내 "지난날 김 선생님께서 북반부에 오
셨을 때, 고생을 많이 하신 일에 대해서는 미안하게 생각합니다"라고 하여 그
때 내무성 예심처에서 취조를 받으면서 썼던 자술서의 일부를 언급했다 한
다.(『탐루』, 449~450쪽) 당시 북이 청년 김낙중을 간첩 취급했던 것을 사과했
다는 말이다.

26 당시 청년 김낙중의 운이 좋았던 것일까. 북한 연구자 서동만(2010: 122)에 따
르면 "북한의 전후 50년대는 북한 역사상 정치적으로 가장 풍부했던 시기"
였고 "당내에는 여러 정파가 국가의 방향을 둘러싸고 이견을 표명할 수 있었
고, 사상적, 학문적, 예술적으로도 비교적 자유롭게 견해를 발표할 공간이 열
려 있었다"고 한다. 당시 사회주의권은 스탈린 사후 일인체제 비판의 자성
의 흐름도 강했고, 북에서는 전후 체제 발전 방향에 대한 토론도 활발했던

때였다.

27 『탐루』, 86쪽.

28 이는 북의 경우도 거울처럼 방향만 바뀌어 있을 뿐 마찬가지다. '미제 간첩' '남조선 간첩'만큼 무서운 죄는 없다.

29 『탐루』, 182~183쪽.

30 당시 '부고한 결핵'이라는 불치병을 앓던 이 학생은 일본 잡지를 통해 당시 소련이 개발한 '후지바짓드'라는 결핵치료제가 매우 효능이 뛰어나다는 이야기를 듣고, 김낙중에게 북한에 이 약이 있느냐 물었고, 김낙중은 자신이 요양 중인 그 병원에서 그 약이 투약되는 것을 보았다고 답했다 한다.(『탐루』, 171쪽)

31 『탐루』, 183~184쪽.

32 『탐루』192, 197쪽.

33 《조선일보》1973. 6. 22.

34 『탐루』, 165쪽.

35 『탐루』, 264쪽.

36 『탐루』, 265~266쪽.

37 『탐루』, 303쪽.

38 『탐루』, 304쪽.

39 『탐루』, 372~374쪽.

40 《동아일보》1992. 9. 7.

41 『탐루』, 448~474쪽.

42 《프레시안》2014. 1. 31 인터뷰.

43 《프레시안》, 같은 글.

44 『탐루』, 358쪽.

45 이는 물론 김낙중 자신의 의도와는 상반된 것이다. 김낙중 자신은 1990~1992년 동안 북에서 보낸 사람들을 만나면서 "북한 당국의 정책이 진정한 평화공존에 기초한 평화통일의 방향으로 변화하도록 최선을 다했다"고 주장했다. 자신이 요구했던 사항인 "냉전 잔재인 지하조직 청산", "국제 핵사찰 수용", "대미 강경정책 변화", "유엔 동시가입 수용", "자신이 제안한 4단계 통일방안 수용" 등이 그렇다고 주장했다.(『탐루』, 475쪽)

46 4 · 19 직후에도 이렇듯 남북의 경계를 인정하지 않는, 남북 직통의 통일운동

이 크게 고조되었다. '가자 북으로, 오라 남으로'가 그 구호였다.

47 『탐루』에는 다음과 같이 언급되고 있다. "그러나 정부의 이러한 일련의 통일 정책은 문익환 목사와 임수경의 방북에 국가보안법을 적용하여 철저히 탄압 하는 등 재야 운동권의 통일운동을 철저히 억압하면서 이루어졌기 때문에 통일 논의를 정부가 독점한다는 비난을 받았다."(382쪽)

48 아감벤(2008).

49 Schmitt(1988).

50 《프레시안》, 같은 글.

51 김낙중(2013), 112~116쪽.

52 김낙중(2013), 113~114쪽.

[1부] 3장

1 혁명은 크게 ① 폭력적 - 입헌적 혁명과 ② 평화적 - 합헌적 혁명으로 나누어 볼 수 있다. ①은 기존 체제를 무너뜨리고 새로운 국가체제를 세우고, ②는 기존 국가체제를 유지하면서 변화를 일으킨다. 양자가 모두 혁명인 한, 일정 한 체제변화를 수반한다. 통상 전자가 후자보다 혁명에 따른 체제변화의 폭 이 크겠지만, 후자의 경로를 통해서도 상당한 체제적 변화가 가능하다. 유럽 사례와 비교해보면 전자로는 프랑스와 러시아 혁명이, 후자로는 영국 혁명이 해당한다. 헌팅턴(Huntington, 1991)의 '민주주의의 세 물결' 주장을 들어 비 교하면, 1, 2차 물결에는 폭력적 - 입헌적 혁명이, 20세기 후반 이래의 3차 물 결에는 평화적 - 합헌적 혁명이 주조를 이루어왔다고 할 수 있다. 이 글은 이 번 한국 촛불혁명의 체제변화의 성격이 '한반도 분단체제에서 코리아 양국체 제로의 전환'에 있고, 이 전환이 성공적으로 이루어질 때 촛불혁명도 성공적 으로 완료될 것이라 본다.

2 김상준(2014a); 김상준(2014b); 김상준(2015).

3 김상준(2017a).

4 이 '미디어'에는 페이스북, 트위터, 카톡, 텔레그램, 인스타그램, 블로그 등 다 양한 방법으로 자신의 생각이나 자신이 지지하는 생각을 적극적으로 확산 · 유포 · 공유하는 '일인 미디어' 역시 중요한 부분으로 포함된다.

5 김상준(2015a).

6 Schmitt(1988); Schmitt(1996); Schmitt(2006). 이 점은 서구 근대 국가주권과 유형적으로 비교되는 초기 근대 제국 질서의 주권 개념과 크게 차별되는 것이다.(김상준, 2015a) 제국 질서에서는 다른 종교, 이념, 민족, 국가가 느슨하게 병존할 수 있었다. 제국 간의 관계 역시 마찬가지였다. 반면 근대 주권은 국내적으로 종교, 이념, 민족의 배타적 통합을 축으로 하고 대외 관계 역시 그 연장선에서 동맹이냐 적이냐의 결정을 전제로 한다. 이러한 배타적 주권론에 입각한 세계 차원의 패권적 질서가 근대 제국주의인데, 이 시기 식민 본국(식민국)과 식민지 간의 주권 관계 역시 느슨한 병렬과 중층의 삼투 관계가 아니라 배타적으로 명확히 획정된 지배 – 피지배 관계였다.

7 https://namu.wiki/w/%EB%B0%95%EA%B7%BC%ED%98%9C/%EC%A7%80%EC%A7%80%EC%9C%A8

8 관련 풍문에 대한 간접적인 언급은 2013년부터 언론에 드문드문 나타나다 2014년 8월 3일 일본《산케이 신문》에 「박근혜 대통령의 사라진 7시간 정윤회와 관련」이라는 스캔들식 보도로 시끄러워지기 시작했다. 구체적인 팩트는 2014년 11월 20일 자《세계일보》의 보도에서 모습을 드러냈다. 같은 해 1월 청와대 민정수석실 산하 공직기강비서관실에서 「VIP측근(정윤회) 동향」이라는 제목의 감찰 보고서를 입수하여 보도한 것이다.

9 2017년 8월 3일 자《법률방송뉴스》. http://www.ltn.kr/news/articleView.html?idxno=4168.

10 김상준(2017a).

11 김상준(2017a), 2015년 12월 17일 '백년포럼' 강연, 2016년 5~6월 '다른백년' 주최의 4회 강연 참조.

12 홍석률(2014).

13 해방과 코리아전쟁 이후 1991년 남북한 유엔 동시가입 이전까지 분단 담론은 좌/우, 남/북을 막론하고 압도적으로 통일지향이었다. 국가 차원에서 보면 남북 정부 수립 이후부터 남은 북진통일, 북은 조국통일이 공식입장이었다고 할 수 있다. '중립화 통일론'이 통일 담론의 두드러진 한 축을 이루기도 했는데, 4 · 19를 경유하여 1960년대 후반에 이르는 시기의 한국에서 특히 그러했다.(권보드레 · 천정환, 2012: 5장) 70년대에는 74년의 〈7 · 4 남북공동성

명〉이 천명한 '평화통일론'이 내부 독재 강화를 위한 기만임이 드러나면서 민주화와 함께 분단극복이 함께 강조되기 시작했다.(강만길, 2010: 195~197) '분단체제'라는 말은 1970년대 초 장준하가 사용하기 시작하였는데, 이후 80년대 사회구성체 논쟁이 진행되면서 확산되었고 1987년 6월 항쟁 이후 백낙청이 주로《창작과비평》의 지면을 통해 여기에 개입하여 이를 '개념' 차 원으로 엄밀화하는 데 많은 노력을 기울여왔다.(이 책 3부 참조) 그의 '분단체제론' 역시 그 내용은 '분단체제 극복론'이다.

14 필자는 이러한 사실을 대학 강의실과 대학 밖 강연장에서의 청년 접촉을 통해 확인해왔다. 여기서 말하는 '양국체제'에 대한 인식 여부를 정확히 확인할 수 있도록 디자인된 조사는 존재하지 않는다. 그러나 이러한 현상을 통계적으로 유추해볼 수 있는 흥미로운 연구들은 존재한다. 조진만·한정택(2014)의 연구가 선구적인 것으로 보인다. 이 연구는 2012년 5~6월에 걸쳐 19~39세의 한국 청년층 504명과 탈북 청년 354명을 표본으로 하여 실시된 설문조사를 분석한 것이다. 분석 결과에 따르면 한국 청년층의 통일 필요성 비(非)동의 비율은 66.8퍼센트로 동의 비율 33.2퍼센트를 앞서고 있다(반면 탈북 청년층의 경우 이 비율은 21퍼센트와 79퍼센트로 역전된다). 흥미로운 점은 통일에 대한 당위성에는 한국 청년 응답자의 76.7퍼센트와 탈북 청년 응답자 98.9퍼센트가 동의하면서도, 경제, 정치 등 현실적 이익을 고려할 때 통일이 필요한가라는 질문에 대해 이들 당위적 동의자들 중 한국 청년의 경우 48.4퍼센트, 탈북 청년의 경우 20.9퍼센트가 아니라고 태도를 바꾸었다는 사실이다. 이후 2015년 통일연구원과 서울대 통일평화연구원의 통일에 대한 한국 국민의식 조사는 이러한 추세가 전반적으로 더욱 강화되고 있음을 보여주고 있다. 통일의 당위적 필요성에 대한 응답은 각각 68.5퍼센트, 51.0퍼센트인 반면 통일이 현실적으로 매우 필요하다 생각하는 비율은 23퍼센트, 20.6퍼센트였다.(박종철 외, 2015: 60~63; 박명규 외, 2016: 38~41)

15 이러한 중대한 결정을 위해서는 두터운 국민적 합의가 필요한바, 헌법 개정을 위한 시민의회 심의를 통해 합의를 이루고 이 합의를 국회에서 받아 동의하는 절차가 바람직하다. 그러한 시민의회의 결정은 준(準)법적 구속력을 갖게 된다. 그러한 수준의 국민적 합의절차를 위한 시민의회의 소집은 현행 헌법상 헌법 개정 발의권자인 국회와 대통령, 양자에 의해 가능하다.(김상준,

2017b)

16 2017년 10월 현재까지 촛불혁명의 진로에 조성되었던 가장 심각한 장애는 지난 9월 3일 북한의 6차 고강도 핵실험 이후 활발해지고 있는 남북대결세력의 재결집 현상이다. 이 글에서 분석한 '마의 순환고리'가 또다시 작동을 시작하고 있음을 보여주는 증좌라 할 수 있다. 또한 남북 간 긴장요인을 최소화하는 양국체제 정립이 이러한 순환고리의 작동을 근본에서 끊는 길이며 이를 통해서만 촛불은 혁명으로 완성될 수 있다는 이 책의 논지를 역으로 입증해주고 있는 현상이라 하겠다.(이 책 2부 4장 참조)

[2부]

1 다른백년, 2017. 8. 22. 이 글 이하의 내용은 이 책 1부 3장 5절('코리아 양국체제')의 내용과 중복되어 생략했다.

2 다른백년, 2017. 9. 6.

3 다른백년, 2017. 9. 13.

4 류근일,《주간조선》2017년 9월 10일.

5 다른백년, 2017. 10. 24.

6 외교부,『2016 외교백서』.

7 《경향신문》2017. 12. 22.

8 다른백년, 2018. 1. 24.

9 외교부,『2016 외교백서』.

10 《경향신문》2018. 1. 29.

11 다른백년, 2018. 3. 13.

12 임동원(2015), 83~84쪽.

13 《시사인》2018. 4. 25. 이 칼럼은 2018년 4월 25일에 썼고, 4 · 27 정상회담 후인 5월 8일 자《시사인》555호에 실렸다.《시사인》편집부는 이 글의 시제를 정상회담 후로 바꾸어 실었다. 미래 일을 미리 써두었다가 발생 이후 시제를 바꾸고 가필하는 시사주간지의 관행을 필자가 인정해주고《시사인》편집부에 시제 변경과 가필을 허락했다. 여기 실은 것은 필자가 4월 25일 보냈던, 시제 변경과 가필 이전의 원문이다.

[3부] 2장

1 이병창 동아대학교 철학과 명예교수의 「양국체제론 비판」이 그러했다.(통일
경제포럼, 2017. 12. 28)

2 이 글은 논문이자 대화이기도 하여, 호칭에 대해 생각하지 않을 수 없었다. 일
반 논문이면 그 형식대로 ○○○이라 해야 마땅한 것이겠지만, 대화의 형식
이 끼어 있어, 백낙청 선생님을 비롯해 여기 거론한 여러분들을 선생, 교수 등
으로 표기하게 되었음을 독자들께 미리 양해를 구한다. 백낙청 '교수'가 아닌
'선생'이라 칭함은, 그분이 현재 서울대학교 명예교수이시기는 하지만, 대학
의 교수를 떠나 일반적으로 널리 존경받는 분에게 써왔던, 그리고 백 선생님
을 공식 지면에서 늘 그렇게 불러왔던 바대로, '백낙청 선생' 또는 '백 선생'으
로 표기했다.

3 백낙청 외(2018), 136~137쪽.

4 백낙청 외(2018), 237쪽.

5 분단체제 신봉자=분단체제론 신봉자. 이러한 등치는 상식적으로도 너무나
이상한 것이어서인지 이 대목에서 백 선생은 이 등식을 직접 인정하지는 않
는다. 다만 "(김상준 교수는) 칼럼에서 분단체제 신봉자라는 말을 썼는데, 사실
은 분단을 신봉하는 사람들은 분단체제라는 개념이 없어요. 그러니까 분단
체제론 신봉자가 있고 분단 신봉자가 있는데, 아까 발언도 하셨던 ○○○ 교
수는 창졸간에(웃음) 분단 신봉자가 된 것 같아요", 또는 "김상준 교수는 분
단체제라는 말을 쓰긴 쓰는데 그 개념에 대한 정확한 인식이 없고, 그뿐만 아
니라 상당한 혼란에 빠져있는 것 같습니다"라고 응원한다.(백낙청 외, 2018:
253~256)

6 백낙청(2012), 140쪽.

7 백낙청 외(2018), 169~170쪽.

8 백낙청 외(2018), 234~235쪽.

9 역시 양국체제론자로 불리는 최장집 교수도 통일을 반대한다고 한 적이 없는
것으로 안다. "남북한 간의 이상적인 관계는, 얼마라고 예측하기 어려운 장기
간에 걸친 남북한의 평화공존과 경제협력 관계가 안정적으로 정착되고, 북한
이 국제적으로나 국내적으로 독립된 국가로서의 지위와 안정성을 갖게 되는
기초 위에서 만들어질 수 있을 것이다. 단일민족 → 분단 → 통일된 국가로의

복원이라는 명제는 자동적으로 성립할 수 없다. '1민족 2국가'의 다음 단계는
완전히 열려 있다고 할 수 있다"(최장집, 2006: 282쪽)라고 했을 뿐이다.

10 국가연합은 백 선생이 남북연합과 같은 의미로 혼용해왔던 용어인데, 양국체
    제론에 대한 경계가 날카로워진 최근의 글에서는 국가연합보다 ('국가'라는 말
    이 빠진) 남북연합이라는 용어를 선호하고 있는 것으로 보인다.

11 백낙청(2018), 20쪽.

12 백낙청(2006), 6쪽.

13 백낙청(2018), 25쪽.

14 백낙청 외(2018), 253쪽.

15 김상준(2015a).

16 김상준(2014b), 202~220쪽.

17 이러한 변화의 흐름을 필자는 '중층근대론'과 '근대 세계사의 마지막 단계
    로서의 후기근대(late modern age)'라는 개념으로 분석해왔다. 김상준(2007;
    2011a; 2014a; 2014b; 2015a; 2017a) 참조. 분단체제론 그룹에서 필자의 양국체
    제론에는 세계체제적 시각이 없다는 지적이 있었는데,(이일영, 2018) 필자가
    월러스틴의 세계체제론을 충직하게 추종하지 않는다는 뜻이라면 모르겠지
    만, 필자 역시 월러스틴의 세계체제론을 포함한 글로벌 히스토리의 여러 맥
    락을 나름대로 충실하게 추적하고 비판적으로 종합해왔음을 밝혀둔다. 양국
    체제론은 그런 배경, 즉 필자의 '중층근대관과 후기근대론'을 전제하고 있다.
    특히 후기근대론을 동아시아 평화체제, 공존체제, 코리아 양국체제 논의와
    직접 연관지어 분석한 글로는 상기 글 중 김상준(2015a; 2017a) 참조.

18 홍석률(2014).

19 홍석률(2014), 476쪽.

20 백낙청(1990), 126쪽; 백낙청(1998), 24쪽; 백낙청(2006), 60쪽.

21 백낙청(1998[1994]), 91쪽. 이하 참고문헌 출간 연도에 병기한 대괄호([ ])는
    인용한 해당 글이 발표된 연도를 말한다.

22 Wallerstein(1974), pp.7~8.

23 백 선생이 이렇듯 '시스템 간의 서열적·매개적 관계'에 치중하는 여러 표현
    중 하나로 "남북한의 상이한 체제"는 "분단체제라는 특이한 하위체제를 중
    간매개항으로 하여 세계체제에 참여하는 …… 사회들"을 들어본다.(백낙청,

1997: 91) 남북은 분단체제를 매개로 세계체제에 참여한다는 것이다.

24 월러스틴 자신도 (한반도) '분단체제' 개념의 특별한 의미를 이해하지 못했다고 백 선생 스스로 밝히고 있기도 하다.(백낙청, 1998[1996]: 181~182)

25 정대화(1993); 손호철(1994); 이수훈(2001. 〈창비자유게시판〉 9. 11~13); 박순성(2012) 등.

26 손호철(1994), 320~322쪽; 박순성(2012), 19~22쪽 등.

27 손호철(1994), 329쪽; 백낙청(1993), 121쪽.

28 백낙청(1998[1994]), 94쪽.

29 많은 글 중, 백낙청(2006), 49쪽; 백낙청(2018), 27~29쪽 등 참조.

30 홍석률(2015).

31 백낙청(2009), 271~272쪽; 백낙청(2012), 23, 26, 79, 81, 140쪽.

32 김상준(2017a), 322쪽; 김상준(2017b), 83쪽.

33 백낙청(2006), 6쪽.

34 백낙청(1994[1992]), 37쪽.

35 백낙청(1998[1994]), 104~105쪽.

36 손호철(1994), 340쪽.

37 백낙청(1998[1994]), 102쪽.

38 백낙청(1994[1991]), 164쪽. 볼드체는 인용자.

39 백낙청(1998[1997]), 27~28쪽.

40 백낙청(2006), 18, 80쪽 외 여러 곳.

41 백낙청(1994[1992]), 35쪽.

42 김대중은 1995년 그의 통일론을 『김대중의 3단계 통일론』(1995)으로 정리하여 출간했다. 3단계란 ① 남북연합단계 ② 연방단계 ③ 완전통일단계를 말한다.

43 백 선생이 〈남북기본합의서〉의 한계에 대한 지적을 전혀 하지 않았던 것은 아니다. 다만 그 지적의 방향이 양국체제론과는 정반대로 되어 있다. 백낙청 선생은 「포용정책 2.0을 향하여」에서 "나라와 나라 사이의 관계가 아닌 통일을 지향하는 과정에서 잠정적으로 형성되는 특수관계"임을 못 박은 것을 "중요한 성과"라 하면서, 다만 "어떤 식으로 통일하겠다는 '근본문제'는 회피하고 넘어갔다"는 점을 비판하고 있다.(백낙청, 2012: 101~102) '나라 대 나라의

관계가 아닌 연합'이라는 기본전제를 제시하기는 했지만 그 '연합 · 연방'의 구체적인 방법, 그리고 그를 통한 통일의 방법을 명시하지 못했다는 것이다. 그 '근본문제'는 백 선생 자신의 1997년의 '국가연합' 방안의 제시를 통해(실은 '국가연합'은 1989년 노태우 정부에 의해, '남북연합'은 1995년 김대중 씨에 의해 이미 제시된 것이다), 그리고 2000년 6 · 15 선언의 2조에서 이 점을 남북이 합의하게 됨으로써 해결의 단초를 열었다고 보는 듯하다. 반면 양국체제론은 반대로 본다. 6 · 15 선언에서 남측의 연합과 북측의 연방의 절충 · 합의는 중요한 성과이지만, 그 전제가 되어야 할 '국가로서의 상호 인정'이 빠진 것을 오히려 근본적 문제로 본다. 〈남북기본합의서〉 서문은 통일로 가는 '제1보'를 미처 떼지 못한 것이었다. 반면 백 선생은 제1보는 이미 충분히 뗀 것이고, 문제는 제2보, 제3보를 마저 내딛지 못한 데 있다고 본 셈이다. 6 · 15 선언에서 남북 정상의 연합 · 연방 절충은 중요한 성과이기는 하지만, '국가로서의 상호 인정'이라는 제1보를 해결하지 못한 상태의 것이었기 때문에, 현실과는 무관한 '미래의 약속'으로 남을 수밖에 없었다. 요약해보자. 양국체제론은 토대부터 바로 놓고 그 위에 2층, 3층을 제대로 올리자고 한다. 반면, 분단체제론은 위태로운 바탕 위에서 올려진 2층 위에 왜 3층을 빨리 짓지 않느냐고 재촉하는 셈이다.

[3부] 3장

1 백낙청(1998[1997]).

2 백낙청(2006[2000]), 93쪽.

3 백낙청(2012), 114쪽.

4 백낙청(2006), 6쪽.

5 백낙청(2018), 18쪽.

6 백낙청 외(2018), 130쪽.

7 백낙청(2013) 참조.

8 김상준(2015b), 1~3쪽.

9 백낙청 외(2018); 백낙청(2018).

10 백낙청(2009), 47, 13쪽.

11 백낙청(2006), 6쪽.

12 따라서 위 굵은 직선을 정확하게 그리면 로그 함수 커브를 뒤집어놓은 모양
    이 될 것이다. 그 우하(右下) 꼬리는 분단체제 0에 무한히 접근해가되, 결코 도
    달하지 않는다.

13 최원식(2018); 백낙청(2018).

14 백 선생에게는 '분단체제론'이 목표로 하는 '분단체제극복'이 단순히 적대적
    남북관계 해결, 그리고 통일이라는 목표를 훨씬 넘어서 있다. 환경문제, 성차
    별, 지역주의, 인권, 권위주의, 부패구조, 갑질문화 등 모든 문제의 근원적 해
    결과 연계되는 보편과제를 해결해야 분단체제가 비로소 극복되는 것이다.(많
    은 글 중, 백낙청, 2006: 49; 2018: 27~29 등 참조)

15 김상준(2017c)

16 백낙청(2006), 21, 23쪽.

17 4·19에서 87년 6월, 그리고 촛불혁명까지 후퇴도 있었지만, 상승도 있었으
    니 '나선형 상승'이라고 해야 되지 않겠는가. 2017년 12월 7일, 필자가 발제
    했던 '코리아 양국체제와 동북아 데탕트' 토론회에 참석한 이남곡 선생의 지
    적이고, 물론 동의했던 말씀이다. 필자의 뜻은 결과적으로 그런 역사적 상승
    의 시기가 있었기 때문에 그 각각을 성공이었다고 부를 수는 없다는 것이었
    다. 즉 87년 6월이 있었기 때문에 4·19는 결국 성공했고, 2016년~2017년
    촛불이 있었기 때문에 결국 87년 6월은 승리했다라고 말한다면 넌센스가 된
    다. 4·19와 87년 6월은 실패했다. 실패 속에서 고통 속에서, 그 실패와 고통
    의 누적 속에서, 그 누적의 무게가 너무나 무거워졌기 때문에, 30년 주기로
    새로운 '숨 트임', '도약'이 터져 나왔던 것이라고 생각한다.

18 이를 정리한 글로, 김상준(2017a); 김상준(2017c); 김상준(2018) 참조.

19 대외 강연 공지 제목은 여전히 '공존체제: 잃어버린 30년 빠져나가기'라고
    썼다. 당시까지 '양국체제'란 낯선 말이어서, 대중 강연 제목으로 꺼내놓기
    어려웠다. 강의를 통해 '양국체제' 개념을 처음 설명했고, 참석자들이 처음
    듣는 말인데도 쉽게 이해하고 동의하는 것을 확인할 수 있었다. 이 강연을 통
    해 양국체제를 공개적으로 제기할 수 있었고, 청중의 반응을 통해 자신감을
    갖게 되었다.

20 김상준(2018); 김상준(2017c).

21 백낙청 외(2018), 137쪽.

22 2017년 8월부터 연말까지 필자는 칼럼들을 통해 당시 조성된 북미 간 핵위기를 역으로 촛불혁명으로 심기일전한 한국이 주도적으로 중재하고 풀어갈 수 있는 상황으로 읽을 수 있음을 강조했다. 분명 위기이나 다른 한편 그것을 뒤집어 기회로 반전시킬 조건 역시 형성되어 있음을 여러 차례 밝혔다. 이 책 2부의 칼럼들 참조.

23 백낙청 외(2018), 237~238쪽.

24 남문희(2018).

25 월러스틴(2005).

26 김상준(2007); 김상준(2011); 김상준(2014a); 김상준(2014b).

27 김상준(2015a); 김상준(2017a); 김상준(2017b); 김상준(2017c).

28 분단체제론에도 이와 유사한 '체제전환' 발상이 있기는 하다. 백 선생이 2012년 주장한 '87년 체제에서 2013년 체제로의 전환'이 그것이다. "군사독재를 무너뜨린 87년 체제는 …… 초기의 건설적 동력을 탕진한 채 그 말기 국면을 아직 끝내지 못하고 있"기 때문에 "우리 국민의 저력을 다시 한번 발휘할 때가 왔다"고 하였다. "그러한 전환을 가능케 할 2012년의 양대 선거를 중시하여 '2012년 체제'라 부를 수도 있고, 2013년 이후의 변화가 …… 더욱 획기적인 사건을 만들어낼 경우 그 사건을 위주로 이름이 만들어질지도 모른다"고 하였다.(백낙청, 2012: 17, 16) 주로 2012년의 총선과 대선을 통한 정권교체에 주목하는 '체제전환'이다. 그래서 백 선생은 이때의 체제는 분단체제를 말할 때의 "체제(system)보다 체계성이 덜한 regime에 해당"한다고 하였다.(같은 책: 16) 결국 분단체제론에서 생각해온 '체제전환'이란 시스템적 수준의 전환이 아닌 레짐, 정권 차원의 전환을 말한다. 그래서 분단체제론은 '구조적 단절'에 해당하는 촛불혁명 이후에도, 상황을 여전히 5~6년 전에 구상했던 '2013년 체제 만들기'의 연장선에서 regime change 수준으로 좁게 보고 있는 것일까? 그러나 양국체제론에서 말하는 체제전환(system transformation)은 단순한 '정권교체(regime change)'를 넘어서는 '시스템의 혁명적 전환'을 말한다. 촛불이 진정 혁명으로 되기 위해서는 반드시 체제전환, system change가 수반되어야 한다.

29 백낙청(2018), 25~27쪽.

30 백낙청(1992); 백낙청(1998).

31 그렇다고 양국체제론에 세계체제적 장기전망이 없다는 뜻은 전혀 아니다. 필자의 양국체제론은 백낙청 선생과는 다른 차원의 세계체제적 장기전망을 전제하고 있을 뿐이다. 이러한 전망에 대해서는 필자의 '후기근대론'의 구상 속에서 여러 차례 따로 정리해둔 바 있다.(김상준, 2014a; 2014b; 2015a; 2017a)

32 김상준(2017a), 311~320쪽.

33 백낙청(2009), 35쪽.

34 백낙청(2018), 25쪽.

35 백낙청(1998); 백낙청(2006); 백낙청(2009).

36 백낙청(2018), 21쪽.

37 그 국가연합이 남북 국가연합을 넘어선 지역 국가연합이라 하여도 사정은 마찬가지다.

38 백낙청(2018), 27, 28쪽. 양국체제를 주장하는 어떤 분이 그런 의견을 폈는지 나는 알지 못한다. 상식적으로 누구도 그런 무리한 주장을 펼 이유가 없지 않을까 싶다. 백 선생이 자주 언급했던 최장집 교수를 들면 "일 민족 이 국가의 다음 단계는 완전히 열려 있다"(최장집, 2006: 282)거나, "긴 우회로를 따라 통일에 이르는 방식"(최장집, 2017: 25)이라 했을 뿐이다. 다만 최근 최 교수가 《시사인》(5월 28일) 인터뷰에서 "지정학적 단층선", "지정학적 경계선"을 강조하여, '한반도 2국가 체제'가 마치 지정학적 숙명인 것처럼 표현했던 것은 다소 과도한 표현이 아닌가 생각한다. 양국체제는 물론 상당한 기간 지속될 것이다. 그러나 그 상태가, 무슨 지정학적, 지리학적 성격상, 자연스럽게 받아들여야 하는 것은 아니다. 한 나라로 천 년 넘게 살아온 한 민족은 하나의 나라도 되돌아가는 것이 당연히 자연스럽다. 지리학적으로 남북이 영영 두 나라로 남아 있을 이유가 전혀 없다. 지정학적으로도 그렇다. 필자는 양국체제 안정화가 통일의 여러 조건을 마련해가는 가장 현실적인, 아마도 유일하게 가능한 길이라고 보고 있다.

39 백낙청(2018), 25~27쪽.

40 백낙청(2018), 27쪽.

41 촛불혁명과 헌법개정, 그리고 시민의회와의 관계에 대해서는 김상준(2017b) 참조.

42 백낙청(2018); 이남주(2018), 25쪽.

43 백낙청(2006), 21, 23쪽.

44 백낙청(2006); 백낙청(2018).

45 백낙청(2018), 20쪽.

46 많은 글 중, 백낙청(2006), 49쪽; 백낙청(2018), 27~29쪽 등 참조.

47 백낙청 외(2018); 백낙청(2018).

48 백낙청 외(2018), 177, 238쪽.

49 백낙청 외(2018).

50 백 선생은 그동안 오랜 논쟁 과정에서 주로 사회과학자들에 대해 국가와 국
    가주권 문제에만 너무 주목하고 있다고 비판해왔다. 나 역시 전공을 굳이 따
    지면 (그러고 싶은 생각이 없기는 하지만) 사회학이고 사회과학이니, 그런 비판에
    서 예외가 될 수 없을 것이다.

51 김상준(2011); 김상준(2014).

52 김상준(2015a).

[3부] 4장

1 김명환(2019), 110~112쪽.

2 김명환(2019), 113~114쪽.

3 김상준(2014a); 김상준(2014b); 김상준(2015a); 김상준(2017a).

참고문헌

각 장의 저본(底本)이 된 저자의 글

1부 1장   2018. 「코리아 양국체제: 한 민족 두 나라 공존을 통해 평화적 통일로 가는 길」.《한국사회학》52(4).

1부 2장   2018. 「『광장』과 『탐루(探淚)』를 통해서 본 한국사회에서의 자유와 책임」. 가톨릭대학 제8회 인본주의 국제포럼(10. 4) 초청발표논문.

1부 3장   2017. 「2016~2017년 촛불혁명의 역사적 위상과 목표: '독재의 순환고리 끊기'와 '한반도 양국체제 정립'」.《사회와이론》31.

3부 1장   2018. 「양국체제와 남북연합은 만난다」.《프레시안》9월 14일 자.

3부 2장   2018. 「양국체제론과 분단체제론 ─ 상호 이해를 위한 서장」.《문화과학》겨울호.

3부 3장   2019. 「분단체제론과 양국체제론 ─ 현상유지인가 현상타파인가」.《녹색평론》1~2월호.

3부 4장   2019. 「하노이 북미회담 이후의 분단체제 - 양국체제 논쟁」.《프레시안》4월 24일 자.

한글문헌

강만길. 2010. 『역사가의 시간 강만길 자서전』. 창비.

권보드레 · 천정환. 2012. 『1960년을 묻다』. 천년의 상상.

김낙중. 2013.「8 · 15 55주년과 '남북공동선언'」.『인류 문명사의 전환을 위하여』. 도서출판b.

_____. 1988.『민족통일을 위한 설계』고려서당.

김대중. 1995.『김대중의 3단계 통일론』. 한울.

김명환, 2019,「한반도 평화와 분단극복을 위하여」,《녹색평론》3~4월호.

김상준. 2007.「중층근대성: 대안적 근대성 이론의 개요」.《한국사회학》41(4).

_____. 2011a.『맹자의 땀 성왕의 피: 중층근대와 동아시아 유교문명』, 아카넷.

_____. 2011b.『미지의 민주주의: 신자유주의 이후의 사회를 구상하다』(증보판). 아카넷.

_____, 2014a.『유교의 정치적 무의식』. 글항아리.

_____. 2014b.『진화하는 민주주의: 아시아, 라틴아메리카, 이슬람 민주주의 현장 읽기』

_____. 2015a.「동아시아 근대의 고유한 위상과 특징: 21세기 동아시아 평화 체제의 가능성을 생각한다」.《사회와이론》26.

_____. 2015b.「공존체제, '다른 백년'의 세계상 ─ 87년 민주화 세력의 실패와 새로운 정치의 모색」.『제3회 백년포럼 자료집』. 2015년 12월 17일. 서울 정동 프란치스코 교육회관.

_____. 2017a.「후기근대의 2중운동과 한국사회」.《한국사회학》51(1).

_____. 2017b.「'시민정치 헌법화'의 경로와 방법: '시민의회'를 중심으로」.《법과 사회》54.

김선주. 2005.『탐루』. 한울.

남문희. 2018.「폼페이오의 4차 방북 이것이 달라졌다」.《시사인》579호.

박명규 외. 2016.『2015 통일의식조사』. 서울대학교 통일평화연구원.

박순성. 2012.「한반도 분단현실에 대한 두 개의 접근: 분단체제론과 분단/탈분단 의 행위자 · 네트워크이론」.《경제와사회》94.

박정진. 2013.「남북기본합의서와 동서독기본조약 비교」.《국제정치논총》. 53(2).

박종철 외. 2015.『2015 남북통합에 대한 국민의식 조사』. 통일연구원.

백낙청. 1993.「지구시대의 민족문학」.《창작과비평》81호.

_____. 1994.『분단체제 변혁의 공부길』. 창작과비평사.

_____. 1998.『흔들리는 분단체제』. 창비.

백낙청. 2006. 『한반도식 통일, 현재진행형』. 창비.

_____. 2009. 『어디가 중도이며 어째서 변혁인가』. 창비.

_____. 2012. 『2013년체제 만들기』. 창비.

_____. 2018. 「어떤 남북연합을 만들 것인가: 촛불혁명 시대의 한반도」. 《창작과 비평》 181호.

_____ 외. 2018. 『변화의 시대를 공부하다: 분단체제론과 변혁적 중도주의』. 창비.

서동만. 2010. 『북조선 연구』. 창비.

손호철. 1994. 「'분단체제론'의 비판적 고찰」. 《창작과비평》 84호.

신영석. 2008. 『역대정권의 통일정책 변천사』. 평화문제연구소.

아감벤, 조르조. 2008. 박진우 옮김. 『호모 사케르』. 새물결.

엘리슨, 그레이엄. 2018. 정혜윤 옮김. 『예정된 전쟁』. 세종서적.

오버토퍼, 돈. 2002. 이종길 옮김. 『두 개의 한국』. 길산.

와다 하루끼. 2014. 서동만 옮김. 『북한 현대사』. 창비.

외교부, 『2016 외교백서』.

월러스틴, 이매뉴얼. 이광근 옮김. 『세계체제분석』. 당대.

윤보영. 2015. 「경계인 이론을 통한 남한 정착 북한이탈주민 이해에 관한 연구」. 《사회과학연구》 22(3).

이남주. 2018. 「분단 해소인가, 분단체제 극복인가」. 《창작과비평》 179호.

이삼성. 2018. 『한반도의 전쟁과 평화: 핵무장 국가 북한과 세계의 선택』. 한길사.

이상근. 2008. 「북한붕괴론의 어제와 오늘: 1990년대와 2000년대의 북한붕괴론에 대한 평가」. 《통일연구》 12(2).

이수훈. 2001. 〈창비자유게시판〉 9. 11~13.

이일영. 2018. 「'양국체제'는 실현 가능한가」. 《경향신문》 12.13.

이홍구. 2015. 「권두인터뷰」. 《민족화해》 75. https://www.kcrc.or.kr/04/03/Default.asp?checkbox

_____. 2015. 9월 15일 《중앙일보》 칼럼.

임동원. 2015. 『피스메이커(개정증보판)』. 창비.

전영선. 2014. 「북한이탈주민과 한국인의 집단적 경계 만들기 또는 은밀한 적대감」. 《통일인문학》 58.

정대화. 1993. 「통일체제를 지향하는 '분단체제'의 탐구」. 《창작과비평》 81호.

정세현. 2013. 『정세현의 통일토크』. 서해문집.

정태호. 2016. 「동서독 기본조약에 대한 연방헌법재판소 판결에 대한 평석」. 《통일과 헌법재판》. 헌법재판소 헌법재판연구원

조진만 · 한정택. 2014. 「남북한 젊은 세대의 통일의식 비교 분석: 민족적 당위와 현실적 이익의 문제를 중심으로」. 《동서연구》 26(1).

천정환. 2012. 「내 귀의 도청장치」. 『1960년대를 묻다』. 천년의상상.

최인훈. 1976. 『광장』(전집판). 민음사.

최장집. 2006. 『민주주의 이후의 민주화』. 후마니타스.

_____. 2017. 『정치의 공간』. 후마니타스.

홍석률. 2014. 「1970년대 민주화 운동세력의 분단문제 인식」. 《역사와 현실》 93.

언론기사

《동아일보》 1992년 9월 7일 자.

《조선일보》 1973년 6월 22일 자.

《프레시안》 2014년 1월 31일 자.

영문문헌

Day, Mark. 2010. "Counterfactual geographies: worlds that might have been." *Journal of Historical Geography* 36(3).

Hawthorn, Geoffrey. 1991. *Plausible Worlds: Possibility and Understanding in History and the Social Sciences*. Cambridge: Cambridge University Press.

Huntington, Samuel. 1991. *The Third Wave: Democratization in the Late Twentieth Century*. Norman, London: University of Oklahoma Press.

Kant, Immanuel. 1991. *The Critique of Judgement*. Oxford: Oxford University Press.

Schmitt, Carl. 1988. *Political Theology*. Cambridge: The MIT Press.

Schmitt, Carl. 1996. *The Concept of the Political*. Chicago: The University of Chicago Press.

_____. 2006. *The Nomos of the Earth*. Candor, NY: Telos Press Publishing.

Wallerstein, Immanuel. 1974. *The Modern World System I*. New York: Academic Press INC.

사진 출처

162쪽   문재인 대통령 취임: 미확인

166쪽   북한의 화성 14호 발사와 고강도 제6차 핵실험:《로이터(Reuters)》

185쪽   빌리 브란트: 위키미디어 커먼즈(wikimedia commons)

189쪽   김정은 국무위원장의 2018년 신년사 발표:《로동신문》

193쪽   우리은행 2018년 탁상통일나무 그림: 미확인

199쪽   평창 동계올림픽 폐회식:《경향신문》2018. 2. 25 / 뉴스뱅크

204쪽   조선일보 2018년 3월 10일 자 사설:《조선일보》2018. 3. 10

212쪽   4·27 남북 정상회담:《한국일보》2018. 4. 27 / 뉴스뱅크

216쪽   7·12 북미 정상회담: 위키미디어 커먼즈

* 저작권 승인을 얻지 못한 사진에 대해서는 출처가 확인되는 대로 저작권 동의를 구하겠습니다.

대우휴먼사이언스 026

코리아 양국체제
촛불을 평화적 혁명으로 완성하는 길

1판 1쇄 찍음 | 2019년 11월 8일
1판 1쇄 펴냄 | 2019년 11월 15일

지은이 | 김상준
펴낸이 | 김정호
펴낸곳 | 아카넷

출판등록 | 2000년 1월 24일(제406-2000-000012호)
주소 | 10881 경기도 파주시 회동길 445-3
전화 | 031-955-9511(편집) · 031-955-9514(주문)   팩시밀리 | 031-955-9519
책임편집 | 박수용
www.acanet.co.kr | www.phildam.net

© 김상준, 2019

Printed in Seoul, Korea.

ISBN 978-89-5733-658-8 03340

이 도서의 국립중앙도서관 출판예정도서목록(CIP)은 서지정보유통지원시스템 홈페이지(http://seoji.nl.go.kr)와
국가자료공동목록시스템(http://www.nl.go.kr/kolisnet)에서 이용하실 수 있습니다.(CIP제어번호:CIP2019044028)